2023

中国投资领域统计年鉴

Statistical Yearbook of the Chinese Investment Field

国家统计局固定资产投资统计司 编

中国统计出版社
China Statistics Press

图书在版编目（CIP）数据

中国投资领域统计年鉴. 2023 / 国家统计局固定资产投资统计司编. -- 北京 : 中国统计出版社, 2023.12
ISBN 978-7-5230-0328-2

Ⅰ. ①中… Ⅱ. ①国… Ⅲ. ①固定资产投资－统计资料－中国－2023－年鉴 Ⅳ. ①F832.48-54

中国国家版本馆 CIP 数据核字(2023)第 219022 号

中国投资领域统计年鉴 2023

作　　者/国家统计局固定资产投资统计司
责任编辑/郭　栋
封面设计/李雪燕
出版发行/中国统计出版社有限公司
通信地址/北京市丰台区西三环南路甲 6 号　邮政编码/100073
发行电话/邮购（010）63376909　书店（010）68783171
网　　址/http://www.zgtjcbs.com
印　　刷/河北鑫兆源印刷有限公司
经　　销/新华书店
开　　本/880mm×1230mm　1/16
字　　数/430 千字
印　　张/17.25
版　　别/2023 年 12 月第 1 版
版　　次/2023 年 12 月第 1 次印刷
定　　价/380.00 元

《中国投资领域统计年鉴 2023》

编辑委员会

Editorial Board

说　明

《中国投资领域统计年鉴 2023》是一部全面反映投资领域（包括固定资产投资、房地产开发经营业、建筑业）运行情况的权威资料。本书收集了全国及各省（自治区、直辖市）2022年度投资领域的统计数据。

《中国投资领域统计年鉴 2023》资料来源于 2022 年全国固定资产投资项目年度调查，以及 2022 年房地产开发经营业和建筑业数据。分为三个部分:

第一部分为固定资产投资。包括全社会固定资产投资、固定资产投资（不含农户）和农户固定资产投资。其中，全社会固定资产投资根据固定资产投资（不含农户）和农户固定资产投资数据汇总而成。固定资产投资（不含农户）统计范围为计划总投资 500 万元及以上项目（单位）和房地产开发企业。农户固定资产投资数据来源于国家统计局住户调查司抽样调查资料。

第二部分为房地产开发经营情况。统计范围为有开发经营活动的全部房地产开发经营业法人单位。

第三部分为建筑业生产经营情况。统计范围为具有建筑业资质等级的独立核算建筑业企业。包括总承包建筑业企业、专业承包建筑业企业和劳务分包建筑业企业。

使用本年鉴资料时请注意以下几点:

1.本年鉴资料凡小数点后各项相加不等于总计者，均由于四舍五入的缘故。

2.为进一步贯彻新发展理念，更好地反映经济结构和质量的变化，反映投资对优化供给结构的关键性作用，本篇资料中固定资产投资部分内容以比上年增长速度为主。

3.本年鉴资料由国家统计局固定资产投资统计司编制并负责解释。咨询电话: 010-68782599，010-68782650，010-68782620

由于编辑时间比较仓促，本书难免有一些不妥之处，欢迎广大读者批评指正。

目 录

第一部分 固定资产投资

第二部分 房地产开发经营情况

第三部分　建筑业生产经营情况

第一部分
固定资产投资

1-1　全社会固定资产投资

年　　份	全社会固定资产投资比上年增长(%)	房地产开发投资(%)
1981	5.5	
1982	28.0	
1983	16.2	
1984	28.2	
1985	38.8	
1986	22.7	
1987	21.5	48.5
1988	25.4	71.6
1989	-7.2	6.0
1990	2.4	-7.1
1991	23.9	32.7
1992	44.4	117.5
1993	61.8	165.0
1994	30.4	31.8
1995	17.5	23.3
1996	14.8	2.1
1997	8.8	-1.2
1998	13.9	13.7
1999	5.1	13.5
2000	10.3	21.5
2001	13.0	27.3
2002	16.9	22.8
2003	23.8	30.3
2004	23.0	29.6
2005	22.3	20.9
2006	20.5	22.1
2007	21.3	30.2
2008	22.2	23.4
2009	25.7	16.1
2010	20.4	32.3
2011	20.1	27.3
2012	17.9	15.7
2013	16.9	19.3
2014	13.4	10.2
2015	8.6	0.8
2016	7.0	6.7
2017	6.2	6.8
2018	5.9	9.1
2019	5.1	9.7
2020	2.7	6.8
2021	4.9	4.3
2022	4.9	-10.0
平均每年增长(%)		
1982-2022年	18.3	
1991-2022年	18.2	24.7
2001-2022年	15.9	19.3

1-2 全社会固定资产投资实际到位资金比上年增长

单位：%

年　份	本年实际到位资金	国家预算资金	国内贷款	利用外资	自筹资金	其他资金
1996	14.1	1.4	9.0	19.7	5.2	58.9
1997	8.1	11.3	4.6	-2.3	12.6	6.5
1998	13.7	71.9	15.9	-2.5	11.6	17.7
1999	3.6	54.7	3.3	-23.3	4.4	3.5
2000	11.3	13.9	17.5	-15.5	11.5	13.2
2001	14.7	20.7	7.6	2.0	15.9	20.7
2002	18.6	24.1	22.4	20.5	20.6	7.5
2003	30.1	-15.0	36.0	24.7	37.8	21.0
2004	27.2	21.1	14.5	26.4	31.2	31.8
2005	26.9	27.6	18.4	21.1	33.5	16.0
2006	25.8	12.5	20.0	8.9	29.0	28.3
2007	26.8	25.4	17.6	18.4	28.6	31.7
2008	21.3	35.8	14.8	3.5	29.7	-2.8
2009	36.8	59.5	48.6	-13.0	29.5	62.4
2010	24.3	15.7	20.2	7.9	28.4	17.1
2011	21.1	14.1	5.3	7.6	28.3	11.2
2012	18.4	27.7	11.3	-11.7	21.1	12.9
2013	20.0	17.7	15.2	-3.3	20.3	25.3
2014	10.6	19.9	9.7	-6.2	13.6	-5.0
2015	7.5	15.6	-6.4	-29.6	9.2	10.1
2016	5.6	17.1	10.1	-20.5	-0.2	30.7
2017	4.7	7.8	8.7	-3.1	2.2	11.5
2018	3.4	0.1	-5.4	-2.3	3.7	8.7
2019	4.1	-0.9	2.0	33.3	1.4	11.4
2020	7.3	32.8	0.0	-4.4	6.7	7.5
2021	4.3	-3.8	-3.1	-10.9	5.7	7.2
2022	0.5	39.3	-6.0	-19.8	9.0	-19.8

注：2018-2022年到位资金统计范围为计划总投资5000万元及以上建设项目和房地产开发项目。以下各表同。

1-3　民间固定资产投资

年　　份	民间固定资产投资比上年增长(%)	占固定资产投资(不含农户)比重(%)
2012		56.2
2013	20.1	57.6
2014	15.8	58.6
2015	8.8	58.5
2016	2.8	56.0
2017	5.2	55.4
2018	8.7	56.9
2019	4.7	56.5
2020	1.0	55.4
2021	7.0	56.5
2022	0.9	54.2

1-4　三次产业固定资产投资(不含农户)

年　　份	固定资产投资(不含农户)比上年增长(%)	第一产业	第二产业	第三产业
2003				
2004	25.0	14.8	30.4	22.0
2005	23.5	22.1	31.3	18.7
2006	20.9	23.6	20.6	21.1
2007	22.2	22.1	23.3	21.5
2008	22.9	44.8	22.8	22.6
2009	26.1	39.9	21.5	29.0
2010	21.0	12.3	18.7	22.8
2011	20.3	16.4	19.7	20.8
2012	18.4	19.6	13.9	21.0
2013	17.3	21.6	12.2	20.1
2014	13.8	22.5	9.3	16.1
2015	9.0	22.4	5.8	10.3
2016	7.3	13.0	2.4	9.5
2017	6.4	7.3	2.2	8.3
2018	5.9	12.9	6.3	5.6
2019	5.4	0.6	3.1	6.5
2020	2.9	19.5	0.2	3.6
2021	4.9	9.1	11.6	2.1
2022	5.1	0.2	10.3	3.0

注：2003-2010年为城镇固定资产投资口径，2011-2022年为固定资产投资(不含农户)口径，增速为可比口径。

1-5 各地区按领域分固定资产投资(不含农户)比上年增长

单位：%

地 区	全部投资	#基础设施	制造业	房地产开发
全国总计	**5.1**	**9.4**	**9.1**	**-10.0**
北 京	3.6	2.1	18.4	1.0
天 津	-9.9	11.9	-1.2	-23.2
河 北	7.9	-0.4	13.4	-0.8
山 西	5.9	14.4	6.8	-9.3
内 蒙 古	17.6	15.0	42.6	-20.7
辽 宁	3.6	55.2	1.0	-18.6
吉 林	-2.4	18.8	5.2	-34.1
黑 龙 江	0.6	7.1	10.2	-32.8
上 海	-1.0	-8.2	2.1	-1.1
江 苏	3.8	8.0	8.8	-7.9
浙 江	9.1	4.4	17.0	4.4
安 徽	9.0	19.6	21.5	-6.2
福 建	7.5	17.2	19.7	-11.0
江 西	8.6	22.4	6.5	-12.6
山 东	6.1	9.2	11.2	-6.0
河 南	6.7	6.1	29.7	-13.7
湖 北	15.0	15.9	23.2	0.8
湖 南	6.6	8.0	14.6	-4.6
广 东	-2.6	2.6	12.2	-14.3
广 西	0.1	10.2	26.2	-38.2
海 南	-4.2	4.3	21.1	-16.0
重 庆	0.7	7.8	8.8	-20.4
四 川	6.0	8.1	10.2	-4.2
贵 州	-5.1	8.0	28.0	-28.9
云 南	7.5	-1.6	40.3	-26.9
西 藏	-18.0	-15.0	-46.4	-57.3
陕 西	8.1	12.8	6.6	-4.2
甘 肃	10.1	-0.5	46.9	-2.9
青 海	-7.6	-13.3	41.0	-33.1
宁 夏	10.2	19.1	26.6	-10.1
新 疆	7.6	-5.9	15.0	-22.8

1-6　各地区实际到位资金比上年增长

单位：%

地　区	本年实际到位资金	国家预算资金	国内贷款	利用外资	自筹资金	其他资金
全国总计	**0.5**	**39.3**	**-6.0**	**-19.8**	**9.0**	**-19.8**
北　京	-7.1	-6.1	6.3	-52.8	-9.8	-9.7
天　津	-22.1	20.0	-11.1	-30.2	-19.3	-35.5
河　北	4.1	43.5	-17.1	92.3	9.7	-18.0
山　西	4.4	31.2	10.2	161.5	3.3	-6.3
内蒙古	16.2	52.3	37.6	0.0	24.5	-21.6
辽　宁	-5.0	84.9	-16.3	-84.0	3.1	-23.6
吉　林	-5.3	198.5	18.9	-65.8	-15.9	-18.8
黑龙江	0.5	42.8	-32.0	-67.9	-1.0	-18.7
上　海	-1.8	2.1	-2.5	-48.1	0.5	-6.1
江　苏	-5.7	10.9	-17.1	-46.0	14.3	-29.1
浙　江	-4.8	26.7	-9.1	-3.6	4.2	-15.3
安　徽	2.9	48.5	11.7	-27.7	14.2	-22.0
福　建	2.8	71.5	-7.6		4.4	-22.0
江　西	11.0	72.4	-14.0	-50.4	13.5	-1.9
山　东	1.0	67.4	-1.5	-40.8	9.9	-25.6
河　南	5.1	44.5	-4.6	68.2	7.4	-14.1
湖　北	11.2	29.0	-9.3	33.1	20.9	-7.2
湖　南	11.0	5.8	-3.5	173.6	19.3	-10.2
广　东	-11.5	29.2	-12.4	27.4	-3.7	-33.8
广　西	-1.8	44.2	9.5	118.8	3.5	-23.7
海　南	-17.0	5.9	-5.4	-55.7	-14.1	-34.9
重　庆	-9.9	50.6	-0.9	0.2	6.7	-37.3
四　川	10.3	45.8	-1.6	102.6	21.6	-11.5
贵　州	-1.8	26.3	5.0	-32.3	-1.6	-10.6
云　南	11.7	51.6	28.6	6.3	14.4	-12.3
西　藏	-2.0	51.7	-2.2	174.5	-38.7	4.1
陕　西	4.5	51.2	-12.1	-69.7	10.8	-9.6
甘　肃	14.1	46.0	-3.2	-4.1	25.1	-9.2
青　海	-6.3	-2.6	-4.9	-84.3	-0.1	-23.4
宁　夏	4.2	17.1	4.7	-66.7	24.2	-19.5
新　疆	10.3	18.7	-9.4	13.3	19.8	-9.9

1-7 各地区按构成分固定资产投资(不含农户)比上年增长

单位：%

地区	全部投资	建筑安装工程	设备工器具购置	其他费用
全国总计	**5.1**	**5.2**	**3.5**	**6.0**
北京	3.6	3.2	14.6	1.0
天津	-9.9	-7.9	-8.6	-12.9
河北	7.9	8.4	-6.5	17.7
山西	5.9	2.4	26.3	9.4
内蒙古	17.6	15.2	45.8	-1.0
辽宁	3.6	2.2	3.8	8.7
吉林	-2.4	-1.5	25.3	-18.3
黑龙江	0.6	2.4	5.8	-14.7
上海	-1.0	-9.0	4.0	8.2
江苏	3.8	6.4	-0.6	-0.9
浙江	9.1	4.4	12.3	16.1
安徽	9.0	7.3	11.7	15.2
福建	7.5	10.7	-4.3	3.1
江西	8.6	11.8	-2.4	-18.3
山东	6.1	7.5	8.6	-1.3
河南	6.7	11.7	-9.9	-20.9
湖北	15.0	15.2	18.4	9.8
湖南	6.6	7.1	6.8	1.9
广东	-2.6	-3.3	-2.9	-1.2
广西	0.1	1.0	13.8	-9.8
海南	-4.2	-6.6	-17.9	9.1
重庆	0.7	6.0	-5.4	-14.4
四川	6.0	8.0	-2.4	-3.7
贵州	-5.1	-4.5	9.6	-15.3
云南	7.5	11.3	49.0	-30.0
西藏	-18.0	-19.7	-14.8	-7.1
陕西	8.1	13.4	-8.7	-10.0
甘肃	10.1	2.9	83.8	3.2
青海	-7.6	-11.5	27.7	-32.0
宁夏	10.2	13.3	19.7	-17.0
新疆	7.6	2.8	77.7	-16.3

1-8　各地区按建设性质分固定资产投资(不含农户)比上年增长

单位：%

地　区	全部投资	#新　建	扩　建	改建和技术改造
全国总计	**5.1**	**13.7**	**4.1**	**9.0**
北　京	3.6	4.7	5.8	-16.8
天　津	-9.9	9.4	-20.6	1.4
河　北	7.9	5.7	17.7	26.6
山　西	5.9	9.2	26.2	22.4
内蒙古	17.6	34.4	21.6	10.1
辽　宁	3.6	18.1	0.2	33.3
吉　林	-2.4	19.6	2.4	-1.8
黑龙江	0.6	9.3	8.6	22.5
上　海	-1.0	3.2	-4.7	-21.9
江　苏	3.8	11.7	9.0	3.6
浙　江	9.1	11.8	12.6	16.5
安　徽	9.0	16.0	30.4	20.6
福　建	7.5	15.5	6.2	37.8
江　西	8.6	16.5	0.1	4.9
山　东	6.1	13.1	2.0	9.2
河　南	6.7	13.2	19.8	27.6
湖　北	15.0	21.8	14.3	14.4
湖　南	6.6	12.2	14.2	0.3
广　东	-2.6	8.9	1.0	-7.2
广　西	0.1	18.1	10.0	9.3
海　南	-4.2	3.0	14.9	-36.8
重　庆	0.7	12.6	16.8	6.7
四　川	6.0	12.7	7.2	1.5
贵　州	-5.1	4.1	-14.2	9.6
云　南	7.5	21.0	-14.1	18.3
西　藏	-18.0	-9.8	-6.2	-45.5
陕　西	8.1	15.5	-19.0	1.7
甘　肃	10.1	17.8	13.9	-3.4
青　海	-7.6	-1.1	-8.5	27.2
宁　夏	10.2	20.3	-4.1	13.3
新　疆	7.6	19.4	-23.7	-15.7

1-9 各地区按隶属关系分固定资产投资(不含农户)比上年增长

单位：%

地区	全部投资	中央项目	地方项目
全国总计	**5.1**	**11.4**	**4.2**
北京	3.6	7.8	3.2
天津	-9.9	4.9	-11.5
河北	7.9	35.3	7.0
山西	5.9	28.5	4.7
内蒙古	17.6	69.6	12.8
辽宁	3.6	59.4	-1.4
吉林	-2.4	28.0	-4.6
黑龙江	0.6	7.0	-0.6
上海	-1.0	-13.2	0.0
江苏	3.8	53.4	3.1
浙江	9.1	82.6	7.9
安徽	9.0	36.9	8.2
福建	7.5	10.7	7.4
江西	8.6	22.0	8.4
山东	6.1	28.3	5.5
河南	6.7	86.6	5.5
湖北	15.0	43.3	14.3
湖南	6.6	18.1	6.3
广东	-2.6	13.3	-3.6
广西	0.1	55.4	-1.7
海南	-4.2	-21.4	-2.2
重庆	0.7	3.1	0.6
四川	6.0	151.2	2.4
贵州	-5.1	75.3	-6.8
云南	7.5	16.3	7.0
西藏	-18.0	103.7	-28.8
陕西	8.1	25.6	7.3
甘肃	10.1	29.9	8.7
青海	-7.6	2.4	-9.3
宁夏	10.2	49.4	5.8
新疆	7.6	20.7	4.9

1-10　各地区按登记注册类型分固定资产投资(不含农户)比上年增长

单位：%

地　　区	全部投资	#内资	港澳台商投资	外商投资
全国总计	**5.1**	**5.5**	**0.2**	**-4.7**
北　　京	3.6	2.1	21.7	20.4
天　　津	-9.9	-8.9	-6.0	-29.5
河　　北	7.9	8.3	17.3	-22.6
山　　西	5.9	5.6	23.7	28.7
内 蒙 古	17.6	17.8	-4.7	17.8
辽　　宁	3.6	3.8	2.6	-1.6
吉　　林	-2.4	-2.7	-17.2	36.0
黑 龙 江	0.6	1.3	-16.7	-24.5
上　　海	-1.0	-0.8	-8.2	5.4
江　　苏	3.8	5.1	-5.0	-9.0
浙　　江	9.1	9.4	-7.1	21.8
安　　徽	9.0	9.2	7.8	-11.3
福　　建	7.5	8.8	-11.1	-14.1
江　　西	8.6	9.2	-12.0	-5.6
山　　东	6.1	6.1	9.8	4.1
河　　南	6.7	7.1	-8.3	-30.6
湖　　北	15.0	15.0	19.5	6.0
湖　　南	6.6	6.8	0.0	-1.9
广　　东	-2.6	-2.9	3.1	-3.4
广　　西	0.1	-0.4	54.4	-16.2
海　　南	-4.2	-4.0	-3.9	-22.5
重　　庆	0.7	1.0	-5.6	-10.6
四　　川	6.0	6.2	-8.3	3.4
贵　　州	-5.1	-4.8	-37.0	-17.1
云　　南	7.5	7.0	14.6	22.6
西　　藏	-18.0	-18.2		60.1
陕　　西	8.1	9.5	23.8	-41.1
甘　　肃	10.1	10.2	1.8	14.6
青　　海	-7.6	-7.4	-39.1	22.1
宁　　夏	10.2	11.0	11.6	-36.1
新　　疆	7.6	7.9	-6.6	-16.6

1-11 各地区按控股类型分固定资产投资(不含农户)比上年增长

单位：%

地区	全部投资	#国有控股	集体控股	私人控股
全国总计	**5.1**	**10.1**	**9.0**	**1.8**
北京	3.6	7.5	26.0	-2.4
天津	-9.9	-3.4	-19.6	-18.2
河北	7.9	12.3	-14.2	6.7
山西	5.9	15.4	6.2	-2.2
内蒙古	17.6	15.4	130.4	15.9
辽宁	3.6	24.2	2.8	-9.3
吉林	-2.4	15.5	-25.3	-20.5
黑龙江	0.6	9.3	122.7	-12.2
上海	-1.0	0.8	-20.3	-5.5
江苏	3.8	10.1	14.2	2.3
浙江	9.1	15.9	14.9	4.9
安徽	9.0	18.9	-23.7	1.9
福建	7.5	14.5	18.1	4.0
江西	8.6	18.3	-13.4	6.6
山东	6.1	14.4	2.2	3.8
河南	6.7	17.3	18.0	6.5
湖北	15.0	17.3	18.3	16.2
湖南	6.6	3.1	22.0	10.5
广东	-2.6	5.1	-6.5	-8.6
广西	0.1	12.1	69.9	-16.1
海南	-4.2	7.9	-18.7	-10.8
重庆	0.7	12.5	1.6	-7.2
四川	6.0	11.4	17.7	2.3
贵州	-5.1	5.4	29.4	-19.0
云南	7.5	9.2	112.2	2.5
西藏	-18.0	-15.0	-66.1	-40.7
陕西	8.1	20.8	26.8	-6.0
甘肃	10.1	13.9	82.3	4.9
青海	-7.6	-1.9	35.6	-8.2
宁夏	10.2	19.2	76.2	8.0
新疆	7.6	16.3	-22.8	-7.2

1-12　各行业按构成分固定资产投资(不含农户)比上年增长

单位：%

行　　业	全部投资	建筑安装工程	设备工器具购置	其他费用
全　国　总　计	**5.1**	**5.2**	**3.5**	**6.0**
(一)农、林、牧、渔业	**4.2**	**9.1**	**-11.5**	**-2.8**
农业	16.1	28.8	1.1	7.1
林业	8.9	13.5	-26.2	-7.9
畜牧业	-22.7	-21.8	-30.0	-25.8
渔业	31.8	32.8	25.5	23.0
农、林、牧、渔服务业	32.1	31.3	26.8	55.9
(二)采矿业	**4.5**	**17.9**	**17.2**	**28.3**
煤炭开采和洗选业	24.4	28.6	28.4	4.2
石油和天然气开采业	15.5	16.0	1.2	19.7
黑色金属矿采选业	33.3	31.1	27.3	57.9
有色金属矿采选业	8.4	11.1	-24.3	48.9
非金属矿采选业	17.3	11.6	6.8	44.6
开采辅助活动	6.8	-12.3	14.4	283.2
其他采矿业	-20.4	10.7	87.2	639.1
(三)制造业	**9.1**	**19.3**	**5.3**	**11.7**
农副食品加工业	15.5	18.9	1.7	0.3
食品制造业	13.7	20.2	-2.4	-6.8
酒、饮料和精制茶制造业	27.2	30.1	11.6	37.6
烟草制品业	-15.0	-17.2	-13.1	-6.8
纺织业	4.7	9.9	-3.1	-20.1
纺织服装、服饰业	25.3	30.6	2.2	24.0
皮革、毛皮、羽毛及其制品和制鞋业	24.1	26.7	23.5	-22.3
木材加工和木、竹、藤、棕、草制品业	19.6	27.1	-4.3	0.2
家具制造业	13.2	17.5	-5.0	3.6
造纸和纸制品业	8.3	18.7	-9.8	22.8
印刷和记录媒介复制业	8.0	16.0	-9.0	31.5
文教、工美、体育和娱乐用品制造业	17.3	22.9	0.8	-6.5
石油加工、炼焦和核燃料加工业	-10.7	-10.5	-13.9	-3.6
化学原料和化学制品制造业	18.8	20.5	16.7	13.7
医药制造业	5.9	11.6	-8.6	3.0
化学纤维制造业	21.4	20.8	24.4	4.2
橡胶和塑料制品业	8.7	15.3	-3.9	5.4
非金属矿物制品业	6.7	10.7	-3.9	3.5
黑色金属冶炼和压延加工业	-0.1	5.8	-10.1	-0.3
有色金属冶炼和压延加工业	15.7	19.8	4.2	24.3
金属制品业	11.8	14.8	7.3	-8.9
通用设备制造业	14.8	22.6	-3.5	9.3
专用设备制造业	12.1	17.1	1.6	-8.3

1-12 续表 1

单位：%

行　业	全部投资	建筑安装工程	设备工器具购置	其他费用
汽车制造业	12.6	12.4	15.9	-4.8
铁路、船舶、航空航天和其他运输设备制造业	1.7	5.7	-5.4	-17.4
电气机械和器材制造业	42.6	47.2	35.5	37.5
计算机、通信和其他电子设备制造业	18.8	27.4	6.0	46.2
仪器仪表制造业	37.8	48.5	4.4	73.7
其他制造业	-36.9	8.3	-17.9	69.7
废弃资源综合利用业	22.3	25.5	11.2	20.4
金属制品、机械和设备修理业	-22.4	-29.8	-14.1	39.9
(四)电力、热力、燃气及水生产和供应业	**19.3**	**17.2**	**26.6**	**13.1**
电力、热力生产和供应业	24.3	24.3	29.2	10.2
燃气生产和供应业	6.6	3.0	6.2	35.0
水的生产和供应业	7.3	7.2	-4.1	21.2
(五)建筑业	**2.0**	**-13.0**	**58.3**	**40.1**
房屋建筑业	-23.3	-28.9	25.3	-4.6
土木工程建筑业	14.8	-3.9	73.8	72.7
建筑安装业	42.5	95.8	-80.1	-24.7
建筑装饰、装修和其他建筑业	-15.1	-52.0	55.0	310.1
(六)批发和零售业	**5.3**	**7.1**	**0.4**	**-5.3**
批发业	10.3	11.7	8.4	-4.0
零售业	1.5	3.4	-7.1	-5.8
(七)交通运输、仓储和邮政业	**9.1**	**5.2**	**-5.5**	**14.0**
铁路运输业	1.8	3.4	-18.8	7.1
道路运输业	3.7	2.0	-6.5	15.4
水上运输业	16.5	19.9	0.2	28.4
航空运输业	4.8	1.8	-5.5	26.2
管道运输业	11.2	10.0	75.7	-27.5
装卸搬运和运输代理业	8.6	2.3	43.9	20.2
仓储业	25.1	29.1	3.0	7.5
邮政业	40.6	37.7	62.2	14.2
(八)住宿和餐饮业	**7.5**	**10.3**	**3.4**	**-13.3**
住宿业	7.2	10.3	-3.1	-12.9
餐饮业	9.5	10.7	18.2	-18.5
(九)信息传输、软件和信息技术服务业	**21.8**	**12.0**	**4.0**	**23.1**
电信、广播电视和卫星传输服务	2.4	4.2	-1.0	15.6
互联网和相关服务	17.7	16.8	18.8	19.7
软件和信息技术服务业	23.9	14.3	-4.6	29.7
(十)金融业	**10.5**	**5.9**	**8.1**	**20.8**
货币金融服务	22.1	16.1	22.0	32.3
资本市场服务	-27.6	-16.3	-39.3	-44.8
保险业	-39.2	-22.1	-72.3	-65.2
其他金融业	34.6	11.9	-74.7	168.6

1-12　续表 2　　　　单位：%

行　　业	全部投资	建筑安装工程	设备工器具购置	其他费用
(十一)房地产业	**-8.4**	**-9.0**	**-11.1**	**-7.2**
房地产业	-8.4	-9.0	-11.1	-7.2
(十二)租赁和商务服务业	**14.5**	**17.9**	**-22.2**	**11.5**
租赁业	-19.4	8.8	-25.6	69.2
商务服务业	16.3	18.0	-14.5	11.4
(十三)科学研究和技术服务业	**21.0**	**25.0**	**16.1**	**3.4**
研究和试验发展	19.6	24.1	41.6	-16.5
专业技术服务业	13.6	9.7	0.8	74.0
科技推广和应用服务业	26.1	33.1	-9.0	1.3
(十四)水利、环境和公共设施管理业	**10.3**	**9.5**	**-0.6**	**18.1**
水利管理业	13.6	16.0	0.2	-0.9
生态保护和环境治理业	6.0	7.1	-8.0	3.9
公共设施管理业	10.1	8.6	3.1	23.1
土地管理业	13.1	14.0	-54.3	10.8
(十五)居民服务、修理和其他服务业	**21.8**	**23.5**	**-4.7**	**19.7**
居民服务业	21.0	22.1	-3.3	19.9
机动车、电子产品和日用产品修理业	31.2	29.5	10.1	106.1
其他服务业	16.7	25.9	-16.9	-35.4
(十六)教育	**5.4**	**4.2**	**-0.8**	**19.6**
教育	5.4	4.2	-0.8	19.6
(十七)卫生和社会工作	**26.1**	**31.5**	**9.6**	**-4.0**
卫生	27.3	33.7	9.8	-7.1
社会工作	19.2	20.5	1.8	11.5
(十八)文化、体育和娱乐业	**3.5**	**6.7**	**-12.1**	**-19.0**
新闻和出版业	2.0	5.8	-75.2	21.0
广播、电视、电影和影视录音制作业	-17.3	-15.3	12.8	-42.6
文化艺术业	9.4	9.2	-4.7	12.8
体育	-12.0	-11.5	-8.6	-16.7
娱乐业	6.3	11.9	-15.2	-41.5
(十九)公共管理、社会保障和社会组织	**42.1**	**50.4**	**-11.5**	**-9.9**
中国共产党机关	27.5	46.2	-68.4	20.4
国家机构	47.4	57.2	-9.2	-9.3
人民政协、民主党派	-58.2	-0.7		-99.9
社会保障	-38.5	-33.7	76.9	-79.0
群众团体、社会团体和其他成员组织	0.9	-0.9	-60.2	66.7
基层群众自治组织	21.0	22.4	19.3	-13.1

1-13 各行业按建设性质分固定资产投资(不含农户)比上年增长

单位: %

行　业	全部投资	#新　建	扩　建	改建和技术改造
全 国 总 计	**5.1**	**13.7**	**4.1**	**9.0**
(一)农、林、牧、渔业	**4.2**	**7.6**	**-11.2**	**22.7**
农业	16.1	28.3	-8.7	32.5
林业	8.9	8.8	-8.5	126.3
畜牧业	-22.7	-23.5	-18.3	-12.4
渔业	31.8	34.3	6.7	23.0
农、林、牧、渔专业及辅助性活动	32.1	32.4	0.9	47.2
(二)采矿业	**4.5**	**17.1**	**4.0**	**27.9**
煤炭开采和洗选业	24.4	6.6	36.1	38.5
石油和天然气开采业	15.5	12.9	-2.5	38.8
黑色金属矿采选业	33.3	51.0	22.4	25.1
有色金属矿采选业	8.4	35.5	-37.2	6.4
非金属矿采选业	17.3	28.8	-5.0	5.9
开采专业及辅助性活动	6.8	29.6	-49.6	31.3
其他采矿业	-20.4	77.0	-5.0	87.3
(三)制造业	**9.1**	**21.2**	**10.4**	**8.3**
农副食品加工业	15.5	19.1	8.3	10.8
食品制造业	13.7	20.2	20.0	1.9
酒、饮料和精制茶制造业	27.2	31.9	37.6	19.8
烟草制品业	-15.0	114.2	-45.0	-27.4
纺织业	4.7	11.4	-13.7	8.7
纺织服装、服饰业	25.3	30.4	-1.3	29.9
皮革、毛皮、羽毛及其制品和制鞋业	24.1	24.5	14.4	34.2
木材加工和木、竹、藤、棕、草制品业	19.6	31.8	-3.7	11.9
家具制造业	13.2	20.9	-4.2	11.9
造纸和纸制品业	8.3	1.8	5.2	15.5
印刷和记录媒介复制业	8.0	30.9	-4.4	1.9
文教、工美、体育和娱乐用品制造业	17.3	16.8	22.3	12.7
石油、煤炭和其他燃料加工业	-10.7	-12.1	-17.3	-4.2
化学原料和化学制品制造业	18.8	21.7	30.7	10.5
医药制造业	5.9	10.3	-5.7	3.2
化学纤维制造业	21.4	26.1	13.0	22.5
橡胶和塑料制品业	8.7	10.8	6.2	9.0
非金属矿物制品业	6.7	12.0	-0.1	1.4
黑色金属冶炼和压延加工业	-0.1	-10.5	22.0	2.6
有色金属冶炼和压延加工业	15.7	11.5	29.9	18.0
金属制品业	11.8	15.0	10.9	9.7
通用设备制造业	14.8	22.5	21.5	4.3
专用设备制造业	12.1	20.2	7.7	0.4

1-13　续表 1　　　　　　　　　　　　　　　　　　　　　　单位：%

行　　业	全部投资	#新　建	扩　建	改建和技术改造
汽车制造业	12.6	14.2	5.2	15.2
铁路、船舶、航空航天和其他运输设备制造业	1.7	4.0	5.5	-0.6
电气机械和器材制造业	42.6	61.3	29.6	22.6
计算机、通信和其他电子设备制造业	18.8	29.5	8.2	5.6
仪器仪表制造业	37.8	57.8	0.9	30.9
其他制造业	-36.9	20.5	-3.4	-17.6
废弃资源综合利用业	22.3	26.8	6.9	20.2
金属制品、机械和设备修理业	-22.4	-28.1	15.9	-30.4
(四)电力、热力、燃气及水生产和供应业	**19.3**	**22.7**	**9.7**	**8.4**
电力、热力生产和供应业	24.3	29.3	9.7	6.5
燃气生产和供应业	6.6	3.4	20.7	12.9
水的生产和供应业	7.3	6.5	6.9	12.5
(五)建筑业	**2.0**	**1.3**	**-18.8**	**-48.6**
房屋建筑业	-23.3	-20.8	36.4	-78.7
土木工程建筑业	14.8	10.8	-29.1	-46.4
建筑安装业	42.5	86.6	116.6	-35.0
建筑装饰、装修和其他建筑业	-15.1	-10.5	-32.2	-31.7
(六)批发和零售业	**5.3**	**5.2**	**-10.6**	**15.3**
批发业	10.3	8.7	-0.9	28.3
零售业	1.5	2.6	-20.5	4.0
(七)交通运输、仓储和邮政业	**9.1**	**7.1**	**1.0**	**3.3**
铁路运输业	1.8	7.2	-6.5	-7.5
道路运输业	3.7	4.1	2.3	1.7
水上运输业	16.5	27.1	4.3	5.0
航空运输业	4.8	-5.5	27.5	29.1
管道运输业	11.2	4.5	-29.5	172.5
多式联运和运输代理业	8.6	9.4	-2.6	-10.6
装卸搬运和仓储业	25.1	27.3	-1.0	33.2
邮政业	40.6	47.7	21.9	-33.4
(八)住宿和餐饮业	**7.5**	**8.8**	**0.7**	**-0.6**
住宿业	7.2	8.4	-3.9	0.8
餐饮业	9.5	12.6	17.7	-4.4
(九)信息传输、软件和信息技术服务业	**21.8**	**11.8**	**-7.3**	**8.5**
电信、广播电视和卫星传输服务	2.4	3.2	-3.9	32.6
互联网和相关服务	17.7	15.1	19.4	-10.9
软件和信息技术服务业	23.9	18.2	-34.2	-2.6
(十)金融业	**10.5**	**4.1**	**-45.7**	**96.1**
货币金融服务	22.1	10.7	-53.4	127.6
资本市场服务	-27.6	-30.4	-66.1	24.0
保险业	-39.2	-41.9	177.1	13.1
其他金融业	34.6	44.6	-89.9	-61.0

1-13 续表 2

单位：%

行业	全部投资	#新建	扩建	改建和技术改造
(十一)房地产业	**-8.4**	**3.9**	**1.0**	**-2.4**
房地产业	-8.4	3.9	1.0	-2.4
(十二)租赁和商务服务业	**14.5**	**16.8**	**-7.7**	**-3.1**
租赁业	-19.4	-36.4	-90.3	-61.7
商务服务业	16.3	17.9	-3.4	-0.6
(十三)科学研究和技术服务业	**21.0**	**22.2**	**6.7**	**7.6**
研究和试验发展	19.6	17.4	17.3	17.2
专业技术服务业	13.6	17.2	-4.8	11.3
科技推广和应用服务业	26.1	28.5	4.7	-4.7
(十四)水利、环境和公共设施管理业	**10.3**	**10.5**	**0.5**	**13.1**
水利管理业	13.6	12.9	12.4	24.1
生态保护和环境治理业	6.0	7.9	18.1	-10.1
公共设施管理业	10.1	10.4	-2.6	14.5
土地管理业	13.1	15.6	25.6	-36.4
(十五)居民服务、修理和其他服务业	**21.8**	**22.7**	**34.8**	**17.4**
居民服务业	21.0	19.4	43.6	46.3
机动车、电子产品和日用产品修理业	31.2	42.7	41.1	-37.6
其他服务业	16.7	24.7	-44.8	12.5
(十六)教育	**5.4**	**6.2**	**2.0**	**-3.3**
教育	5.4	6.2	2.0	-3.3
(十七)卫生和社会工作	**26.1**	**30.6**	**4.8**	**19.4**
卫生	27.3	32.8	4.0	20.0
社会工作	19.2	19.6	12.7	15.2
(十八)文化、体育和娱乐业	**3.5**	**3.8**	**-11.5**	**11.0**
新闻和出版业	2.0	33.8	-74.4	-66.6
广播、电视、电影和影视录音制作业	-17.3	-19.4	-71.4	23.1
文化艺术业	9.4	8.2	-6.5	38.0
体育	-12.0	-12.0	-24.1	-10.4
娱乐业	6.3	7.4	-6.9	-3.6
(十九)公共管理、社会保障和社会组织	**42.1**	**51.6**	**-13.2**	**-8.7**
中国共产党机关	27.5	22.8	31.6	118.9
国家机构	47.4	57.7	-3.7	-10.5
人民政协、民主党派	-58.2	-23.6	-79	
社会保障	-38.5	-54.1	-68.1	29.4
群众团体、社会团体和其他成员组织	0.9	7.6	-27.6	-13.3
基层群众自治组织及其他组织	21.0	28.5	-34.3	-0.2

1-14　各行业按隶属关系分固定资产投资(不含农户)比上年增长

单位：%

行　业	全部投资	中　央	地　方
全　国　总　计	**5.1**	**11.4**	**4.2**
(一)农、林、牧、渔业	**4.2**	**-24.5**	**6.9**
农业	16.1	-29.0	26.7
林业	8.9	44.0	8.5
畜牧业	-22.7	-14.9	-22.8
渔业	31.8		31.7
农、林、牧、渔专业及辅助性活动	32.1	74.1	31.1
(二)采矿业	**4.5**	**-5.7**	**18.0**
煤炭开采和洗选业	24.4	15.6	25.4
石油和天然气开采业	15.5	18.0	7.0
黑色金属矿采选业	33.3	214.9	20.0
有色金属矿采选业	8.4	26.6	7.1
非金属矿采选业	17.3	93.1	15.9
开采专业及辅助性活动	6.8	11.4	4.7
其他采矿业	-20.4	-21.0	64.0
(三)制造业	**9.1**	**-29.8**	**14.5**
农副食品加工业	15.5	68.3	15.4
食品制造业	13.7	-20.0	13.7
酒、饮料和精制茶制造业	27.2	61.1	27.0
烟草制品业	-15.0	-32.9	25.0
纺织业	4.7	-23.4	4.8
纺织服装、服饰业	25.3	86.1	25.2
皮革、毛皮、羽毛及其制品和制鞋业	24.1	184.4	23.3
木材加工和木、竹、藤、棕、草制品业	19.6	196.7	19.5
家具制造业	13.2	-89.3	13.6
造纸和纸制品业	8.3	-74.7	8.7
印刷和记录媒介复制业	8.0	-17.5	8.3
文教、工美、体育和娱乐用品制造业	17.3		17.1
石油、煤炭和其他燃料加工业	-10.7	39.1	-17.7
化学原料和化学制品制造业	18.8	59.9	17.2
医药制造业	5.9	8.6	5.8
化学纤维制造业	21.4	135.4	19.2
橡胶和塑料制品业	8.7	-43.5	9.0
非金属矿物制品业	6.7	53.9	6.0
黑色金属冶炼和压延加工业	-0.1	1.8	-0.4
有色金属冶炼和压延加工业	15.7	5.5	16.0
金属制品业	11.8	25.0	11.7
通用设备制造业	14.8	-3.1	15.0
专用设备制造业	12.1	20.2	12.0

1-14 续表 1

单位：%

行 业	全部投资	中 央	地 方
汽车制造业	12.6	-16.0	13.7
铁路、船舶、航空航天和其他运输设备制造业	1.7	-25.2	3.6
电气机械和器材制造业	42.6	182.7	41.1
计算机、通信和其他电子设备制造业	18.8	116.5	17.7
仪器仪表制造业	37.8	-6.0	38.4
其他制造业	-36.9	-41.1	10.4
废弃资源综合利用业	22.3	-9.1	22.8
金属制品、机械和设备修理业	-22.4	-1.6	-24.5
(四)电力、热力、燃气及水生产和供应业	**19.3**	**42.8**	**11.0**
电力、热力生产和供应业	24.3	40.6	15.4
燃气生产和供应业	6.6	99.1	-5.0
水的生产和供应业	7.3	80.1	6.2
(五)建筑业	**2.0**	**74.3**	**-4.4**
房屋建筑业	-23.3	-7.3	-24.2
土木工程建筑业	14.8	91.0	7.4
建筑安装业	42.5	-96.5	62.0
建筑装饰、装修和其他建筑业	-15.1	183.8	-37.9
(六)批发和零售业	**5.3**	**-1.8**	**5.4**
批发业	10.3	22.1	10.0
零售业	1.5	-18.6	2.0
(七)交通运输、仓储和邮政业	**9.1**	**25.9**	**3.3**
铁路运输业	1.8	-3.8	7.8
道路运输业	3.7	157.8	-0.4
水上运输业	16.5	-52.4	28.0
航空运输业	4.8	18.6	0.3
管道运输业	11.2	70.5	-1.7
多式联运和运输代理业	8.6	40.4	8.1
装卸搬运和仓储业	25.1	25.9	23.1
邮政业	40.6	25.8	42.0
(八)住宿和餐饮业	**7.5**	**27.9**	**7.3**
住宿业	7.2	28.3	7.0
餐饮业	9.5	15.9	9.5
(九)信息传输、软件和信息技术服务业	**21.8**	**23.6**	**11.7**
电信、广播电视和卫星传输服务	2.4	-2.1	9.1
互联网和相关服务	17.7	63.6	12.9
软件和信息技术服务业	23.9	24.8	11.9
(十)金融业	**10.5**	**31.0**	**7.3**
货币金融服务	22.1	38.7	19.2
资本市场服务	-27.6	28.8	-28.8
保险业	-39.2	-28.3	-43.8
其他金融业	34.6	203.1	25.9

1-14 续表 2

单位：%

行业	全部投资	中央	地方
(十一)房地产业	**-8.4**	**-7.3**	**-8.4**
房地产业	-8.4	-7.3	-8.4
(十二)租赁和商务服务业	**14.5**	**-8.5**	**15.3**
租赁业	-19.4	-83.9	16.2
商务服务业	16.3	69.0	15.3
(十三)科学研究和技术服务业	**21.0**	**22.4**	**20.9**
研究和试验发展	19.6	45.5	16.5
专业技术服务业	13.6	-0.9	16.4
科技推广和应用服务业	26.1	16.4	26.3
(十四)水利、环境和公共设施管理业	**10.3**	**27.4**	**9.9**
水利管理业	13.6	80.2	12.4
生态保护和环境治理业	6.0	45.1	4.9
公共设施管理业	10.1	14.5	10.1
土地管理业	13.1	87.3	12.2
(十五)居民服务、修理和其他服务业	**21.8**		**20.2**
居民服务业	21.0		19.5
机动车、电子产品和日用产品修理业	31.2		31.1
其他服务业	16.7		12.8
(十六)教育	**5.4**	**4.8**	**5.4**
教育	5.4	4.8	5.4
(十七)卫生和社会工作	**26.1**	**57.7**	**25.5**
卫生	27.3	56.6	26.7
社会工作	19.2	69.3	18.6
(十八)文化、体育和娱乐业	**3.5**	**-14.7**	**3.9**
新闻和出版业	2.0	-71.7	4.1
广播、电视、电影和影视录音制作业	-17.3	55.4	-18.5
文化艺术业	9.4	-17.9	10.3
体育	-12.0	-42.1	-11.3
娱乐业	6.3	-3.4	6.4
(十九)公共管理、社会保障和社会组织	**42.1**		**-0.2**
中国共产党机关	27.5	-92.2	57.7
国家机构	47.4		-3.0
人民政协、民主党派	-58.2		-58.2
社会保障	-38.5	-47.0	-38.3
群众团体、社会团体和其他成员组织	0.9	-35.8	1.6
基层群众自治组织及其他组织	21.0	-16.4	22.1

1-15 各行业按登记注册类型分固定资产投资(不含农户)比上年增长

单位：%

行 业	全部投资	#内 资	港澳台商投资	外商投资
全 国 总 计	**5.1**	**5.5**	**0.2**	**-4.7**
(一)农、林、牧、渔业	**4.2**	**7.3**	**-11.8**	**-33.7**
农业	16.1	26.0	41.3	123.9
林业	8.9	8.9	-85.6	
畜牧业	-22.7	-22.8	-42.5	-52.5
渔业	31.8	32.3	-63.9	17.9
农、林、牧、渔专业及辅助性活动	32.1	32.1	96.8	23.3
(二)采矿业	**4.5**	**18.3**	**39.7**	**-14.5**
煤炭开采和洗选业	24.4	24.1	17.4	99.9
石油和天然气开采业	15.5	14.8	32.5	-37.2
黑色金属矿采选业	33.3	31.6		-9.8
有色金属矿采选业	8.4	6.6	8.3	142.9
非金属矿采选业	17.3	16.0	198.7	-16.0
开采专业及辅助性活动	6.8	6.9		-6.4
其他采矿业	-20.4	29.7		
(三)制造业	**9.1**	**16.2**	**8.0**	**-2.9**
农副食品加工业	15.5	15.6	17.9	7.2
食品制造业	13.7	15.6	-2.5	-6.8
酒、饮料和精制茶制造业	27.2	25.0	64.3	86.6
烟草制品业	-15.0	-16.3		
纺织业	4.7	4.8	19.7	-17.9
纺织服装、服饰业	25.3	23.7	48.2	11.9
皮革、毛皮、羽毛及其制品和制鞋业	24.1	26.3	-22.7	11.5
木材加工和木、竹、藤、棕、草制品业	19.6	20.2	-37.7	9.6
家具制造业	13.2	13.9	3.4	16.4
造纸和纸制品业	8.3	4.7	42.9	-1.9
印刷和记录媒介复制业	8.0	6.9	28.4	37.7
文教、工美、体育和娱乐用品制造业	17.3	16.2	20.4	51.6
石油、煤炭和其他燃料加工业	-10.7	-10.8	3.1	-67.6
化学原料和化学制品制造业	18.8	19.9	0.3	17.3
医药制造业	5.9	8.0	-7.8	-14.6
化学纤维制造业	21.4	22.0	38.2	-5.2
橡胶和塑料制品业	8.7	9.4	20.8	-18.4
非金属矿物制品业	6.7	7.9	2.2	-34.4
黑色金属冶炼和压延加工业	-0.1	0.0	-15.0	25.7
有色金属冶炼和压延加工业	15.7	16.5	10.4	-21.0
金属制品业	11.8	12.5	6.0	-6.8
通用设备制造业	14.8	16.4	3.0	-9.5
专用设备制造业	12.1	14.0	-14.4	-8.6

1-15 续表 1

单位：%

行 业	全部投资	#内 资	港澳台商投资	外商投资
汽车制造业	12.6	15.1	-6.4	5.5
铁路、船舶、航空航天和其他运输设备制造业	1.7	2.5	4.9	-25.1
电气机械和器材制造业	42.6	46.9	-6.6	3.1
计算机、通信和其他电子设备制造业	18.8	23.0	22.3	-6.7
仪器仪表制造业	37.8	39.5	30.9	0.6
其他制造业	-36.9	10.6	37.6	-30.9
废弃资源综合利用业	22.3	21.7	78.7	-20.7
金属制品、机械和设备修理业	-22.4	-26.7	33.3	-24.4
(四)电力、热力、燃气及水生产和供应业	**19.3**	**19.7**	**15.1**	**1.4**
电力、热力生产和供应业	24.3	24.7	22.8	6.4
燃气生产和供应业	6.6	6.3	9.3	5.3
水的生产和供应业	7.3	8.1	-20.3	-25.3
(五)建筑业	**2.0**	**2.4**	**-52.1**	**-73.8**
房屋建筑业	-23.3	-23.7	-52.1	9.9
土木工程建筑业	14.8	15.6		
建筑安装业	42.5	42.5		
建筑装饰、装修和其他建筑业	-15.1	-15.1		
(六)批发和零售业	**5.3**	**4.8**	**51.3**	**-14.1**
批发业	10.3	10.2	-8.1	14.5
零售业	1.5	0.6	94.4	-21.7
(七)交通运输、仓储和邮政业	**9.1**	**6.1**	**-1.7**	**-10.5**
铁路运输业	1.8	2.1	-98.6	5.0
道路运输业	3.7	3.9	-40.8	63.4
水上运输业	16.5	16.7	47.6	-40.2
航空运输业	4.8	6.1	-5.8	-53.8
管道运输业	11.2	18.5	-85.0	-18.6
多式联运和运输代理业	8.6	9.1	24.1	-65.3
装卸搬运和仓储业	25.1	28.0	9.6	-1.6
邮政业	40.6	47.9	20.2	-55.6
(八)住宿和餐饮业	**7.5**	**8.2**	**-18.1**	**-31.7**
住宿业	7.2	8.0	-23.9	-32.1
餐饮业	9.5	9.2	50.8	-24.8
(九)信息传输、软件和信息技术服务业	**21.8**	**10.1**	**15.5**	**2.3**
电信、广播电视和卫星传输服务	2.4	2.6	11.9	-3.8
互联网和相关服务	17.7	17.1	16.5	37.8
软件和信息技术服务业	23.9	11.6	17.6	-4.2
(十)金融业	**10.5**	**10.9**	**-21.8**	**8.1**
货币金融服务	22.1	22.3	-60.0	21.3
资本市场服务	-27.6	-27.0	-73.9	-31.9
保险业	-39.2	-39.2		
其他金融业	34.6	37.1	-12.1	

1-15 续表 2

单位：%

行　业	全部投资	#内　资	港澳台商投资	外商投资
(十一)房地产业	**-8.4**	**-8.1**	**-15.9**	**-10.0**
房地产业	-8.4	-8.1	-15.9	-10.0
(十二)租赁和商务服务业	**14.5**	**14.0**	**27.4**	**34.4**
租赁业	-19.4	-23.0		-25.8
商务服务业	16.3	15.9	19.9	38.2
(十三)科学研究和技术服务业	**21.0**	**21.1**	**14.8**	**24.9**
研究和试验发展	19.6	20.3	1.9	7.0
专业技术服务业	13.6	12.9	79.3	84.9
科技推广和应用服务业	26.1	26.0	25.1	40.2
(十四)水利、环境和公共设施管理业	**10.3**	**10.3**	**-4.0**	**-11.5**
水利管理业	13.6	13.7	-49.0	143.7
生态保护和环境治理业	6.0	6.6	-50.1	-12.4
公共设施管理业	10.1	10.2	23.7	-12.1
土地管理业	13.1	13.2		-93.5
(十五)居民服务、修理和其他服务业	**21.8**	**20.9**	**107.1**	**156.4**
居民服务业	21.0	20.7	74.0	
机动车、电子产品和日用产品修理业	31.2	24.5	230.6	
其他服务业	16.7	18.6	32.0	-95.7
(十六)教育	**5.4**	**5.7**	**-20.1**	**-45.9**
教育	5.4	5.7	-20.1	-45.9
(十七)卫生和社会工作	**26.1**	**26.3**	**37.0**	**-11.1**
卫生	27.3	27.4	65.9	-15.9
社会工作	19.2	19.8	-36.5	-0.1
(十八)文化、体育和娱乐业	**3.5**	**3.8**	**-20.3**	**-22.8**
新闻和出版业	2.0	2.0		
广播、电视、电影和影视录音制作业	-17.3	-15.9	-93.8	-53.4
文化艺术业	9.4	9.9	-56.4	-28.9
体育	-12.0	-11.9	59.2	-73.1
娱乐业	6.3	6.4	-12.1	-4.1
(十九)公共管理、社会保障和社会组织	**42.1**	**42.1**		**21.3**
中国共产党机关	27.5	27.5		
国家机构	47.4	47.4		169.0
人民政协、民主党派	-58.2	-58.2		
社会保障	-38.5	-38.5		
群众团体、社会团体和其他成员组织	0.9	1.4		
基层群众自治组织及其他组织	21.0	21.1		

1-16　各行业按控股分固定资产投资(不含农户)比上年增长

单位：%

行　业	全部投资	#国有控股	集体控股	私人控股
全 国 总 计	**5.1**	**10.1**	**9.0**	**1.8**
(一)农、林、牧、渔业	**4.2**	**26.0**	**27.4**	**-5.0**
农业	16.1	34.1	47.9	19.1
林业	8.9	9.1	24.7	10.1
畜牧业	-22.7	-3.9	-2.2	-27.9
渔业	31.8	52.4	9.9	26.3
农、林、牧、渔专业及辅助性活动	32.1	38.4	25.4	24.6
(二)采矿业	**4.5**	**16.8**	**31.5**	**18.9**
煤炭开采和洗选业	24.4	12.2	43.2	35.0
石油和天然气开采业	15.5	14.2	59.5	6.3
黑色金属矿采选业	33.3	64.7	-4.5	23.6
有色金属矿采选业	8.4	12.0	-45.2	6.8
非金属矿采选业	17.3	40.6	-11.2	10.7
开采专业及辅助性活动	6.8	5.8		-4.1
其他采矿业	-20.4	295.5		-8.9
(三)制造业	**9.1**	**19.5**	**10.6**	**15.2**
农副食品加工业	15.5	41.9	20.9	10.0
食品制造业	13.7	30.8	46.2	13.9
酒、饮料和精制茶制造业	27.2	36.7	288.8	20.5
烟草制品业	-15.0	-18.4	267.7	-48.7
纺织业	4.7	19.9	-42.6	5.0
纺织服装、服饰业	25.3	49.6	-16.8	22.2
皮革、毛皮、羽毛及其制品和制鞋业	24.1	45.7	-33.8	26.5
木材加工和木、竹、藤、棕、草制品业	19.6	12.3	7.9	19.7
家具制造业	13.2	24.5	-68.9	13.8
造纸和纸制品业	8.3	54.4	-8.3	1.4
印刷和记录媒介复制业	8.0	-6.8	17.2	8.2
文教、工美、体育和娱乐用品制造业	17.3	-26.0	21.8	18.4
石油、煤炭和其他燃料加工业	-10.7	-1.3	52.9	-9.5
化学原料和化学制品制造业	18.8	28.0	24.5	21.1
医药制造业	5.9	28.2	50.7	4.9
化学纤维制造业	21.4	34.2	-18.2	19.3
橡胶和塑料制品业	8.7	8.5	-27.2	11.8
非金属矿物制品业	6.7	29.5	-12.4	6.0
黑色金属冶炼和压延加工业	-0.1	-2.7	-39.8	2.6
有色金属冶炼和压延加工业	15.7	0.8	23.6	20.5
金属制品业	11.8	27.0	10.6	12.4
通用设备制造业	14.8	23.8	-7.0	15.7
专用设备制造业	12.1	21.4	-29.0	13.3
汽车制造业	12.6	-16.4	-29.1	21.3

1-16 续表 1

单位：%

行　　业	全部投资	#国有控股	集体控股	私人控股
铁路、船舶、航空航天和其他运输设备制造业	1.7	-7.3	108.4	8.5
电气机械和器材制造业	42.6	75.8	45.9	43.8
计算机、通信和其他电子设备制造业	18.8	26.5	14.3	17.4
仪器仪表制造业	37.8	113.6	-23.6	29.5
其他制造业	10.3	17.9	-31.9	1.1
废弃资源综合利用业	22.3	0.7	89.0	23.9
金属制品、机械和设备修理业	-22.4	4.0	-65.9	-34.8
(四)电力、热力、燃气及水生产和供应业	**19.3**	**23.2**	**53.6**	**14.8**
电力、热力生产和供应业	24.3	28.8	70.1	18.8
燃气生产和供应业	6.6	17.5	-20.4	-5.5
水的生产和供应业	7.3	10.0	52.3	4.9
(五)建筑业	**2.0**	**6.1**	**-5.2**	**-6.0**
房屋建筑业	-23.3	-41.1	-40.0	-16.7
土木工程建筑业	14.8	16.6	-46.1	15.9
建筑安装业	42.5	62.0	85.0	-2.5
建筑装饰、装修和其他建筑业	-15.1	49.4		-38.2
(六)批发和零售业	**5.3**	**5.7**	**11.9**	**4.3**
批发业	10.3	11.3	24.2	8.3
零售业	1.5	1.9	7.0	1.0
(七)交通运输、仓储和邮政业	**9.1**	**6.6**	**31.5**	**4.2**
铁路运输业	1.8	1.6	100.8	13.3
道路运输业	3.7	5.8	36.5	-13.9
水上运输业	16.5	7.6	-56.7	25.5
航空运输业	4.8	5.8	-86.8	-13.0
管道运输业	11.2	21.4	-31.3	-7.8
多式联运和运输代理业	8.6	16.8	413.7	18.8
装卸搬运和仓储业	25.1	47.5	24.7	16.4
邮政业	40.6	18.9	-27.9	59.7
(八)住宿和餐饮业	**7.5**	**1.2**	**92.9**	**9.5**
住宿业	7.2	0.0	98.2	10.2
餐饮业	9.5	15.3	62.8	5.3
(九)信息传输、软件和信息技术服务业	**21.8**	**15.6**	**20.2**	**7.9**
电信、广播电视和卫星传输服务	2.4	2.6	19.6	-13.9
互联网和相关服务	17.7	50.2	-24.9	-0.9
软件和信息技术服务业	23.9	16.2	61.7	18.0
(十)金融业	**10.5**	**18.3**	**-3.7**	**-5.7**
货币金融服务	22.1	42.0	9.5	-5.6
资本市场服务	-27.6	-30.4		-27.0
保险业	-39.2	-53.8	-85.8	-22.0
其他金融业	34.6	29.1	-99.8	23.5

1-16 续表 2

单位：%

行业	全部投资	#国有控股	集体控股	私人控股
(十一)房地产业	**-8.4**	**4.6**	**-4.1**	**-11.5**
房地产业	-8.4	4.6	-4.1	-11.5
(十二)租赁和商务服务业	**14.5**	**17.4**	**5.8**	**12.3**
租赁业	-19.4	-42.9	-56.5	1.0
商务服务业	16.3	21.5	6.6	12.6
(十三)科学研究和技术服务业	**21.0**	**28.5**	**-4.9**	**22.0**
研究和试验发展	19.6	18.4	-40.2	47.4
专业技术服务业	13.6	27.9	32.0	-4.6
科技推广和应用服务业	26.1	39.9	34.7	21.2
(十四)水利、环境和公共设施管理业	**10.3**	**10.9**	**17.2**	**5.4**
水利管理业	13.6	12.7	34.6	24.6
生态保护和环境治理业	6.0	4.9	42.1	9.4
公共设施管理业	10.1	11.1	13.7	3.3
土地管理业	13.1	8.5	68.1	35.2
(十五)居民服务、修理和其他服务业	**21.8**	**16.2**	**94.9**	**24.3**
居民服务业	21.0	16.5	43.7	25.9
机动车、电子产品和日用产品修理业	31.2	50.8		23.8
其他服务业	16.7	5.1		17.3
(十六)教育	**5.4**	**8.6**	**11.8**	**-3.4**
教育	5.4	8.6	11.8	-3.4
(十七)卫生和社会工作	**26.1**	**31.2**	**61.9**	**6.7**
卫生	27.3	31.4	34.1	4.7
社会工作	19.2	28.4	105.7	10.1
(十八)文化、体育和娱乐业	**3.5**	**2.4**	**33.6**	**4.6**
新闻和出版业	2.0	1.1		36.9
广播、电视、电影和影视录音制作业	-17.3	-8.5		-27.6
文化艺术业	9.4	10.0	57.0	17.4
体育	-12.0	-11.4	-35.4	-10.3
娱乐业	6.3	4.1	43.9	5.1
(十九)公共管理、社会保障和社会组织	**42.1**	**44.2**	**-0.6**	**37.5**
中国共产党机关	27.5	15.5		
国家机构	47.4	49.5	6.1	18.9
人民政协、民主党派	-58.2	-56.2		
社会保障	-38.5	-46.5	101.3	
群众团体、社会团体和其他成员组织	0.9	-8.2	3.9	75.4
基层群众自治组织及其他组织	20.3	11.0	-4.8	64.8

1-17 各行业固定资产投资(不含农户)资金来源增长

单位：%

行业	本年实际到位资金	国家预算资金	国内贷款	利用外资	自筹资金	其他资金
全国总计	**0.5**	**39.3**	**-6.0**	**-19.8**	**9.0**	**-19.8**
(一)农、林、牧、渔业	**9.9**	**53.6**	**7.9**	**1.7**	**-1.5**	**57.7**
农业	34.8	50.1	47.9	29.7	24.3	84.8
林业	21.7	43.1	31.0	-74.5	-5.2	100.4
畜牧业	-24.3	65.7	-24.4	-17.2	-28.8	11.3
渔业	48.6	188.9	69.1	201.8	46.3	35.2
农、林、牧、渔专业及辅助性活动	46.9	59.0	-22.5	83.5	45.4	71.2
(二)采矿业	**27.3**	**192.7**	**22.6**	**-11.4**	**25.9**	**53.2**
煤炭开采和洗选业	37.4	16.0	30.0		38.1	34.8
石油和天然气开采业	15.8		16.6	-11.0	10.8	167.9
黑色金属矿采选业	49.3	20.6	282.7	-71.2	40.3	
有色金属矿采选业	16.9	-97.4	-32.8	1.5	31.9	1.4
非金属矿采选业	38.4	25.9	47.9	84.1	38.6	11.3
开采专业及辅助性活动	10.8	-14.7	-80.8		9.6	71.8
其他采矿业	95.0				69.3	
(三)制造业	**23.5**	**65.5**	**24.0**	**-28.0**	**23.4**	**28.7**
农副食品加工业	23.8	130.8	18.6	35.1	20.7	51.3
食品制造业	24.9	89.7	10.5	-22.1	25.5	22.7
酒、饮料和精制茶制造业	35.1		54.5	100.8	32.6	47.0
烟草制品业	-18.0	50.1	-6.3		-17.5	-39.2
纺织业	15.3	26.7	35.7		11.6	66.2
纺织服装、服饰业	31.5	31.4	-6.0		31.3	41.9
皮革、毛皮、羽毛及其制品和制鞋业	32.6	99.7	-35.9		31.4	183.5
木材加工和木、竹、藤、棕、草制品业	32.2		-15.8	113.0	29.8	94.0
家具制造业	24.3	179.0	14.4	138.8	20.7	95.6
造纸和纸制品业	9.5	-91.9	-17.4	35.0	16.1	-14.8
印刷和记录媒介复制业	28.5	-95.1	12.0	103.2	33.5	-11.5
文教、工美、体育和娱乐用品制造业	26.7	105.6	31.9	196.4	24.9	31.5
石油、煤炭和其他燃料加工业	-7.2	-44.3	-9.2		-8.0	89.0
化学原料和化学制品制造业	30.9	27.0	17.4	67.2	34.5	9.0
医药制造业	11.5	209.5	1.7	9.8	11.5	-0.4
化学纤维制造业	21.1	-35.5	119.3		9.7	0.3
橡胶和塑料制品业	18.6	-59.8	21.1	119.9	18.0	27.7
非金属矿物制品业	17.2	21.0	13.5	8.6	17.7	11.5
黑色金属冶炼和压延加工业	3.3		-42.9	-70.7	2.6	46.9
有色金属冶炼和压延加工业	21.7	11.4	19.5	286.2	22.1	14.8
金属制品业	21.8	-33.7	33.0	41.0	21.2	41.3
通用设备制造业	25.1	86.3	10.7	79.7	26.5	4.7
专用设备制造业	19.1	21.7	29.6	22.1	19.8	0.7

1-17　续表 1　　单位：%

行　业	本年实际到位资金	国家预算资　金	国内贷款	利用外资	自筹资金	其他资金
汽车制造业	20.9	19.7	32.0	-45.6	20.4	33.5
铁路、船舶、航空航天和其他运输设备制造业	7.6	40.9	-0.7	-25.9	6.2	47.3
电气机械和器材制造业	51.6		57.2	71.6	50.1	51.2
计算机、通信和其他电子设备制造业	27.1	85.3	70.6	-70.3	28.9	29.6
仪器仪表制造业	53.2		1.9	-23.4	47.2	149.1
其他制造业	15.3	63.5	-8.4		6.3	56.4
废弃资源综合利用业	31.7	2.3	10.6	-31.3	33.4	27.7
金属制品、机械和设备修理业	-24.2	43.5	-62.1	264.8	-15.1	-75.2
(四)电力、热力、燃气及水生产和供应业	**29.2**	**66.5**	**9.1**	**44.8**	**32.7**	**44.8**
电力、热力生产和供应业	29.7	35.4	9.8	55.7	39.4	47.0
燃气生产和供应业	22.1	46.0	10.7	184.5	18.3	89.0
水的生产和供应业	29.1	89.6	-0.5	-13.3	10.5	36.5
(五)建筑业	**9.1**	**7.2**	**-23.9**		**19.7**	**-1.8**
房屋建筑业	-28.8	-63.5	46.5		-31.5	-4.9
土木工程建筑业	20.6	9.0	-26.2		47.3	-1.8
建筑安装业	257.0				110.5	
建筑装饰、装修和其他建筑业	21.3				53.7	-91.0
(六)批发和零售业	**7.7**	**43.6**	**-4.9**	**-34.5**	**5.6**	**38.9**
批发业	17.8	61.3	-10.3	1.3	13.4	112.7
零售业	0.0	26.4	-0.4	-52.9	-0.5	3.4
(七)交通运输、仓储和邮政业	**16.9**	**24.5**	**1.0**	**52.1**	**19.7**	**31.6**
铁路运输业	7.3	18.3	-15.3		-27.5	169.6
道路运输业	17.7	19.4	7.9	102.4	30.7	6.8
水上运输业	28.4	93.6	-22.2	152.6	31.1	36.6
航空运输业	7.4	103.2	-15.0	60.2	-7.9	-19.0
管道运输业	25.7	71.6	-13.8		22.0	162.4
多式联运和运输代理业	-6.3	-44.2	27.5	-24.1	0.9	-39.5
装卸搬运和仓储业	30.9	99.2	7.3	15.3	27.6	50.0
邮政业	37.3		142.0	-0.6	27.7	283.5
(八)住宿和餐饮业	**12.2**	**-26.3**	**-3.0**	**203.4**	**14.6**	**17.9**
住宿业	11.1	-23.3	-5.0	252.4	13.2	18.6
餐饮业	23.5	-63.5	27.9		27.8	10.6
(九)信息传输、软件和信息技术服务业	**7.9**	**13.0**	**-8.9**	**-68.5**	**8.9**	**18.6**
电信、广播电视和卫星传输服务	0.9	-6.1	-52.2		2.4	37.6
互联网和相关服务	16.1	30.9	-8.6	-41.6	14.0	116.7
软件和信息技术服务业	8.9	5.0	18.6	-86.5	13.4	-20.2
(十)金融业	**17.5**	**23.6**	**27.2**		**20.0**	**-20.3**
货币金融服务	40.7		-95.3		47.8	-28.3
资本市场服务	-13.0	48.9	76.0		-12.1	-80.6
保险业	-38.7		10.0		-47.7	79.8
其他金融业	14.7	-22.3	144.2		13.5	-17.6

1-17 续表 2

单位：%

行　　业	本年实际到位资金	国家预算资金	国内贷款	利用外资	自筹资金	其他资金
(十一)房地产业	**-23.2**	**23.5**	**-23.5**	**-17.6**	**-15.0**	**-29.3**
房地产业	-23.2	23.5	-23.5	-17.6	-15.0	-29.3
(十二)租赁和商务服务业	**20.4**	**72.7**	**27.3**	**13.9**	**15.5**	**29.9**
租赁业	-13.7	191.6	-7.1	-93.5	-12.1	-24.9
商务服务业	22.0	72.5	32.0	35.0	16.4	34.1
(十三)科学研究和技术服务业	**34.3**	**31.9**	**60.0**	**65.2**	**27.5**	**76.1**
研究和试验发展	34.5	30.7	45.1	241.2	29.4	89.5
专业技术服务业	24.6	19.4	82.3	-23.9	10.7	101.8
科技推广和应用服务业	38.5	45.5	64.3	124.7	33.2	51.7
(十四)水利、环境和公共设施管理业	**23.4**	**40.0**	**1.5**	**-43.4**	**12.3**	**47.1**
水利管理业	28.9	31.7	14.0	-51.8	16.1	54.6
生态保护和环境治理业	19.5	18.7	7.2	-13.4	18.5	38.8
公共设施管理业	22.9	44.7	-2.6	-49.7	11.2	46.0
土地管理业	35.0	22.2	284.9		13.9	103.5
(十五)居民服务、修理和其他服务业	**40.3**	**27.7**	**17.0**	**20.1**	**41.5**	**57.7**
居民服务业	37.4	33.4	9.6	30.2	38.6	51.3
机动车、电子产品和日用产品修理业	70.3	-98.6	200.7	-92.3	92.2	59.0
其他服务业	36.4	70.8	143.0		25.5	140.4
(十六)教育	**17.6**	**22.3**	**6.4**	**-21.9**	**11.3**	**41.4**
教育	17.6	22.3	6.4	-21.9	11.3	41.4
(十七)卫生和社会工作	**40.8**	**58.3**	**21.4**	**32.4**	**28.2**	**57.7**
卫生	42.2	56.9	24.0	39.6	28.6	59.9
社会工作	32.2	89.3	7.7	20.9	26.9	38.3
(十八)文化、体育和娱乐业	**11.1**	**30.9**	**12.0**	**-15.6**	**5.9**	**28.9**
新闻和出版业	4.7	5.4	-83.9		10.3	40.1
广播、电视、电影和影视录音制作业	-1.7	155.1	-3.3		-20.9	23.1
文化艺术业	22.1	39.1	20.0	-84.6	17.0	18.9
体育	-0.7	-7.1	89.6	-20.5	-5.1	-7.2
娱乐业	9.8	88.0	-9.3	58.4	5.2	53.3
(十九)公共管理、社会保障和社会组织	**89.9**	**218.3**	**18.9**	**-33.5**	**7.4**	**36.0**
中国共产党机关	37.9	-36.3			91.0	-4.2
国家机构	97.1	225.7	17.0	-21.3	2.0	41.1
人民政协、民主党派						
社会保障	-57.7	84.2			-80.0	-61.3
群众团体、社会团体和其他成员组织	21.2	71.9			29.1	-44.7
基层群众自治组织及其他组织	68.8	192.1	-20.8	-79.9	60.2	74.5

1-18 各地区行业大类固定资产投资(不含农户)比上年增长

单位：%

地 区	合 计	(一)农、林、牧、渔业	农 业	林 业	畜牧业
全国总计	**5.1**	**4.2**	**16.1**	**8.9**	**-22.7**
北 京	3.6	14.6	26.4	24.8	-49.9
天 津	-9.9	6.6	68.1	-37.3	-20.3
河 北	7.9	13.1	37.5	-46.0	-5.5
山 西	5.9	4.5	33.4	-17.6	-10.5
内蒙古	17.6	19.4	42.9	19.5	1.4
辽 宁	3.6	1.9	69.9	22.0	-33.4
吉 林	-2.4	62.6	41.8	156.2	72.3
黑龙江	0.6	13.4	23.4	70.5	-3.0
上 海	-1.0	-63.6	-64.4		-51.9
江 苏	3.8	-9.2	11.6	23.1	-46.3
浙 江	9.1	-19.8	13.2	141.3	-54.3
安 徽	9.0	20.3	49.6	101.4	-27.6
福 建	7.5	17.9	26.2	99.5	-17.3
江 西	8.6	22.5	27.1	40.6	
山 东	6.1	-2.1	13.0	54.3	-23.2
河 南	6.7	-7.0	9.0	-24.9	-29.2
湖 北	15.0	25.4	58.7	-25.5	-13.5
湖 南	6.6	-18.3	-9.3	-16.3	-34.4
广 东	-2.6	-15.3	-4.3	-28.8	-36.6
广 西	0.1	2.2	72.2	-2.5	-34.2
海 南	-4.2	12.9	3.4	69.0	-49.7
重 庆	0.7	15.4	49.1		-25.1
四 川	6.0	10.8	58.6	66.1	-31.5
贵 州	-5.1	4.7	11.1	35.2	-43.2
云 南	7.5	32.5	52.3	49.2	-16.7
西 藏	-18.0	-2.0	-6.1	34.6	-15.4
陕 西	8.1	5.7	7.4	-11.0	-4.7
甘 肃	10.1	-4.6	9.1	53.8	-41.2
青 海	-7.6	19.8	51.3	5.1	58.1
宁 夏	10.2	-10.0	34.7	-17.0	-16.5
新 疆	7.6	-8.8	-21.4	34.4	-29.9

1-18 续表 1 单位：%

地区	渔业	农、林、牧、渔专业及辅助性活动	(二)采矿业	煤炭开采和洗选业	石油和天然气开采业	黑色金属矿采选业
全国总计	**31.8**	**32.1**	**4.5**	**24.4**	**15.5**	**33.3**
北京			0.2			-5.5
天津	40.5	222.8	12.5		11.6	
河北	47.5	14.8	41.8	153.6	8.4	56.7
山西	27.3	38.3	11.9	18.4	-12.7	3.7
内蒙古	81.3	68.3	17.5	29.2	5.7	-24.5
辽宁	126.6	5.6	9.5	60.8	-10.3	52.5
吉林		60.7	3.7	107.8	6.3	18.4
黑龙江	271.9	15.6	28.6	61.8	12.9	193.9
上海	-59.9	-77.9				
江苏	11.1	31.0	169.4		205.7	
浙江	18.1	34.8	53.6			227.0
安徽	9.3	-5.4	30.1	2.9		18.3
福建	17.7	68.7	-40.8	21.5		-48.1
江西	74.6	34.7	31.9	-28.4		-32.2
山东	-0.5	6.2	22.7	90.2	29.5	-17.6
河南	0.4	35.6	31.3	82.3	61.8	138.6
湖北	53.2	98.1	21.0		-13.5	2.5
湖南	10.7	-8.1	32.1	143.6		76.5
广东	20.7	27.8	33.6		48.9	116.9
广西	50.9	31.2	7.7	-30.7	285.6	45.5
海南	138.9	54.6	34.9		-6.5	256.2
重庆	114.1	-15.4	13.2	-48.2	30.2	
四川	42.2	14.1	32.5	2.0	64.2	43.5
贵州	4.3	60.5	5.9	6.0	-26.6	29.6
云南	88.1	76.1	16.7	20.0		4.3
西藏	-52.8	-12.9	-1.5			-71.4
陕西	55.6	30.9	12.3	16.6	1.4	-51.0
甘肃	20.1	46.2	1.4	-1.6	83.8	-24.0
青海		-13.8	12.9	-39.7	24.6	6.8
宁夏	320.4	-16.0	26.2	27.1	31.7	-97.2
新疆	140.1	16.8	20.9	94.7	12.6	90.6

1-18 续表 2

单位：%

地区	有色金属矿采选业	非金属矿采选业	开采专业及辅助性活动	其他采矿业	(三)制造业	农副食品加工业
全国总计	**8.4**	**17.3**	**6.8**	**-20.4**	**9.1**	**15.5**
北京					18.4	1.0
天津		-53.1	85.1		-1.2	-31.2
河北	45.6	-21.5	-72.1	-29.8	13.4	1.7
山西	57.8	-6.5	-44.2	-88.0	6.8	-19.1
内蒙古	19.2	114.0	-21.6		42.6	2.4
辽宁	-12.4	-23.1	-15.7	-79.9	1.0	3.2
吉林	-31.7	-8.6	-72.7		5.2	7.5
黑龙江	27.1	-6.2			10.2	5.9
上海					2.1	28.8
江苏	-90.2	45.6		-26.1	8.8	11.8
浙江		52.7		376.6	17.0	32.5
安徽	-40.9	110.0	60.7	-58.7	21.5	-1.3
福建	8.9	-46.1	115.7	-63.9	19.7	29.4
江西	73.6	33.9	109.2	50.6	6.5	-10.7
山东	-14.9	-19.5	122.6	-98.5	11.2	19.1
河南	46.6	-21.9	36.2		29.7	23.0
湖北	62.5	22.7	-54.0		23.2	37.7
湖南	-7.9	45.5	-77.5	-39.4	14.6	20.1
广东	-12.7	14.0	2.4		12.2	19.8
广西	-63.4	35.7	266.8	147.4	26.2	21.4
海南			-31.8	39.4	21.1	-6.6
重庆		24.8	-42.2		8.8	56.1
四川	100.1	9.9	42.8		10.2	1.8
贵州	27.0	11.0	32.0		28.0	-0.5
云南	2.8	39.9	35.4		40.3	11.7
西藏	-9.3	210.3			-46.4	-17.2
陕西	22.6				6.6	23.9
甘肃	-40.5	-37.1	22.5		46.9	-6.6
青海	32.0	-80.3	73.2		41.0	-64.9
宁夏		-16.3			26.6	-42.3
新疆	39.2	-31.2	-43.9		15.0	-0.8

1-18 续表 3

单位：%

地 区	食 品 制造业	酒、饮料和 精制茶制造业	烟 草 制品业	纺织业	纺织服装、 服 饰 业	皮革、毛皮、羽毛 及其制品和制鞋业
全国总计	**13.7**	**27.2**	**-15.0**	**4.7**	**25.3**	**24.1**
北 京	42.2	84.5			-99.1	
天 津	-14.4	-2.2	9.6	-84.8	-26.2	
河 北	40.9	-10.7	-79.4	9.9	193.4	37.3
山 西	-1.0	-2.5		45.3	-33.1	-2.8
内蒙古	1.3	17.5		142.0	39.3	259.0
辽 宁	-29.2	33.0	-28.4	22.6	-36.9	
吉 林	-46.7	-1.8	154.3	-33.9	95.5	20.3
黑龙江	7.7	-8.7	-31.1	-15.9	-29.2	
上 海	-14.8	-7.3	-66.9	-59.3	-50.1	-40.6
江 苏	22.3	43.4	-33.4	-0.8	-3.5	-18.3
浙 江	18.1	21.1	18.5	2.5	-0.2	-2.5
安 徽	-13.3	25.0	-6.4	7.5	9.2	47.9
福 建	47.0	19.3	63.3	43.3	84.9	38.5
江 西	28.7	-16.1	-46.2	5.0	14.7	12.6
山 东	3.2	18.2	52.8	10.2	18.8	10.7
河 南	55.2	10.0	139.6	54.9	61.7	43.1
湖 北	30.3	46.1	-69.7	-3.2	31.6	29.2
湖 南	7.2	38.4	-3.5	-7.6	6.5	31.0
广 东	3.0	24.6	-32.9	-16.5	26.8	22.5
广 西	43.4	52.3	87.6	-15.0	48.8	-29.6
海 南	-23.6	23.6				
重 庆	-15.2	33.4	13.0	63.5	94.0	58.0
四 川	-15.1	38.9	48.0	-27.5	33.1	11.7
贵 州	-5.2	35.3	-24.5	-75.1	71.2	68.6
云 南	17.9	78.0	-28.7	63.1	95.3	-69.1
西 藏	57.0	0.6		-35.3	42.5	-92.6
陕 西	19.0	9.3	39.9	-18.8	30.1	50.0
甘 肃	-15.8	71.9	-65.4	267.4	25.3	51.1
青 海	-43.5	-30.9		-76.8	73.3	
宁 夏	103.0	-35.5		-42.1	9.2	
新 疆	-28.3	47.2		36.3	-9.7	-59.9

1-18　续表 4

单位：%

地　区	木材加工和木、竹、藤、棕、草制品业	家　具制造业	造纸和纸制品业	印刷和记录媒介复制业	文教、工美、体育和娱乐用品制造业	石油、煤炭和其他燃料加工业
全国总计	**19.6**	**13.2**	**8.3**	**8.0**	**17.3**	**-10.7**
北　京		-22.1	2.6	-45.7	111.8	-35.9
天　津	-62.1	233.0	-43.3	46.2	7.8	-37.9
河　北	3.0	17.7	-3.7	2.1	-9.2	17.6
山　西	67.9	14.6	-7.8	-8.5	96.0	-14.3
内蒙古	92.4	-76.0	72.1	-67.6	208.8	-5.0
辽　宁	33.4	53.6	57.8	-8.2	15.6	-46.4
吉　林	22.1	-36.8	-2.3	4.1	81.2	58.8
黑龙江	5.6	-57.6	-54.0	-32.6	-28.5	-32.8
上　海	-44.6	5.3	13.3	31.9	-36.4	5.3
江　苏	-1.6	4.1	-7.0	-8.3	1.6	-18.7
浙　江	20.4	14.4	5.5	-8.0	20.6	-41.7
安　徽	22.7	-23.0	39.5	-8.2	81.5	40.1
福　建	9.6	-1.1	26.1	52.2	40.8	27.5
江　西	20.9	6.6	9.1	15.3	-5.1	34.9
山　东	14.6	39.0	15.1	25.3	10.6	-26.7
河　南	49.2	47.0	25.2	104.2	113.6	-12.2
湖　北	59.5	53.5	27.6	21.8	73.9	41.1
湖　南	26.2	40.6	-13.4	-12.5	-3.4	-16.7
广　东	-30.8	9.2	3.0	-4.8	6.9	-37.8
广　西	22.1	37.0	25.8	17.9	50.8	-5.4
海　南	14.4		115.0	199.8	112.2	7.2
重　庆	12.3	-15.8	-3.7	25.7	66.2	-22.1
四　川	36.0	-12.6	-2.6	0.1	49.8	-48.5
贵　州	56.8	51.4	-47.2	-14.8	-13.3	
云　南	67.1	-45.4	48.7	-1.7	109.4	137.0
西　藏	0.9	-7.8	93.9		-99.9	
陕　西	-16.3	-19.2	1.5	51.5	9.7	5.3
甘　肃	63.9		85.5	5.4	-56.8	21.9
青　海	239.8			-77.1	-45.7	-52.1
宁　夏	-86.2	-52.5	-22.0	52.7	-30.1	44.3
新　疆	-23.0	-71.8	-32.0	-41.5		17.2

1-18 续表 5

单位：%

地区	化学原料和化学制品制造业	医药制造业	化学纤维制造业	橡胶和塑料制品业	非金属矿物制品业	黑色金属冶炼和压延加工业
全国总计	**18.8**	**5.9**	**21.4**	**8.7**	**6.7**	**-0.1**
北京	-38.4	4.7			16.8	
天津	50.6	18.2		20.5	-56.1	10.7
河北	21.7	19.8	-49.2	6.7	3.8	-3.0
山西	1.6	37.7	286.0	23.7	-0.6	14.3
内蒙古	32.1	-29.0	269.0	-54.5	78.4	9.8
辽宁	12.6	-48.6	59.1	-26.9	2.2	-13.4
吉林	-15.2	-21.0	-68.1	61.7	24.1	29.5
黑龙江	56.4	7.8		13.3	16.7	-18.3
上海	1.8	7.8	-0.1	-13.0	-5.0	27.3
江苏	23.5	-8.8	54.3	23.5	-2.6	1.5
浙江	-2.8	30.5	-32.8	19.8	-5.2	5.5
安徽	4.2	8.5	35.2	5.8	4.8	37.9
福建	14.8	-19.7	15.7	31.3	13.4	16.0
江西	5.3	-6.5	-23.3	-7.3	1.1	-2.8
山东	11.8	9.0	27.6	4.8	-3.9	-32.9
河南	44.8	27.6	-24.8	33.0	7.9	-13.3
湖北	36.2	1.8	-35.1	3.0	11.1	8.4
湖南	47.0	27.7	61.7	2.9	12.5	21.9
广东	44.6	8.8	33.1	-6.5	-8.1	-21.9
广西	33.4	66.9		20.6	-4.6	7.9
海南	42.7	24.0	-16.1	-13.9	33.4	30.4
重庆	23.5	11.0	90.1	14.3	23.9	-29.1
四川	20.0	-0.9	-12.1	29.8	10.5	-35.3
贵州	0.9	42.9	226.3	22.1	-10.0	26.9
云南	57.0	-23.5	209.7	-1.3	-3.0	55.3
西藏	-32.1	-70.7		51.4	-70.4	
陕西	-28.3	27.8	166.9	-6.9	-3.2	82.2
甘肃	16.8	-7.0	-81.5	4.9	56.7	49.3
青海	35.6	-37.8			-46.2	12.2
宁夏	-5.4	-38.4	-37.3	-60.4	180.4	-54.2
新疆	20.7	-38.7	19.0	1.8	66.7	74.3

1-18　续表 6　　　　单位：%

地　区	有色金属冶炼和压延加工业	金　属制品业	通用设备制 造 业	专用设备制 造 业	汽　车制造业	铁路、船舶、航空航天和其他运输设备制造业
全国总计	**15.7**	**11.8**	**14.8**	**12.1**	**12.6**	**1.7**
北　京	-38.4	-54.0	12.4	-30.8	16.1	-52.7
天　津	-28.8	29.8	21.5	-13.3	-22.8	2.1
河　北	39.9	26.1	22.5	8.2	-1.1	22.0
山　西	-12.3	-13.4	18.7	60.1	1.8	64.6
内 蒙 古	52.5	-14.5	172.4	46.8	148.3	
辽　宁	-56.8	-0.2	54.8	36.4	10.7	109.4
吉　林	-40.5	18.7	80.3	-20.6	-4.3	41.6
黑 龙 江	55.9	-7.2	116.7	59.2	82.8	-7.0
上　海	188.9	-41.2	-46.2	-23.9	-18.0	30.4
江　苏	-8.8	6.0	9.7	4.5	10.6	-2.5
浙　江	-6.6	29.0	31.4	28.1	13.7	10.8
安　徽	26.7	31.6	11.3	3.7	34.1	-20.2
福　建	74.5	43.2	24.7	11.9	4.7	-30.4
江　西	8.4	6.6	5.0	11.6	17.0	-31.4
山　东	12.9	5.4	8.5	-2.6	9.8	5.0
河　南	26.7	19.2	38.4	27.6	58.0	-20.4
湖　北	33.5	22.1	21.4	42.1	9.9	22.3
湖　南	14.3	1.4	-3.6	23.8	-3.8	1.8
广　东	-11.4	4.9	9.0	24.5	16.4	2.5
广　西	25.8	1.0	0.1	5.8	11.0	18.0
海　南	81.7	69.9		204.2	-33.7	13.4
重　庆	-57.6	4.6	-5.1	-18.1	25.8	27.6
四　川	6.1	-11.1	22.1	-1.1	-1.5	-17.1
贵　州	-12.1	125.6	56.0	10.9	8.7	35.6
云　南	50.9	17.0	50.2	-3.7	1.5	-35.2
西　藏	32.4	-45.5	143.3	71.8		
陕　西	17.6	30.7	29.2	39.5	48.3	57.6
甘　肃		8.3	82.1	-4.6		-70.8
青　海	-16.8	-68.0	201.9	-40.5	31.8	
宁　夏	15.0	-38.9	24.2	-38.2	-65.9	
新　疆	142.6	-33.9	-25.9	-2.5	-63.2	

1-18 续表 7　　单位：%

地　区	电器机械和器材制造业	计算机、通信和其他电子设备制造业	仪器仪表制造业	其他制造业	废弃资源综合利用业
全国总计	**42.6**	**18.8**	**37.8**	**-36.9**	**22.3**
北　京	21.1	38.5	-46.3	4.9	
天　津	-37.0	10.7	52.6	-62.5	-41.1
河　北	53.2	40.2	32.2	-50.4	62.2
山　西	40.4	40.4	44.2	-57.5	10.1
内蒙古	129.3	126.3	-47.4	-68.3	-59.1
辽　宁	49.7	17.2	31.0	-64.1	-24.3
吉　林		-38.1	-39.0	-51.9	13.6
黑龙江	-57.7	-9.5	128.5		59.0
上　海	-8.8	29.7	-12.8	-65.2	-6.5
江　苏	25.4	12.0	14.5	-3.6	-5.2
浙　江	54.8	35.7	20.6	25.1	8.1
安　徽	80.5	31.9	91.4	9.4	-3.3
福　建	22.1	1.7		-29.9	18.0
江　西	15.0	13.4	21.1	-14.1	34.4
山　东	20.5	61.9	85.0	-35.0	48.3
河　南	35.6	25.9	50.9	65.4	44.0
湖　北	93.3	6.0	-4.2	21.2	32.6
湖　南	39.6	-1.2	81.8	-22.3	55.9
广　东	24.5	25.6	33.7	18.9	-17.6
广　西	181.1	29.0	-2.9	73.6	67.8
海　南	204.9	248.2	26.4	-37.8	-73.8
重　庆	31.3	-1.5	129.7	35.9	10.3
四　川	54.4	20.6	34.5	26.0	6.2
贵　州	69.4	224.5	232.9	49.1	70.8
云　南	82.7	192.5	4.0	83.2	58.0
西　藏	-22.3				
陕　西	77.2	-40.3	76.3	-51.3	2.5
甘　肃		-54.8	60.8	-27.0	-30.9
青　海	86.3	107.5		-38.3	-10.4
宁　夏	75.6	82.5	-66.8	-50.6	-24.5
新　疆	1.3	-22.7	-77.7	21.3	-33.7

1-18 续表 8

单位：%

地区	金属制品、机械和设备修理业	(四)电力、热力、燃气及水的生产和供应业	电力、热力生产和供应业	燃气生产和供应业	水的生产和供应业	(五)建筑业
全国总计	**-22.4**	**19.3**	**24.3**	**6.6**	**7.3**	**2.0**
北京	-21.6	29.8	33.4	1.2	29.6	-94.4
天津		-4.5	-5.9	-15.9	50.4	
河北	-47.4	6.7	6.6	-49.8	54.8	-23.1
山西	23.3	22.0	22.4	23.6	19.1	-7.8
内蒙古		57.0	59.1	98.3	9.4	-49.5
辽宁	24.5	16.9	23.9	36.0	-31.4	-51.3
吉林		35.8	39.8	-37.8	37.5	128.4
黑龙江	-16.9	0.5	-3.7	81.0	8.6	
上海		-7.2	-9.5		-5.2	51.1
江苏	16.4	9.1	5.8	153.6	6.5	148.8
浙江	27.3	29.7	35.8	8.4	5.0	-52.5
安徽	-32.5	22.7	21.6	5.4	28.4	-31.6
福建		4.4	-3.4	16.5	25.7	30.7
江西	-51.3	7.2	10.1	34.6	-3.3	-29.3
山东	-10.3	21.1	19.6	22.0	25.4	292.4
河南	17.9	0.5	-4.3	-4.4	17.0	-73.3
湖北	193.4	35.0	47.8	13.4	7.2	88.5
湖南	-40.5	10.2	30.1	-1.8	-14.8	-44.6
广东	-34.8	2.2	1.8	20.8	-0.7	86.2
广西	-74.9	48.2	54.4	36.3	28.1	-25.1
海南	-66.3	49.8	83.0	-31.1	-7.8	-69.8
重庆	45.6	23.3	28.2	55.2	-2.7	1.8
四川	69.7	-7.6	-11.2	11.4	-5.9	26.9
贵州		-19.7	-23.6	17.5	-20.2	-85.7
云南	261.3	76.4	93.1	0.1	24.2	8.7
西藏		40.2	42.6	48.0	-1.6	185.7
陕西	-74.6	12.1	18.3	-18.4	3.1	-27.2
甘肃		77.3	86.5	118.8	26.7	11.9
青海		16.0	14.3	117.7	89.1	-44.5
宁夏	-86.7	17.1	17.5	189.3	-39.6	
新疆	128.7	101.0	127.2	52.4	14.4	105.4

1-18 续表 9

单位：%

地区	房屋建筑业	土木工程建筑业	建筑安装业	建筑装饰、装修和其他建筑业	(六)批发和零售业	批发业
全国总计	**-23.3**	**14.8**	**42.5**	**-15.1**	**5.3**	**10.3**
北京	-66.8				9.3	-36.4
天津				131.8	-26.3	-4.3
河北	-84.8	30.4		-88.0	9.0	47.9
山西		-49.5			5.3	32.6
内蒙古	-55.1				28.6	29.7
辽宁	-48.8	-52.2			-2.8	118.6
吉林	-81.7				107.3	252.0
黑龙江					36.7	134.0
上海					-40.4	-42.9
江苏	113.6	286.3		-99.5	-12.7	-13.6
浙江	47.8	-80.7		-28.6	-14.8	-21.7
安徽	-10.8	-68.5		7.1	-22.6	-27.9
福建	42.2	12.4			-12.8	3.9
江西	8.6	72.7	53.9	-91.2	4.7	12.9
山东		225.9			-13.7	-8.0
河南	-77.9				21.1	-2.4
湖北	5.8	22.4	-49.0		-2.8	-7.2
湖南	-47.9	-47.3	-55.8	-5.7	21.6	3.1
广东	83.7	93.6		-23.4	6.4	-11.0
广西	-29.8	-24.3	17.4	-49.8	50.8	83.3
海南	-79.0	-60.8			-20.0	-38.9
重庆	-39.3	55.6			-5.4	13.4
四川	-36.8	45.7		-59.6	1.9	13.8
贵州	-83.0	-82.9			2.1	32.9
云南	-17.3	24.4			21.4	18.3
西藏	100.1				-32.7	97.0
陕西	-68.1			-93.6	4.8	20.6
甘肃	-68.5	48.5	98.2	-92.7	4.7	22.8
青海	-88.6	66.1			-23.6	-20.8
宁夏	12.4				27.5	31.4
新疆	-1.9	255.7		-74.7	7.2	7.7

1-18 续表 10

单位：%

地　区	零售业	(七)交通运输、仓储和邮政业	铁路运输业	道路运输业	水上运输业	航空运输业	管道运输业
全国总计	**1.5**	**9.1**	**1.8**	**3.7**	**16.5**	**4.8**	**11.2**
北　京	35.3	-7.6	-41.3	-6.8		23.2	-83.1
天　津	-40.5	-2.9	10.4	2.3	-18.6	-94.6	-47.8
河　北	-17.3	9.2	-5.7	-19.3	-41.7	-57.2	-57.8
山　西	-7.7	12.4	10.2	3.8			
内蒙古	25.9	14.9	-26.2	17.5	73.8	70.6	-70.0
辽　宁	-44.1	48.3	-14.3	52.1	71.7	14.3	98.6
吉　林	-7.1	43.9	-52.4	43.3		29.0	102.7
黑龙江	-32.4	5.4	-33.5	5.4		156.4	
上　海	-39.0	-1.3	16.7	5.7	-22.3	-12.8	-51.6
江　苏	-11.9	29.5	30.7	29.1	65.6	171.2	106.7
浙　江	-13.1	-3.9	-23.9	-3.0	60.3	-34.9	82.8
安　徽	-19.3	22.5	39.8	18.3	96.9	220.2	
福　建	-24.5	5.0	6.2	-1.9	-11.1	150.1	-88.4
江　西	-5.3	10.3	-21.2	2.2	81.0	10.1	-45.3
山　东	-17.5	3.9	-13.3	2.9	14.8	54.9	-23.8
河　南	49.0	11.0	166.3	9.4	47.2	-57.8	-76.9
湖　北	0.9	5.6	34.4	-0.3	37.1	-59.1	
湖　南	40.6	25.9	20.1	34.5	62.6	49.7	155.5
广　东	22.9	0.6	36.4	-5.6	-18.0	-9.5	-28.0
广　西	38.5	14.4	36.5	9.5	56.6		42.0
海　南	-1.0	1.7		-19.0	12.1	18.5	14.5
重　庆	-14.3	4.4	27.9	0.8	18.3	28.7	-31.8
四　川	-8.5	10.7	16.1	11.0	10.1	-74.9	-5.9
贵　州	-12.9	19.6	165.4	18.9	159.0	-53.3	-51.1
云　南	22.9	-11.2	-47.0	-12.5	-39.5	-6.0	-0.7
西　藏	-61.8	-38.6	-95.6	-39.7	-65.6	11.1	
陕　西	-6.8	20.5	64.0	12.8		22.2	-97.3
甘　肃	-15.3	-9.5	32.6	-15.2	249.2	-0.4	-91.1
青　海	-27.9	2.2	33.5	1.1	-43.5	24.5	
宁　夏	25.9	10.5		10.8		-65.8	-7.4
新　疆	6.8	-9.7	-29.5	-9.7		-23.4	171.9

1-18 续表 11 单位：%

地区	多式联运和运输代理业	装卸搬运和仓储业	邮政业	（八）住宿和餐饮业	住宿业	餐饮业
全国总计	**8.6**	**25.1**	**40.6**	**7.5**	**7.2**	**9.5**
北　京		-24.7	-12.1	-49.9	-50.1	
天　津	152.7	-2.4	-64.1	28.1	39.0	
河　北	-48.8	123.4	234.0	14.9	14.9	15.2
山　西	-99.3	19.4		-4.6	-1.5	-28.7
内蒙古	-39.4	22.3	-76.5	-36.4	-37.9	-25.0
辽　宁	-52.6	47.6	-0.5	32.1	54.6	-45.6
吉　林	-20.9	81.1		-37.7	-36.3	-47.4
黑龙江	45.8	47.5	-81.7	8.9	-10.6	54.2
上　海	10.8	-2.6	22.6	-45.1	-46.8	-12.7
江　苏	112.0	4.0	-18.1	29.8	32.2	16.7
浙　江	108.6	0.4	-52.1	-7.4	-9.3	41.2
安　徽	22.3	12.3	16.7	8.2	11.2	-6.7
福　建	-45.2	6.6	39.6	20.8	15.2	63.8
江　西	-1.9	65.4	53.2	33.4	40.9	10.1
山　东	-5.3	25.1	-24.4	-17.5	-13.8	-34.5
河　南	-33.0	11.4		22.6	25.8	10.8
湖　北	36.1	21.7	-37.7	44.1	50.0	25.1
湖　南	12.5	7.6	-30.4	-11.1	-12.5	-6.8
广　东	22.2	11.6		-21.3	-23.3	21.3
广　西	-9.8	29.4	-9.8	2.9	-3.0	114.1
海　南		54.8	-43.1	23.3	24.4	-12.2
重　庆	-67.8	16.4	-20.5	-1.1	11.0	-51.4
四　川	99.9	34.3	207.5	29.5	29.3	31.6
贵　州	-97.2	16.8		-36.5	-37.0	-27.9
云　南	-55.3	55.8	74.6	82.0	89.5	47.7
西　藏		3.0		-23.9	-19.8	-75.3
陕　西	-1.3	27.5	70.0	-12.4	-16.8	16.0
甘　肃	-53.1	-2.0	182.1	-16.2	-32.7	232.3
青　海		-43.7	191.5	-41.2	-40.2	-45.6
宁　夏		-25.0	-57.5	203.5	227.2	13.8
新　疆		8.1	-60.2	-8.2	-7.4	-14.9

1-18　续表 12　　　　单位：%

地　区	(九) 信息传输、软件和信息技术服务业	电信、广播电视和卫星传输服务	互联网和相关服务	软件和信息技术服务业	(十) 金融业	货币金融服　务
全国总计	**21.8**	**2.4**	**17.7**	**23.9**	**10.5**	**22.1**
北　京	36.0	17.1	94.6	-6.0	41.3	37.0
天　津	-33.5	-4.4	-46.3	-49.4	-7.1	7.2
河　北	38.4	3.9	64.1	23.0	-33.0	-29.7
山　西	23.9	46.8	19.2	23.8	-23.8	15.6
内 蒙 古	39.5	189.2	9.3	2.0	-66.7	-62.9
辽　宁	20.0	13.6	68.1	9.5	-48.4	-48.0
吉　林			106.5	-5.0	-51.3	
黑 龙 江	1.1	-6.1	51.9	37.5	-51.0	105.2
上　海	22.7	2.3	64.3	32.8	-0.3	
江　苏	3.6	-23.8	21.0	1.7	33.0	22.2
浙　江	5.8	4.1	-16.3	28.6	29.3	23.8
安　徽	2.4	4.7	-11.3	8.0	-21.4	-13.0
福　建	7.5	-6.9	48.2	18.2	73.6	47.6
江　西	-7.8	-40.1	15.5	-3.6	16.1	-9.3
山　东	7.8	10.0	31.3	-15.1	21.8	9.0
河　南	-15.6	12.6	28.4	-52.5	23.5	22.4
湖　北	5.5	4.8	10.0	-4.3	19.2	54.6
湖　南	29.0	46.1	29.4	12.8	-42.4	-35.5
广　东	3.3	-10.5	-28.7	77.6	2.7	48.3
广　西	12.3	9.9	-33.1	115.6	17.5	61.3
海　南	-26.9	239.8	-55.8	10.7	-58.4	-59.6
重　庆	33.2	0.5	-19.6	188.2	-95.5	-84.9
四　川	-11.6	-18.9	-1.3	-2.0	33.5	61.7
贵　州	26.7	14.6	58.4	-7.7	6.4	5.6
云　南	24.1	4.1	4.5	123.1	258.8	296.0
西　藏	-30.7	22.8	-58.2	-90.7	-86.4	-85.9
陕　西	-3.7	2.6	5.2	-16.6	112.8	124.4
甘　肃	19.3	-12.4	158.3	98.9	-23.7	-23.7
青　海	-16.9	-1.6	-71.3	-48.8		
宁　夏	34.4	5.4	781.7	18.6	-63.1	-40.4
新　疆	-17.6	-22.6	20.9	-38.3	-4.4	-0.8

1-18 续表 13

单位：%

地区	资本市场服务	保险业	其他金融业	（十一）房地产业	（十二）租赁和商务服务业	租赁业
全国总计	**-27.6**	**-39.2**	**34.6**	**-8.4**	**14.5**	**-19.4**
北京		-82.5		0.3	31.0	-13.2
天津				-22.2	-16.0	-11.9
河北	-95.2			-2.6	90.5	81.4
山西				-9.1	-3.0	
内蒙古			-80.9	-20.2	23.3	46.4
辽宁	-61.3	-44.6	-93.4	-17.3	46.4	117.1
吉林			-7.6	-32.6	1.6	
黑龙江			-81.0	-31.3	45.2	61.0
上海	-99.0	-34.7		-0.5	24.1	
江苏	-21.7	1.2		-5.6	4.4	-68.3
浙江		-56.7	67.8	5.7	8.4	-23.0
安徽	57.7	-63.5	-22.4	-7.3	21.4	34.6
福建				-9.1	58.2	-54.8
江西	-66.3	70.5	234.6	-5.9	19.4	-47.6
山东	-56.9	37.2	39.9	-4.6	18.2	-63.0
河南	2.5	-41.9	98.6	-12.1	24.9	-33.9
湖北	-15.6	-87.4	18.4	1.8	37.5	-9.9
湖南		-47.2	-65.7	-6.8	2.0	-10.3
广东	-9.6	-51.1	-38.6	-13.4	-5.5	9.3
广西	-91.4	47.1		-35.5	5.0	-87.1
海南				-14.4	-57.4	-99.4
重庆				-19.1	40.8	-2.3
四川	-8.5	186.7	1.2	-3.3	22.2	120.5
贵州				-24.8	-35.5	
云南				-24.1	59.4	-55.4
西藏	-88.6			-47.5	-57.1	-64.6
陕西	209.8	-48.5	-93.9	3.9	23.5	23.7
甘肃				-4.0	-11.9	15.6
青海				-31.0	-46.9	-99.7
宁夏	-87.0			-9.9	-51.3	
新疆	39.1		-96.9	-19.0	27.9	-70.0

1-18　续表 14

单位：%

地　区	商　务服务业	(十三)科学研究和技术服务业	研究与试验发展	专业技术服务业	科技推广和应用服务业	(十四)水利、环境和公共设施管理业
全国总计	**16.3**	**21.0**	**19.6**	**13.6**	**26.1**	**10.3**
北　京	38.3	60.7	30.8	-21.4	211.5	-9.5
天　津	-27.5	-2.3	-7.3	-3.4	9.3	45.2
河　北	90.6	0.8	32.1	-36.7	12.0	2.2
山　西	-4.1	1.2	20.9	17.4	-18.3	16.1
内蒙古	22.7	-10.5	-8.6	-0.7	-16.2	12.4
辽　宁	46.0	89.2	6.5		38.1	60.6
吉　林	0.8	20.1	-9.9	-29.2	91.6	-2.0
黑龙江	45.1	-19.6	43.3		-40.0	16.8
上　海	2.9	46.6	64.0	-30.0	-64.6	-19.2
江　苏	7.2	21.1	24.7	4.6	25.7	-5.6
浙　江	8.7	36.9	69.0	6.4	24.8	16.8
安　徽	21.3	24.1	-37.8	-13.8	88.6	18.7
福　建	61.4	-18.4	0.4	-5.5	-39.0	24.9
江　西	22.0	12.9	38.4	51.6	-21.2	29.8
山　东	18.9	6.9	-20.7	10.9	44.6	17.4
河　南	26.3	23.4	34.6	21.4	19.5	3.6
湖　北	37.9	-5.9	14.4	-29.7	2.1	27.0
湖　南	2.4	35.4	92.8	9.1	26.2	-3.4
广　东	-5.7	11.3	13.6	40.0	-24.7	7.5
广　西	6.6	-17.5	-59.4	9.9	-12.5	4.6
海　南	-25.9	90.3	174.5	30.1	1.8	21.2
重　庆	43.1	144.8	197.7	-13.2	232.9	13.5
四　川	20.3	26.3	-19.4	80.0	55.9	7.5
贵　州	-38.2	95.8	410.1	17.6	176.7	-3.8
云　南	62.9	35.5	85.6	64.5	-22.8	19.3
西　藏	-57.0	65.9	-35.8	71.7	132.3	32.7
陕　西	23.5	31.8	19.3	58.6	22.4	11.2
甘　肃	-12.0	-32.1	-68.2	38.9	1.9	19.0
青　海	-46.4	-61.6	-65.1	-61.1	-60.2	-32.6
宁　夏	-52.3	-21.8	-45.0	-17.5	16.3	21.1
新　疆	30.2	-24.4	-9.8	25.2	-47.5	0.5

1-18 续表 15 单位：%

地　区	水利管理业	生态保护和环境治理业	公共设施管理业	土地管理业	（十五）居民服务、修理和其他服务业	居民服务业	机动车、电子产品和日用产品修理业
全国总计	**13.6**	**6.0**	**10.1**	**13.1**	**21.8**	**21.0**	**31.2**
北　京	-18.5	1.3	-8.4	-98.7	212.6		-30.8
天　津	-6.1	197.4	24.6		-25.1	-21.2	
河　北	-40.1	-9.4	15.2	-70.9	65.6	57.0	92.9
山　西	19.6	-22.7	22.9	-8.4	203.7	222.4	29.4
内蒙古	34.3	3.1	10.9	-50.0	-8.3	-4.7	-49.2
辽　宁	68.6	28.1	67.7	-71.6	60.2	59.9	190.3
吉　林	-34.9	22.4	2.2	111.9	-17.4	29.9	-80.1
黑龙江	30.2	-2.3	14.4		53.2	56.1	-2.6
上　海	-31.1	-38.4	-16.5		-47.2	-47.6	-84.8
江　苏	37.5	-3.7	-8.9	-21.2	9.4	10.9	121.2
浙　江	27.2	22.1	14.4	-25.1	80.0	138.0	70.2
安　徽	4.2	17.8	23.4	-59.0	7.0	9.9	102.4
福　建	17.0	-20.7	28.0	37.8	7.2	14.0	-11.7
江　西	34.0	21.4	29.4	184.4	9.7	38.9	-29.3
山　东	8.8	25.0	17.0	111.5	22.3	12.4	115.9
河　南	34.4	3.2	-0.3	36.0	15.1	4.1	-9.8
湖　北	26.8	8.8	29.4		67.6	46.9	109.8
湖　南	11.2	1.7	-6.6	6.1	47.0	56.8	-1.9
广　东	9.6	-11.3	8.8	-0.8	19.9	21.7	95.9
广　西	13.4	10.5		191.2	29.3	14.6	260.2
海　南	-10.1	-0.8	30.1	228.1	-6.3	-6.8	
重　庆	28.7	21.9	10.1	26.1	33.0	26.2	262.6
四　川	10.5	8.4	7.6	-21.0	31.7	17.4	93.4
贵　州	-15.2	11.5	-3.1	53.2	-6.8	-10.6	53.1
云　南	34.7	21.7	10.3	-34.6	-0.9	-7.1	15.1
西　藏	45.2	2.4	30.1	268.6	37.2	64.7	-61.0
陕　西	25.6	-5.7	10.6	29.1	-19.3	-5.3	-28.5
甘　肃	1.0	69.8	19.8	43.0	36.8	44.7	7.6
青　海	17.0	-51.1	-42.3	-21.6	-31.2	-29.4	-92.2
宁　夏	66.3	-25.3	10.3	-35.1	12.0	86.8	-70.0
新　疆	7.0	-4.7	-0.6	-18.8	-7.3	7.1	45.9

1-18　续表 16　　　　单位：%

地　区	其　他 服务业	(十六) 教　育	(十七) 卫生和 社会工作	卫　生	社　会 工　作	(十八) 文化、体育 和娱乐业
全国总计	**16.7**	**5.4**	**26.1**	**27.3**	**19.2**	**3.5**
北　京		13.0	10.9	11.8	5.7	-34.9
天　津	-53.0	-16.1	23.9	22.4	35.2	-29.2
河　北	91.7	-11.8	31.3	34.8	17.1	-12.3
山　西	91.0	-22.3	35.5	34.2	46.1	49.1
内 蒙 古	-2.6	-0.9	-15.6	-13.7	-29.6	-0.2
辽　宁	34.0	12.0	75.9	84.3	29.6	-23.1
吉　林	-21.1	8.4	13.9	13.4	17.0	-31.0
黑 龙 江		30.2	-6.4	-4.2	-20.8	-1.9
上　海	0.3	0.8	-11.9	-9.0	-20.4	-6.6
江　苏	-39.4	8.4	29.4	28.0	39.5	24.5
浙　江	-5.1	8.7	54.3	61.9	15.9	2.3
安　徽	-45.2	1.9	39.5	43.1	15.4	2.8
福　建	-31.4	10.5	-1.3	3.0	-23.2	8.4
江　西	-1.5	14.4	40.4	41.1	36.9	28.9
山　东	45.8	18.0	52.4	54.9	41.4	-7.9
河　南		11.6	43.5	34.8	79.4	12.8
湖　北	123.2	10.0	-12.6	-15.5	12.2	18.8
湖　南	77.2	4.6	28.4	45.6	-9.4	9.7
广　东	-2.7	-14.0	29.4	31.0	4.4	-10.4
广　西	49.6	10.0	17.4	21.9	-40.7	11.5
海　南	34.1	-8.8	-0.1	0.4	-17.9	-43.6
重　庆	-28.6	14.8	21.8	21.1	27.7	45.9
四　川	63.0	18.7	30.9	30.8	31.4	-4.8
贵　州	107.9	1.0	3.3	4.8	-13.2	-20.5
云　南	100.2	33.1	13.0	14.4	1.5	71.1
西　藏	131.8	-16.2	-10.6	-3.9	-30.5	-40.0
陕　西	-63.2	3.1	41.5	40.8	44.4	-26.0
甘　肃	23.5	5.9	27.8	26.5	47.6	-19.7
青　海	69.9	-11.7	-28.3	-28.2	-29.4	-22.2
宁　夏		-5.2	56.9	46.0	68.4	-10.9
新　疆	-81.7	1.9	44.3	43.5	56.1	-20.4

1-18 续表 17

单位：%

地区	新闻和出版业	广播、电视、电影和影视录音制作业	文化艺术业	体育	娱乐业	(十九)公共管理、社会保障和社会组织
全国总计	**2.0**	**-17.3**	**9.4**	**-12.0**	**6.3**	**42.1**
北京	-18.7	30.6	20.2	-4.4	-98.6	-6.7
天津		126.5	-27.8	-42.3	-37.8	-25.4
河北		74.3	13.7	-15.8	-23.1	-15.6
山西	-89.0	0.5	64.0	48.5	30.8	-1.9
内蒙古	-53.0	77.3	-6.7	-41.6	172.2	-1.4
辽宁		56.2	-5.3	-39.1	-18.6	5.2
吉林		-50.5	-56.7	-4.2	6.8	94.3
黑龙江	134.3		118.6	-30.2	-26.3	-2.5
上海		88.2	-40.0	18.5	13.6	-14.7
江苏		15.1	16.6	23.6	31.1	2.4
浙江		-21.6	22.8	-18.7	-10.2	21.8
安徽	-24.0	-68.6	12.2	22.8	-4.5	-5.1
福建	114.3	-33.0	20.1	-19.7	13.1	2.5
江西	61.0	59.8	41.4	-33.0	35.0	1.1
山东	-58.5	-51.5	13.9	26.2	-21.0	-5.0
河南	-75.8	29.6	34.2	-24.8	6.3	27.3
湖北	56.5	51.0	26.5	29.5	17.3	16.0
湖南		-22.2	-5.6	-19.0	19.2	-39.8
广东	-63.5	-34.3	3.1	-17.3	-19.3	23.9
广西		-32.5	24.2	137.3	-6.2	-23.9
海南	61.1	-92.0	19.3	-42.2	-71.1	2.3
重庆		56.0	34.6	55.5	47.2	-31.4
四川	13.1	-43.0	-3.6	-42.6	4.9	-0.4
贵州		-50.6	-35.8	-50.4	-0.9	-28.9
云南	-80.9	53.4	47.1	-4.3	98.7	20.5
西藏		-79.1	-43.2	-20.0	79.0	-24.4
陕西	-95.8	7.6	-10.9	-44.1	-26.8	-9.8
甘肃		-1.1	-14.4	-29.9	-5.5	-10.3
青海		165.2	-43.9	-21.6	121.1	-13.9
宁夏		-28.5	-26.1	66.2	-3.6	-49.6
新疆	-67.4	-42.5	-50.9	218.2	-30.0	5.8

1-18 续表 18

单位：%

地区	中国共产党机关	国家机构	人民政协、民主党派	社会保障	群众团体、社会团体和其他成员组织	基层群众自治组织及其他组织
全国总计	**27.5**	**47.4**	**-58.2**	**-38.5**	**0.9**	**21.0**
北京		-6.3			77.7	-72.6
天津	-85.9	-1.6				
河北	-82.8	-14.3		-34.8	-97.5	200.1
山西		-3.3	-36.0		-40.3	263.3
内蒙古	30.3	6.3			178.4	-26.8
辽宁		-7.3		101.2	64.4	85.3
吉林	-74.7	97.9			-78.3	81.4
黑龙江		-6.4				-8.4
上海		-18.1				
江苏	-79.7	0.3	-43.3	-67.0	52.8	34.2
浙江	-72.1	22.8			52.8	-8.1
安徽	-66.8	-0.7		-73.4	87.3	-18.7
福建		-13.4		-51.5	37.6	121.3
江西	16.9	1.2			-41.7	57.8
山东	-74.7	-1.0		445.7	-36.6	-36.0
河南	11.1	32.6		33.1	-30.4	-9.5
湖北	268.3	15.8		-68.7	12.0	-2.1
湖南		-38.6		-85.7	-19.5	-57.1
广东	-74.1	28.6			-33.9	-9.4
广西	103.5	-33.5		-58.3	109.9	19.9
海南		32.0		-74.5	163.5	218.9
重庆	-90.3	-36.8	-81.5		-69.3	150.4
四川		-3.8	-17.6		-26.2	2.0
贵州		-35.0			174.5	-2.7
云南	-78.4	10.0			34.8	25.7
西藏	-66.6	-26.5		-72.4	-40.1	31.3
陕西	241.4	-25.9		3.9	-13.6	253.0
甘肃	-78.9	-8.2		-63.9	-23.9	-31.0
青海	126.8	-20.6		-60.4	-38.2	-9.7
宁夏		-48.8		-96.5		29.1
新疆	179.4	-4.0		-29.8	-10.2	136.9

1-19 农村农户固定资产投资比上年增长

单位：%

地区	全部投资	#竣工房屋投资	#住宅投资
全国总计	**-11.0**	**-6.4**	**-3.9**
北 京	-26.4	-23.1	-23.5
天 津	-33.6	8.9	4.1
河 北	-16.7	26.0	24.9
山 西	-21.7	-15.4	-15.4
内蒙古	-11.8	-30.6	-34.9
辽 宁	-6.9	-3.8	-1.1
吉 林	-16.9	-74.9	-74.9
黑龙江	-22.5	-30.9	-32.9
上 海	-6.8	1.4	-0.4
江 苏	-6.2	-7.3	4.3
浙 江	10.9	-6.8	26.4
安 徽	-7.6	55.7	51.2
福 建	-18.0	-20.1	-20.6
江 西	-21.6	-15.8	-16.7
山 东	-28.6	-30.6	-22.1
河 南	-11.6	3.9	6.1
湖 北	32.4	7.6	7.8
湖 南	-13.7	-8.3	-12.7
广 东	-18.7	-4.5	-1.2
广 西	-9.0	-29.0	-28.6
海 南	32.5	29.1	33.7
重 庆	-5.9	-3.2	-4.9
四 川	-12.7	-20.8	-20.3
贵 州	-36.9	53.4	47.9
云 南	5.4	4.3	3.7
西 藏			
陕 西	-2.0	-1.8	-2.4
甘 肃	-16.3	10.1	1.8
青 海	5.9	46.0	61.5
宁 夏	-31.8	-39.6	-35.5
新 疆	-39.6	-37.8	-42.0

第二部分

房地产开发经营情况

2-1　房地产开发企业主要指标完成情况

指　　标	2022年	
	绝对量	增速(%)
一、企业个数(个)	**102852**	**-2.4**
按登记注册类型分		
内资	99054	-2.3
#国有企业	1387	14.7
#集体企业	185	-11.1
#有限责任公司	38740	1.3
#私营企业	57747	-4.7
港、澳、台投资	2550	-5.7
外商投资	1248	-8.0
二、从业人员平均人数(人)	**2446671**	**-12.7**
按规模分		
大型企业	59782	-27.2
中型企业	1177541	-11.6
小微企业	1209348	-12.8
三、本年完成投资(亿元)	**128074.57**	**-10.0**
1.按构成分		
建筑安装工程	79428.90	-11.0
设备工器具购置	1085.61	-11.2
其他费用	47560.06	-8.1
#土地购置费	40907.03	-5.7
2.按工程用途分		
住宅	96735.31	-9.5
办公楼	5196.83	-11.4
商业营业用房	10187.67	-14.4
其他	15954.77	-9.4
四、本年新增固定资产(亿元)	**42941.74**	**-14.3**
五、本年土地购置面积(万平方米)	**10041.73**	**-53.5**
六、房屋建筑面积(万平方米)		
施工面积	904091.85	-7.3
#住宅	639067.29	-7.4
竣工面积	85857.30	-15.3
#住宅	62262.50	-14.7
七、商品房销售		
商品房销售面积(万平方米)	129766.39	-24.3
#住宅	109564.45	-26.8
商品房平均销售价格(元/平方米)	9991	-3.2
#住宅	10375	-2.0

注：1.商品房平均销售价格由报告期内新建商品房销售额除以销售面积计算而成。不同时期的商品房平均销售价格可能会受商品房区域、房屋类型等各种因素的影响(以下相关各表同)。

2.本篇资料对2021年度以来的房地产开发投资、商品房销售面积等指标数据进行了修订，主要原因是：(一)加强在库项目管理，对退房的商品房销售数据进行了修订。(二)加强统计执法，对统计执法检查中发现的问题数据，按照相关规定进行了改正。(三)加强数据质量管理，剔除非房地产开发性质的项目投资以及具有抵押性质的销售数据。

2-2 各地区按登记注册类型分的房地产开发企业个数

单位：个

地　区	总　计	内　资					
			国　有	集　体	股份合作	国有联营	集体联营
全国总计	**102852**	**99054**	**1387**	**185**	**69**	**26**	**2**
北　京	1182	1109		2	3		
天　津	1127	1064	43	3			
河　北	4036	4002	12				
山　西	2768	2756	11	2			
内蒙古	1711	1710	3				
辽　宁	2757	2558	25	1			
吉　林	1444	1432	2				
黑龙江	1359	1344	10	1	2		
上　海	2660	2297	128	15	2	2	
江　苏	7146	6574	188	12	11	8	
浙　江	6599	6341	34	4	4		
安　徽	3962	3902	35	1	3		
福　建	3426	3162	11	2	1	1	
江　西	2992	2925	38	1	2	1	
山　东	7681	7380	141	28	8	2	
河　南	8373	8298	50	3	1	1	
湖　北	4174	4081	101	5	4	3	2
湖　南	4678	4586	37	4	3		
广　东	9649	8817	172	74	12	4	
广　西	3242	3168	16	3	1		
海　南	1214	1162	39	5		1	
重　庆	2210	2108	33		1	1	
四　川	4755	4678	53	2	6		
贵　州	2673	2650	18	3			
云　南	2851	2817	40	2	2		
西　藏	130	130	4	1			
陕　西	2966	2930	80	7	2	1	
甘　肃	1687	1683	46	3			
青　海	325	324	4		1		
宁　夏	580	575					
新　疆	2495	2491	13	1		1	

2-2 续表 1

单位：个

地区	内资						
	国有与集体联营	其他联营	国有独资公司	其他有限责任公司	股份有限公司	私营独资	私营合伙
全国总计	**5**	**13**	**2971**	**35769**	**868**	**507**	**59**
北京			23	993	10		
天津			76	555	16	11	2
河北			53	1291	9	3	
山西			69	660			1
内蒙古			28	349	2		
辽宁			45	685	29	71	2
吉林			37	348	5		1
黑龙江			26	436	22	14	1
上海	1		221	1085	25	2	
江苏	2	3	223	1701	105	62	8
浙江			178	2624	18	8	3
安徽		2	152	2078	11	11	4
福建			147	896	3	1	1
江西		2	49	988	32	23	2
山东		2	215	2983	99	26	5
河南			122	3083	45	17	1
湖北			113	1486	58	17	3
湖南			125	1234	41	18	6
广东	1	4	158	3656	115	88	9
广西			123	1147	8	1	
海南			30	688	30	6	
重庆	1		103	441	30	12	
四川			193	2203	28	20	4
贵州			131	759	11	4	
云南			79	971	48	12	2
西藏			8	46	1	2	
陕西			121	1025	29	21	1
甘肃			50	514	19	28	
青海			7	87	3	5	1
宁夏			12	168	1	2	
新疆			54	589	15	22	2

2-2 续表 2

单位：个

地区	内资			港澳台商投资			
	私营有限责任公司	私营股份有限公司	其他内资企业		合资经营	合作经营	独资
全国总计	**56681**	**500**	**12**	**2550**	**989**	**121**	**1341**
北京	77	1		32	10	9	12
天津	355	3		39	15	5	18
河北	2628	6		20	6		12
山西	2009	4		6	2	1	3
内蒙古	1325	3					
辽宁	1687	12	1	149	56	2	88
吉林	1037	2		7	3	1	3
黑龙江	824	7	1	10	4		6
上海	800	16		267	98	7	153
江苏	4216	31	4	426	234	7	160
浙江	3449	19		130	65	1	63
安徽	1590	15		43	18		23
福建	2095	4		154	67	5	80
江西	1764	23		55	27		24
山东	3818	51	2	212	112	5	77
河南	4953	22		45	14	2	29
湖北	2264	25		54	23	1	27
湖南	3084	34		61	17	1	43
广东	4478	45	1	601	133	66	384
广西	1865	4		36	16	2	18
海南	350	12	1	40	9	2	23
重庆	1457	29		65	17	2	43
四川	2146	22	1	41	14	2	25
贵州	1712	12		16	11		5
云南	1623	38		21	8		12
西藏	67	1					
陕西	1630	13		13	6		7
甘肃	997	26		1	1		
青海	213	3					
宁夏	388	4		3	2		1
新疆	1780	13	1	3	1		2

2-2 续表 3

单位：个

地 区	港澳台商投资		外商投资					
	股份有限	其 他		合资经营	合作经营	独 资	股份有限	其 他
全国总计	**51**	**48**	**1248**	**528**	**46**	**618**	**18**	**38**
北 京		1	41	21	8	12		
天 津		1	24	6		14	3	1
河 北	1	1	14	4	1	9		
山 西			6	1		5		
内 蒙 古			1			1		
辽 宁	3		50	24		26		
吉 林			5	2		3		
黑 龙 江			5	2		3		
上 海	4	5	96	29	4	58	1	4
江 苏	14	11	146	78	5	57	1	5
浙 江	1		128	61	1	65		1
安 徽		2	17	3		14		
福 建	1	1	110	33		76	1	
江 西	1	3	12	4		6		2
山 东	11	7	89	50	2	33	2	2
河 南			30	10	1	19		
湖 北	2	1	39	16		19	1	3
湖 南			31	22	1	6	1	1
广 东	7	11	231	86	16	111	5	13
广 西			38	20		18		
海 南	4	2	12	5	3	3		1
重 庆	2	1	37	17	2	13	3	2
四 川			36	9	1	26		
贵 州			7	5	1	1		
云 南		1	13	6		6		1
西 藏								
陕 西			23	11		10		2
甘 肃			3	1		2		
青 海			1	1				
宁 夏			2			2		
新 疆			1	1				

2-3 各地区按资质等级分的房地产开发企业个数

单位：个

地 区	总 计	一 级	二 级	三 级	四 级	暂 定	其 他
全国总计	**102852**	**1286**	**18990**	**12624**	**12763**	**45708**	**11481**
北 京	1182	34	263	53	475	275	82
天 津	1127	13	194	42	577	164	137
河 北	4036	71	943	395	837	1678	112
山 西	2768	19	632	144	873	1022	78
内 蒙 古	1711	16	245	216	773	284	177
辽 宁	2757	28	333	505	35	1334	522
吉 林	1444	10	209	173	208	801	43
黑 龙 江	1359	10	227	563	105	324	130
上 海	2660	30	280	189	2	1763	396
江 苏	7146	110	2045	296	19	3699	977
浙 江	6599	85	778	683	385	2721	1947
安 徽	3962	61	668	489	175	2137	432
福 建	3426	36	514	516	374	1723	263
江 西	2992	23	444	239	219	1705	362
山 东	7681	163	1536	606	922	3602	852
河 南	8373	116	1629	688	411	4411	1118
湖 北	4174	68	614	351	625	2073	443
湖 南	4678	45	655	887	978	1829	284
广 东	9649	91	1107	931	1616	4436	1468
广 西	3242	22	567	342	221	1997	93
海 南	1214	7	160	87	125	645	190
重 庆	2210	71	846	337	14	879	63
四 川	4755	52	1348	2372	37	740	206
贵 州	2673	7	479	321	270	1497	99
云 南	2851	26	486	167	773	1085	314
西 藏	130	1	23	19	27	55	5
陕 西	2966	30	722	408	693	658	455
甘 肃	1687	11	295	291	454	610	26
青 海	325	2	103	49	44	103	24
宁 夏	580	9	271	81	82	126	11
新 疆	2495	19	374	184	414	1332	172

2-4　各地区按隶属关系分的房地产开发企业个数

单位：个

地　区	合　计	中央属	地方属	其　他
全国总计	**102852**	**1212**	**9002**	**92638**
北　京	1182	68	318	796
天　津	1127	50	243	834
河　北	4036	21	260	3755
山　西	2768	27	224	2517
内蒙古	1711	11	81	1619
辽　宁	2757	31	97	2629
吉　林	1444	5	96	1343
黑龙江	1359	19	173	1167
上　海	2660	108	654	1898
江　苏	7146	67	373	6706
浙　江	6599	55	266	6278
安　徽	3962	41	350	3571
福　建	3426	14	262	3150
江　西	2992	16	227	2749
山　东	7681	50	1011	6620
河　南	8373	40	500	7833
湖　北	4174	79	381	3714
湖　南	4678	40	326	4312
广　东	9649	153	697	8799
广　西	3242	20	236	2986
海　南	1214	40	187	987
重　庆	2210	45	153	2012
四　川	4755	40	505	4210
贵　州	2673	35	219	2419
云　南	2851	45	281	2525
西　藏	130	1	24	105
陕　西	2966	40	383	2543
甘　肃	1687	10	215	1462
青　海	325	1	28	296
宁　夏	580	3	23	554
新　疆	2495	37	209	2249

2-5 各地区按登记注册类型分的房地产开发企业从业人数

单位：人

地　区	总　计	内　资					
			国　有	集　体	股份合作	国有联营	集体联营
全国总计	**2446671**	**2328044**	**37407**	**4521**	**1716**	**778**	**40**
北　京	38717	34789		77	89		
天　津	24793	21779	1237	25			
河　北	99016	97836	370				
山　西	56158	55835	759	256			
内蒙古	29427	29409	103				
辽　宁	41405	36853	467	1			
吉　林	25916	25535	11				
黑龙江	21896	21540	418	7	27		
上　海	51173	38767	2057	271	47	24	
江　苏	146776	131936	3700	94	176	339	
浙　江	107526	101245	365	42	26		
安　徽	92082	90430	756	4	16		
福　建	90117	82637	1402	20	140	18	
江　西	87964	85652	1236	30	40	24	
山　东	181591	173346	3336	621	166	35	
河　南	204747	202614	1130	8	18		
湖　北	117530	113321	2909	158	205	63	40
湖　南	129374	126403	1318	892	110		
广　东	225692	198176	5185	1539	401	121	
广　西	72807	70547	411	55	15		
海　南	31047	29638	991	64		33	
重　庆	85521	81188	988		5	16	
四　川	145355	142594	1235	86	167		
贵　州	82541	81845	381	40			
云　南	89187	87357	1272	40	38		
西　藏	2643	2643	232				
陕　西	66219	65156	3499	146	17	39	
甘　肃	37286	37251	1157	43			
青　海	8050	8030	125		13		
宁　夏	12468	12242					
新　疆	41647	41450	357	2		66	

2-5　续表 1　　　　单位：人

地　区	内资						
	国有与集体联营	其他联营	国有独资公司	其他有限责任公司	股份有限公司	私营独资	私营合伙
全国总计	**222**	**251**	**102768**	**903963**	**32041**	**10109**	**1117**
北　京			1100	30359	990		
天　津			1524	12020	494	219	28
河　北			1606	29968	407	75	
山　西			2447	16315			5
内蒙古			1402	8699	86		
辽　宁			1399	11631	624	979	47
吉　林			864	8323	120		21
黑龙江			1831	8646	322	145	
上　海	6		4872	17841	1040	33	
江　苏	17	18	7166	35767	2716	1319	123
浙　江			4648	47403	1099	211	7
安　徽		76	3901	50852	408	227	72
福　建			6691	23577	127	16	20
江　西		58	1978	30564	1176	753	49
山　东		23	8286	72206	3123	551	100
河　南			3562	78269	1429	380	11
湖　北			4444	46378	2072	435	127
湖　南			5648	37123	1967	336	237
广　东	110	76	6153	89633	5408	1708	113
广　西			4333	25937	159	12	
海　南			1144	18625	610	99	
重　庆	89		5287	16670	1861	421	
四　川			6900	67485	2256	508	55
贵　州			3399	31750	384	90	
云　南			3089	31578	1907	248	83
西　藏			458	648	24	40	
陕　西			3520	24870	576	450	10
甘　肃			1617	12369	421	537	
青　海			370	2775	39	53	1
宁　夏			1304	3972	13	30	
新　疆			1825	11710	183	234	8

2-5 续表 2 单位：人

地　区	内资			港澳台商投资			
	私营有限责任公司	私营股份有限公司	其他内资企业		合资经营	合作经营	独资
全国总计	**1220482**	**12341**	**288**	**78151**	**30700**	**4001**	**40492**
北　京	1877	297		2238	298	407	1486
天　津	6196	36		1997	836	196	954
河　北	65335	75		543	84		410
山　西	35963	90		58	23	10	25
内蒙古	19060	59					
辽　宁	21444	255	6	3081	1205	108	1741
吉　林	16132	64		179	87	13	79
黑龙江	9941	185	18	273	93		180
上　海	12335	241		9669	4243	616	4675
江　苏	79725	631	145	10835	5537	278	3996
浙　江	47108	336		2971	1329	7	1603
安　徽	33711	407		1375	610		720
福　建	50583	43		4321	1973	35	2062
江　西	48999	745		1948	895		966
山　东	83758	1098	43	6402	3747	119	2126
河　南	117546	261		1255	156	124	975
湖　北	55766	724		2324	918	45	1305
湖　南	77661	1111		2103	425	14	1664
广　东	86807	919	3	17494	4991	1773	10323
广　西	39564	61		1286	466	45	775
海　南	7867	175	30	1131	201	7	639
重　庆	54575	1276		2553	696	102	1670
四　川	63179	696	27	1339	472	102	765
贵　州	45530	271		592	236		356
云　南	47758	1344		1457	686		763
西　藏	1221	20					
陕　西	31862	167		389	232		157
甘　肃	20697	410		6	6		
青　海	4567	87					
宁　夏	6830	93		135	131		4
新　疆	26885	164	16	197	124		73

2-5 续表 3

单位：人

地 区	港澳台商投资		外商投资					
	股份有限	其 他		合资经营	合作经营	独 资	股份有限	其 他
全国总计	**1776**	**1182**	**40476**	**14180**	**2121**	**22515**	**823**	**837**
北 京		47	1690	441	830	419		
天 津		11	1017	101		778	111	27
河 北	36	13	637	84		553		
山 西			265	32		233		
内 蒙 古			18			18		
辽 宁	27		1471	718		753		
吉 林			202	53		149		
黑 龙 江			83	25		58		
上 海	55	80	2737	1106	219	1362	11	39
江 苏	714	310	4005	2000	83	1881	11	30
浙 江	32		3310	1291	56	1945		18
安 徽		45	277	67		210		
福 建	194	57	3159	514		2614	31	
江 西	7	80	364	118		178		68
山 东	191	219	1843	1097	33	647	24	42
河 南			878	260	8	610		
湖 北	49	7	1885	628		1118	26	113
湖 南			868	677	24	97	12	58
广 东	166	241	10022	2484	731	6029	500	278
广 西			974	540		434		
海 南	264	20	278	44	103	70		61
重 庆	41	44	1780	1039	1	610	97	33
四 川			1422	254	17	1151		
贵 州			104	73	16	15		
云 南		8	373	168		185		20
西 藏								
陕 西			674	328		296		50
甘 肃			29	18		11		
青 海			20	20				
宁 夏			91			91		
新 疆								

2-6 各地区按资质等级分的房地产开发企业从业人数

单位：人

地 区	总 计	一 级	二 级	三 级	四 级	暂 定	其 他
全国总计	**2446671**	**100946**	**551979**	**321263**	**260954**	**988355**	**223174**
北 京	38717	4743	9303	2025	15009	6229	1408
天 津	24793	673	5332	2043	10958	3106	2681
河 北	99016	6453	26589	10564	18376	34101	2933
山 西	56158	1386	15825	3597	16718	17735	897
内蒙古	29427	966	5768	3808	12082	4537	2266
辽 宁	41405	1044	7068	8380	363	16582	7968
吉 林	25916	1419	5013	2793	2902	12928	861
黑龙江	21896	267	5781	8134	863	4708	2143
上 海	51173	3567	6701	4635	24	28785	7461
江 苏	146776	5421	46506	4674	139	73844	16192
浙 江	107526	5623	15161	11083	4764	43475	27420
安 徽	92082	3969	17923	10779	2979	47613	8819
福 建	90117	3530	17638	15209	6129	42321	5290
江 西	87964	1113	14772	7710	5407	49047	9915
山 东	181591	11803	43350	18051	19000	73204	16183
河 南	204747	6849	42165	15663	8639	103583	27848
湖 北	117530	5714	21599	10358	11787	58951	9121
湖 南	129374	3858	21572	24694	25149	46859	7242
广 东	225692	9317	32586	30417	33912	88007	31453
广 西	72807	1915	14392	9798	4207	40714	1781
海 南	31047	376	5039	3280	3169	15657	3526
重 庆	85521	7092	33136	10562	346	31835	2550
四 川	145355	4679	49398	65698	556	20365	4659
贵 州	82541	888	21626	9397	5878	42346	2406
云 南	89187	2760	19976	5861	21374	31344	7872
西 藏	2643	28	864	517	338	798	98
陕 西	66219	1938	21129	8450	12673	13355	8674
甘 肃	37286	1647	8081	6388	8726	12086	358
青 海	8050	163	2891	1132	853	2592	419
宁 夏	12468	735	7279	1532	1387	1439	96
新 疆	41647	1010	7516	4031	6247	20209	2634

2-7　各地区按隶属关系分的房地产开发企业从业人数

单位：人

地　区	合　计	中央属	地方属	其　他
全国总计	**2446671**	**46805**	**265764**	**2134102**
北　京	38717	2656	14095	21966
天　津	24793	2091	5439	17263
河　北	99016	530	6793	91693
山　西	56158	1234	7118	47806
内蒙古	29427	341	2758	26328
辽　宁	41405	923	2266	38216
吉　林	25916	133	2358	23425
黑龙江	21896	543	4822	16531
上　海	51173	2650	13606	34917
江　苏	146776	2559	8899	135318
浙　江	107526	1202	5657	100667
安　徽	92082	1460	9771	80851
福　建	90117	364	12712	77041
江　西	87964	523	8300	79141
山　东	181591	2369	27078	152144
河　南	204747	1055	12758	190934
湖　北	117530	5434	13964	98132
湖　南	129374	2064	12484	114826
广　东	225692	6219	19626	199847
广　西	72807	469	7980	64358
海　南	31047	1701	5028	24318
重　庆	85521	1892	8336	75293
四　川	145355	2248	15741	127366
贵　州	82541	1309	6743	74489
云　南	89187	1435	8849	78903
西　藏	2643		822	1821
陕　西	66219	1199	10055	54965
甘　肃	37286	225	5640	31421
青　海	8050	76	975	6999
宁　夏	12468	1053	682	10733
新　疆	41647	848	4409	36390

2-8 各地区房地产开发企业投资规模与完成情况

单位：万元

地　区	计划总投资	自开始建设累计完成投资	本年完成投资
全国总计	**10254244083**	**6723336003**	**1280745730**
北　京	291728181	235344115	41784569
天　津	233908949	165737862	21279393
河　北	292442955	172132462	40920983
山　西	174938643	93069366	17641986
内蒙古	96263358	57472480	9782752
辽　宁	234578891	167080074	23620006
吉　林	98575708	62548209	10148385
黑龙江	71095697	46828585	6286412
上　海	446169511	268477300	49795393
江　苏	1003283955	594805105	124068838
浙　江	748795590	467050437	129395203
安　徽	439764076	306612125	62034752
福　建	331822998	272744016	51336255
江　西	214320319	114681491	22092704
山　东	691866973	400066945	91802391
河　南	524480399	306363858	56847698
湖　北	446335748	266435595	59339020
湖　南	343195542	220653325	48582579
广　东	1333328054	974023781	149629663
广　西	283090140	195239319	22062665
海　南	141171662	106661107	11583702
重　庆	312249149	262671479	32168663
四　川	448609310	288689041	72157664
贵　州	230436483	144014094	18142959
云　南	241851567	185298030	31520188
西　藏	5913614	4120124	606840
陕　西	311347240	195481684	42547892
甘　肃	93813191	50773260	14816578
青　海	27677349	17605671	2961478
宁　夏	35152331	21811521	4199486
新　疆	106036500	58843542	11588633

2-9 各地区按登记注册类型分的房地产开发企业计划总投资

单位：万元

地区	总计	内资					
			国有	集体	股份合作	国有联营	集体联营
全国总计	**10254244083**	**9587111347**	**252494734**	**10397973**	**7804979**	**4294557**	**156481**
北京	291728181	277119000		198795	126266		
天津	233908949	222375481	12934845	49600			
河北	292442955	286127528	1859951				
山西	174938643	172605847	480178	29907			
内蒙古	96263358	96028858	514320				
辽宁	234578891	202219103	3155420				
吉林	98575708	95297533	386827				
黑龙江	71095697	69269304	455128		140000		
上海	446169511	392481778	36554920	966723	120000		
江苏	1003283955	892434296	42473079	629443	3017057	1616529	
浙江	748795590	710631669	3613997	4500	23000		
安徽	439764076	427418393	4379116		211000		
福建	331822998	303110086	1212510		240393	27000	
江西	214320319	204481945	3198676	29208	163500	33000	
山东	691866973	653131668	20380135	3576906	1083679	157644	
河南	524480399	516970908	2838598		15000		
湖北	446335748	417154342	20723284	70663	1237994	509916	156481
湖南	343195542	329134881	3135840		254000		
广东	1333328054	1189130076	49381228	4259181	600231	1232833	
广西	283090140	265688949	1160388	31000	18000		
海南	141171662	129871961	4168072	62000		133835	
重庆	312249149	275569849	6511600			25800	
四川	448609310	433324341	8621130	104070	439129		
贵州	230436483	225030512	1014364	61762			
云南	241851567	231881201	2693102		71930		
西藏	5913614	5913614	341592				
陕西	311347240	302653618	13299926	139719	40000	270000	
甘肃	93813191	93801343	5303731	183692			
青海	27677349	27677349	422356		3800		
宁夏	35152331	34285520					
新疆	106036500	104290394	1280421	804		288000	

2-9 续表 1

单位：万元

地区	内资						
	国有与集体联营	其他联营	国有独资公司	其他有限责任公司	股份有限公司	私营独资	私营合伙
全国总计	**2597788**	**1025799**	**488259282**	**5134808381**	**118152704**	**51116275**	**5601594**
北京			12469024	257604964	2605885		
天津			17873366	126340726	3484190	1798295	394200
河北			4779495	144357722	1591410	89027	
山西			11199731	96688388			49815
内蒙古			3441700	39803055	105896		
辽宁			3881342	90691663	4531996	6532915	215590
吉林			2944250	47646243	1935000		
黑龙江			1899659	44517278	1301372	350809	
上海			42037242	216342106	3813956	145000	
江苏	2118913	128177	44100392	324323747	19330475	9160936	1194997
浙江			32175396	391453195	1819909	1970032	246450
安徽		169400	27213086	292712583	1534301	1357447	533074
福建			22080923	129786823	418000	45000	95350
江西		129000	4763068	96614645	2062288	1284760	100352
山东		186625	34673495	344497352	7984089	2028208	367300
河南			15719798	316427751	5425663	824416	
湖北			18181791	225638032	10328294	1764264	760459
湖南			12702976	152758892	7487372	847098	330589
广东	318875	412597	41939328	672262080	24685405	14421404	671351
广西			19593211	150991865	486882	29560	
海南			4255186	92692688	1443741	396080	
重庆	160000		22903727	81139041	4921257	1021258	
四川			31036033	269854692	5068393	1286496	65500
贵州			15041768	127135929	474597	468253	
云南			7787016	134213697	2077332	244704	534500
西藏			2248998	1754591	30068	1755	
陕西			17091066	161680819	1687504	2004639	36000
甘肃			6713912	37373361	976836	2020664	
青海			752450	14351028	104100	467000	
宁夏			1277642	14956749	49200	70000	
新疆			5482211	38196676	387293	486255	6067

2-9　续表 2　　　　单位：万元

地　　区	内　　资			港澳台商投资			
	私营有限责任公司	私营股份有限公司	其他内资企业		合资经营	合作经营	独资
全国总计	**3463090175**	**45556502**	**1754123**	**436704944**	**177078124**	**22132619**	**214502944**
北　　京	4114066			6583226	1936093	2243638	946425
天　　津	59088259	412000		8611586	4521711	690824	3269051
河　　北	133418185	31738		1609057	700796		778993
山　　西	63972987	184841		1135741	901317		234424
内 蒙 古	51942561	221326					
辽　　宁	91169641	1490536	550000	22378895	8013993	160000	13869902
吉　　林	42333579	51634		2825917	647930	1098266	1079721
黑 龙 江	20135413	267043	202602	1741393	503818		1237575
上　　海	88052323	4449508		39764986	21559653	350000	16454535
江　　苏	438299599	5702952	338000	81670723	48785869	1452489	24507071
浙　　江	277716192	1608998		22419760	10919427	58047	11207464
安　　徽	94758625	4549761		10444876	2943879		6763427
福　　建	148979437	224650		16162879	9731485	75000	5606394
江　　西	94111300	1992148		7949036	2639487		4185890
山　　东	235157994	2421220	617021	29467885	16280516	725096	9889739
河　　南	175258682	461000		3910157	1119400	114000	2676757
湖　　北	133866291	3916873		11442633	3024795		7862638
湖　　南	150333047	1285067		10276177	2135353	600000	7540824
广　　东	373206742	5736821	2000	85364620	22607034	8338215	51557611
广　　西	93144599	233444		10298323	2203890	1330000	6764433
海　　南	25830624	847735	42000	9888121	2373220	217646	4716973
重　　庆	157292837	1594329		28979904	5827183	4367398	17587323
四　　川	115297347	1551551		8346260	2974706	312000	5059554
贵　　州	80296566	537273		5208971	472571		4736400
云　　南	80655722	3603198		6026759	2489799		3536960
西　　藏	1475296	61314					
陕　　西	105913916	490029		2070954	306600		1764354
甘　　肃	40277762	951385					
青　　海	11322968	253647					
宁　　夏	17624904	307025		477599	477599		
新　　疆	58042711	117456	2500	1648506	980000		668506

2-9 续表 3

单位：万元

地区	港澳台商投资		外商投资					
	股份有限	其他		合资经营	合作经营	独资	股份有限	其他
全国总计	**11221117**	**11770140**	**230427792**	**90610734**	**11876490**	**114117704**	**5709756**	**8113108**
北京		1457070	8025955	3446481	1012982	3566492		
天津		130000	2921882	564829		1612974	614079	130000
河北	38000	91268	4706370	575701	150944	3979725		
山西			1197055			1197055		
内蒙古			234500			234500		
辽宁	335000		9980893	3876638		6104255		
吉林			452258	314700		137558		
黑龙江			85000			85000		
上海	719000	681798	13922747	4938013	2636532	5968962	31796	347444
江苏	3620068	3305226	29178936	16547725	698500	11165856	179947	586908
浙江	234822		15744161	7860072	68356	7701353		114380
安徽		737570	1900807	100971		1799836		
福建	50000	700000	12550033	4550113		7999920		
江西	5000	1118659	1889338	38842		1239964		610532
山东	1619534	953000	9267420	6128857	82799	2393733	154031	508000
河南			3599334	680000	25000	2894334		
湖北	555200		17738773	3421374		11814111	689988	1813300
湖南			3784484	2602210	150000	950134	8000	74140
广东	501211	2360549	58833358	22309016	6272382	24277553	3543615	2430792
广西			7102868	3858431		3244437		
海南	2545282	35000	1411580	843247	279721	130000		158612
重庆	998000	200000	7699396	2331585	108000	4056511	488300	715000
四川			6938709	1794629	391274	4752806		
贵州			197000	197000				
云南			3943607	1722244		2057363		164000
西藏								
陕西			6622668	1810456		4352212		460000
甘肃			11848			11848		
青海								
宁夏			389212			389212		
新疆			97600	97600				

2-10 各地区按资质等级分的房地产开发企业计划总投资

单位：万元

地区	总计	一级	二级	三级	四级	暂定	其他
全国总计	**10254244083**	**307756558**	**2321767424**	**907318790**	**843360742**	**4534693637**	**1339346932**
北京	291728181	10544737	86372687	13059747	90383820	75216272	16150918
天津	233908949	4747430	53182763	8099022	107823123	32955726	27100885
河北	292442955	11467437	69975661	26148584	45833125	131057234	7960914
山西	174938643	4276677	51737489	6657089	49888003	59906877	2472508
内蒙古	96263358	2650031	21862918	11633374	33090986	19230503	7795546
辽宁	234578891	4508877	36383860	34490776	1154616	101592991	56447771
吉林	98575708	1505773	20162620	6876268	6633900	61594482	1802665
黑龙江	71095697	1323012	14307400	24275516	1128704	21739005	8322060
上海	446169511	8041704	62226662	14977526		304410146	56513473
江苏	1003283955	25269120	319943000	10017057	183415	518710732	129160631
浙江	748795590	12104462	95971946	47855094	16873590	319960600	256029898
安徽	439764076	13675645	84110809	48737305	6802958	232065156	54372203
福建	331822998	9090404	76238302	39514672	11799122	161850581	33329917
江西	214320319	1803101	35356583	18018111	10839079	130353059	17950386
山东	691866973	36869504	160469337	49941300	46629614	313655279	84301939
河南	524480399	16902408	108861554	26634896	9412356	297700043	64969142
湖北	446335748	19544624	82540199	19195248	20357572	255470796	49227309
湖南	343195542	13795397	55443048	55973383	57502322	143073067	17408325
广东	1333328054	34778491	206029890	125362720	153536262	532228360	281392331
广西	283090140	12651858	60586413	31011838	11482039	159712499	7645493
海南	141171662	3799856	25406322	13733494	11194619	69486647	17550724
重庆	312249149	20948879	145947135	14231519	100877	125266388	5754351
四川	448609310	14101045	162784998	184664820	762036	64619376	21677035
贵州	230436483	1420335	74329429	18419998	9334104	114592890	12339727
云南	241851567	4993328	51756660	8471175	51067163	98383898	27179343
西藏	5913614	60000	2826545	652483	548257	1273514	552815
陕西	311347240	8961030	82463039	21838489	49416673	83739918	64928091
甘肃	93813191	2164506	20428230	13585740	19692302	36562905	1379508
青海	27677349	524500	9824863	2817546	2067563	11132302	1310575
宁夏	35152331	1965024	24229709	2245727	2593473	3829795	288603
新疆	106036500	3267363	20007353	8178273	15229069	53322596	6031846

2-11 各地区按登记注册类型分的房地产开发企业完成投资

单位：万元

地 区	总 计	内 资					
			国 有	集 体	股份合作	国有联营	集体联营
全国总计	**1280745730**	**1218416385**	**41131460**	**1626131**	**1214648**	**543683**	**60440**
北 京	41784569	40296543		1532	25436		
天 津	21279393	20457691	1903659	3358			
河 北	40920983	40577063	215029				
山 西	17641986	17581515	24773	2354			
内蒙古	9782752	9782752	69123				
辽 宁	23620006	21645835	261455				
吉 林	10148385	9973102	22068				
黑龙江	6286412	6210815	34272		24228		
上 海	49795393	45092368	5259403	234157			
江 苏	124068838	111174795	7239215	118275	626489	317838	
浙 江	129395203	124130631	627103	737	5271		
安 徽	62034752	61061681	938996		50114		
福 建	51336255	47560480	194783		10806	5025	
江 西	22092704	21186749	468102	10345	13789	5321	
山 东	91802391	85567031	2845479	773876	94987	12209	
河 南	56847698	56382805	248548		155		
湖 北	59339020	57022185	3464879	9291	102336	44132	60440
湖 南	48582579	47036127	402245		60913		
广 东	149629663	138354341	8896346	387242	67076	85509	
广 西	22062665	21305477	200701		1809		
海 南	11583702	10855362	874467	6814		1785	
重 庆	32168663	30097230	1196816			1800	
四 川	72157664	70862964	1349626	36286	108850		
贵 州	18142959	18010058	211946				
云 南	31520188	30568239	522578		515		
西 藏	606840	606840	40347				
陕 西	42547892	41661571	2188799	17056	21574	28409	
甘 肃	14816578	14816578	1193915	24808			
青 海	2961478	2961478	29891		300		
宁 夏	4199486	4101982					
新 疆	11588633	11474097	206896			41655	

2-11 续表 1

单位：万元

地区	内资						
	国有与集体联营	其他联营	国有独资公司	其他有限责任公司	股份有限公司	私营独资	私营合伙
全国总计	**457881**	**142426**	**64954704**	**645174789**	**11368676**	**8545429**	**1036931**
北京			676432	39113920	183498		
天津			1491753	10543409	683054	337972	38013
河北			629300	18886251	123279	20347	
山西			1272703	8364171			10584
内蒙古			256964	4057017	43782		
辽宁			296042	8766974	573301	1183113	2980
吉林			434551	4343653	35174		
黑龙江			279869	3806129	202588	50598	
上海			5512751	24216731	124935	35170	
江苏	314784	15963	5331297	37970200	1694262	1114942	130320
浙江			5750991	71754561	418401	331816	56144
安徽		44361	4820876	40868942	123774	239836	67303
福建			3541020	22251205	1	15299	4950
江西		30991	601606	8627930	236699	215108	13239
山东		38275	4719426	46634168	950639	511805	76860
河南			1833483	33741595	491685	91394	
湖北			2828049	30942706	401638	468994	131213
湖南			2292942	22016201	523465	136855	73418
广东	104979	12836	4164586	78279649	2477182	2432470	213217
广西			2033923	11289322	36965	1967	
海南			685872	7133525	92891	28319	
重庆	38118		2791629	7775237	430208	123712	
四川			4602119	44603919	659176	342205	19509
贵州			1439100	9809071	21393	7081	
云南			1333999	15335314	329602	57767	182970
西藏			142916	192706	4974	607	
陕西			3496438	21301631	232030	312278	12717
甘肃			918933	5436591	205182	314696	
青海			76498	1285859	2053	77273	
宁夏			107676	1702778			
新疆			590960	4123424	66845	93805	3494

2-11 续表 2 单位：万元

地区	内资			港澳台商投资			
	私营有限责任公司	私营股份有限公司	其他内资企业		合资经营	合作经营	独资
全国总计	**436545233**	**5426864**	**187090**	**40317763**	**17928903**	**1452868**	**18113919**
北京	295725			396500	136739	58242	37730
天津	5451160	5313		632064	166811	53482	410517
河北	20695311	7546		170001	98027		60180
山西	7896537	10393		16091			16091
内蒙古	5339071	16795					
辽宁	10480809	79081	2080	1436592	622633	12645	763054
吉林	5137656			162699	66894	14321	81484
黑龙江	1796939	4979	11213	71171	15678		55493
上海	9102047	607174		3190137	1443848	3705	1526674
江苏	55507045	695838	98327	9629719	6059451	235399	2350216
浙江	45055428	130179		2609386	1009578	19103	1551645
安徽	13760088	147391		855988	245017		445216
福建	21537391			1714644	1219990	3000	264488
江西	10815069	148550		753985	301781		350873
山东	28584289	253292	71726	4865331	2700424	170127	1593519
河南	19906518	69427		339728	109663	51428	178637
湖北	17837615	730892		1257067	468734		720811
湖南	21260759	269329		1167918	342443	84081	741394
广东	40326516	905628	1105	6487615	1470466	386475	4435160
广西	7733252	7538		470673	127905	2877	339891
海南	1947394	83852	443	614454	52707	28751	358354
重庆	17549644	190066		1559504	460750	270557	784035
四川	18921836	219438		683413	260099	58675	364639
贵州	6497364	24103		128354	71947		56407
云南	12469173	336321		609071	275330		333741
西藏	220790	4500					
陕西	13939583	111056		295409	29037		266372
甘肃	6500514	221939					
青海	1475932	13672					
宁夏	2185235	106293		93096	93096		
新疆	6318543	26279	2196	107153	79855		27298

2-11　续表 3　　　　单位：万元

地　　区	港澳台商投资		外商投资					
	股份有限	其　他		合资经营	合作经营	独　资	股份有限	其　他
全国总计	**1320037**	**1502036**	**22011582**	**10098457**	**884150**	**9884989**	**381213**	**762773**
北　京		163789	1091526	570332	42808	478386		
天　津		1254	189638	17909		106532	41573	23624
河　北	196	11598	173919	43200	9402	121317		
山　西			44380			44380		
内 蒙 古								
辽　宁	38260		537579	187027		350552		
吉　林			12584	11000		1584		
黑 龙 江			4426			4426		
上　海	45663	170247	1512888	830051	95709	539145		47983
江　苏	584489	400164	3264324	2191201	9599	958991	8438	96095
浙　江	29060		2655186	1298618	16794	1303911		35863
安　徽		165755	117083	8317		108766		
福　建	43918	183248	2061131	877764		1183367		
江　西	365	100966	151970	3510		64494		83966
山　东	293911	107350	1370029	741836	24587	505416	32439	65751
河　南			125165	25644		99521		
湖　北	67522		1059768	282340		648608	87149	41671
湖　南			378534	239249	60345	68549	4301	6090
广　东	10109	185405	4787707	2038971	397551	2017490	69420	264275
广　西			286515	177007		109508		
海　南	165468	9174	113886	11595	85272	722		16297
重　庆	41076	3086	511929	168898	5331	192716	137893	7091
四　川			611287	177975	136752	296560		
贵　州			4547	4547				
云　南			342878	104990		230833		7055
西　藏								
陕　西			590912	79093		444807		67012
甘　肃								
青　海								
宁　夏			4408			4408		
新　疆			7383	7383				

2-12 各地区按资质等级分的房地产开发企业完成投资

单位：万元

地　区	总　计	一　级	二　级	三　级	四　级	暂　定	其　他
全国总计	**1280745730**	**31163833**	**305390351**	**91422727**	**74038051**	**570239610**	**208491158**
北　京	41784569	801894	14400572	723220	6378386	15648006	3832491
天　津	21279393	261053	6159973	395448	5912848	4244321	4305750
河　北	40920983	1310846	10236811	3152843	5832471	19438844	949168
山　西	17641986	349337	4691304	608683	4094617	7620223	277822
内蒙古	9782752	209356	2399424	843856	2795757	2347515	1186844
辽　宁	23620006	318489	4653082	2750375	41877	9230550	6625633
吉　林	10148385	135595	1730023	678562	657881	6480565	465759
黑龙江	6286412	24086	1329877	1450405	140139	2234218	1107687
上　海	49795393	408469	5823024	1055659		35623817	6884424
江　苏	124068838	2223793	37937992	1054312	37823	65405211	17409707
浙　江	129395203	2212844	17975414	6577432	1823195	53725425	47080893
安　徽	62034752	1674694	12968944	2730147	765915	34915627	8979425
福　建	51336255	1252818	16837599	2877088	763544	22115785	7489421
江　西	22092704	173654	4069276	1323393	872261	13569679	2084441
山　东	91802391	5597952	21041063	5605204	5150583	41014096	13393493
河　南	56847698	1579099	13090603	1958299	996484	32119212	7104001
湖　北	59339020	1423329	11137833	2223160	3206256	34355811	6992631
湖　南	48582579	1398079	8169048	5313779	6984224	23699088	3018361
广　东	149629663	2950303	27562929	7979314	11136904	56227558	43772655
广　西	22062665	924596	5127517	1816142	572682	12654073	967655
海　南	11583702	310017	2142875	861978	715183	5429434	2124215
重　庆	32168663	1591252	14120260	1384141	4180	14575980	492850
四　川	72157664	1280314	28025971	29918726	160574	9266031	3506048
贵　州	18142959	339793	4186546	1299493	746212	10093333	1477582
云　南	31520188	555683	7202447	995963	4879847	13049968	4836280
西　藏	606840	1000	251191	64620	67517	164905	57607
陕　西	42547892	883779	12040078	2461020	5146992	11045948	10970075
甘　肃	14816578	361598	3642666	2208167	2542777	5969047	92323
青　海	2961478	44044	848978	151056	229369	1534774	153257
宁　夏	4199486	261952	2834611	260972	201831	575109	65011
新　疆	11588633	304115	2752420	699270	1179722	5865457	787649

2-13 各地区按隶属关系分的房地产开发企业完成投资

单位：万元

地 区	合 计	中央属	地方属	其 他
全国总计	**1280745730**	**46258167**	**173556547**	**1060931016**
北 京	41784569	5829138	10198194	25757237
天 津	21279393	1864756	4116579	15298058
河 北	40920983	839500	3547073	36534410
山 西	17641986	869244	2990539	13782203
内 蒙 古	9782752	134311	914405	8734036
辽 宁	23620006	629262	1346561	21644183
吉 林	10148385	196588	923265	9028532
黑 龙 江	6286412	418171	1210358	4657883
上 海	49795393	3323791	16490859	29980743
江 苏	124068838	2913019	9817934	111337885
浙 江	129395203	3329773	6486586	119578844
安 徽	62034752	1442624	9800100	50792028
福 建	51336255	471026	8999998	41865231
江 西	22092704	305182	2300231	19487291
山 东	91802391	2359076	14962127	74481188
河 南	56847698	1225457	5966948	49655293
湖 北	59339020	3243991	7787191	48307838
湖 南	48582579	1139216	4260400	43182963
广 东	149629663	6127487	18030954	125471222
广 西	22062665	358924	3756794	17946947
海 南	11583702	1006960	2649077	7927665
重 庆	32168663	1814495	2894420	27459748
四 川	72157664	1369330	10862020	59926314
贵 州	18142959	1179433	2884812	14078714
云 南	31520188	1734934	3787364	25997890
西 藏	606840		225409	381431
陕 西	42547892	1660314	10868824	30018754
甘 肃	14816578	136513	3402612	11277453
青 海	2961478	4777	277647	2679054
宁 夏	4199486	55948	317028	3826510
新 疆	11588633	274927	1480238	9833468

2-14 各地区按构成分的房地产开发企业完成投资

单位：万元

地区	本年完成投资	建筑工程	安装工程	设备工器具购置	其他费用	#土地购置费
全国总计	**1280745730**	**750859150**	**43429885**	**10856093**	**475600602**	**409070261**
北京	41784569	13323204	136436	25641	28299288	24574584
天津	21279393	7865896	165519	27203	13220775	10581472
河北	40920983	25685632	1030154	339974	13865223	12018797
山西	17641986	12571377	864169	159507	4046933	2747457
内蒙古	9782752	6359119	393715	51453	2978465	2447530
辽宁	23620006	17136454	788235	224340	5470977	4712717
吉林	10148385	6805630	466809	141942	2734004	2387312
黑龙江	6286412	4585291	240357	31738	1429026	984381
上海	49795393	20129676	311182	148142	29206393	24621808
江苏	124068838	68665936	3523164	893398	50986340	45184055
浙江	129395203	52290525	1255415	431886	75417377	66270870
安徽	62034752	39206589	2132869	388219	20307075	18854148
福建	51336255	26067716	1364668	606749	23297122	22022484
江西	22092704	15984251	1526762	327070	4254621	3870993
山东	91802391	57532670	4748098	768078	28753545	25043362
河南	56847698	45242462	653097	327008	10625131	9139641
湖北	59339020	36154106	2871425	765965	19547524	16511518
湖南	48582579	32132339	3444129	1386748	11619363	9816198
广东	149629663	73696360	4710314	1066347	70156642	58848276
广西	22062665	15510246	1172027	168393	5211999	3829261
海南	11583702	8120085	454013	81397	2928207	1821738
重庆	32168663	19070686	2811211	631897	9654869	7738570
四川	72157664	48255551	3839610	878864	19183639	17044803
贵州	18142959	13674337	416930	92425	3959267	3326148
云南	31520188	28140218	325158	127697	2927115	2340085
西藏	606840	430719	67624	7423	101074	62232
陕西	42547892	30900151	2496524	502743	8648474	6781326
甘肃	14816578	10637381	786447	115015	3277735	2673652
青海	2961478	2160123	112645	17203	671507	582013
宁夏	4199486	3476697	126033	30870	565886	412604
新疆	11588633	9047723	195146	90758	2255006	1820226

2-15　各地区按用途分的房地产开发企业完成投资

单位：万元

地　　区	本年完成投　　资	住　宅	办公楼	商业营业用房	其　他
全国总计	**1280745730**	**967353077**	**51968272**	**101876671**	**159547710**
北　　京	41784569	26673017	2245125	2372716	10493711
天　　津	21279393	16824910	450096	1416986	2587401
河　　北	40920983	33640541	708306	2453880	4118256
山　　西	17641986	13954190	271409	1230536	2185851
内 蒙 古	9782752	7709961	73576	800355	1198860
辽　　宁	23620006	19058658	574736	2179731	1806881
吉　　林	10148385	8043391	267862	762762	1074370
黑 龙 江	6286412	4971905	100985	613594	599928
上　　海	49795393	27718021	6958125	4161712	10957535
江　　苏	124068838	99238099	3625654	8765589	12439496
浙　　江	129395203	90865547	5299101	8884184	24346371
安　　徽	62034752	50828609	1122855	5179260	4904028
福　　建	51336255	38313878	1377308	3536721	8108348
江　　西	22092704	17633401	737826	2420762	1300715
山　　东	91802391	71692525	4108588	6302847	9698431
河　　南	56847698	48855743	1261296	3639812	3090847
湖　　北	59339020	46483751	2911284	4642787	5301198
湖　　南	48582579	38076318	1069606	5303841	4132814
广　　东	149629663	107002788	10732248	12386811	19507816
广　　西	22062665	17239498	413981	1492428	2916758
海　　南	11583702	7930465	763592	1190261	1699384
重　　庆	32168663	24110429	603682	3203248	4251304
四　　川	72157664	53636271	2385750	7062817	9072826
贵　　州	18142959	14833974	211216	1525137	1572632
云　　南	31520188	23713962	1099001	2944662	3762563
西　　藏	606840	453065	18511	73411	61853
陕　　西	42547892	32497456	2081823	3260757	4707856
甘　　肃	14816578	11607892	213715	1191610	1803361
青　　海	2961478	2300042	98566	284041	278829
宁　　夏	4199486	3161686	28412	426329	583059
新　　疆	11588633	8283084	154037	2167084	984428

2-16 各地区按控股情况分的房地产开发企业完成投资

单位：万元

地区	总计	国有控股	集体控股	私人控股	港澳台控股	外商控股	其他
全国总计	**1280745730**	**322849415**	**23719413**	**883216501**	**34310312**	**15977563**	**672526**
北京	41784569	24393340	1755464	14182779	782144	659459	11383
天津	21279393	10627473	121735	9675031	584337	270817	
河北	40920983	3293379	164452	37125557	120099	217496	
山西	17641986	3855928	136529	13589058	16091	44380	
内蒙古	9782752	811080	27584	8944088			
辽宁	23620006	2913263	170381	18723683	1287580	525099	
吉林	10148385	1718209	121151	8139009	157432	12584	
黑龙江	6286412	2022882	93790	4094143	71171	4426	
上海	49795393	25972739	1245619	18119784	3172468	1126860	157923
江苏	124068838	31467506	3360042	81228332	6117274	1895684	
浙江	129395203	23337445	1861511	99210535	2719976	2205557	60179
安徽	62034752	13097474	907849	47185961	662525	180943	
福建	51336255	13359036	97795	35301490	1097764	1480170	
江西	22092704	2843063	167997	18439777	493375	148492	
山东	91802391	19973950	3328254	64004292	3672039	773330	50526
河南	56847698	8041806	840374	47572236	288573	104709	
湖北	59339020	17748022	1343711	38067827	1319015	860445	
湖南	48582579	9376912	785380	37222531	957350	240406	
广东	149629663	43145979	4092111	92574686	6277112	3147260	392515
广西	22062665	4877708	128693	16360316	497870	198078	
海南	11583702	3756507	173733	6925604	629010	98848	
重庆	32168663	7912618	102852	22230520	1442432	480241	
四川	72157664	17463152	828383	52934039	471027	461063	
贵州	18142959	4275327	504599	13209524	98848	54661	
云南	31520188	6115048	142648	23963953	984429	314110	
西藏	606840	219163	8500	379177			
陕西	42547892	14263648	683973	26869640	269977	460654	
甘肃	14816578	3622072	190637	11003869			
青海	2961478	249525	164764	2547189			
宁夏	4199486	442767	13165	3646050	93096	4408	
新疆	11588633	1652394	155737	9745821	27298	7383	

2-17 各地区按投资规模分房地产开发企业完成投资

单位：万元

地 区	500万元以 下	500-1000万元	1000-3000万元	3000-5000万元	5000万-1亿元	1-5亿元	5-10亿元	10亿元及以 上
全国总计	**1093**	**31256**	**589653**	**1588586**	**8171039**	**151330420**	**224175422**	**894858261**
北 京		414			167	268962	1221348	40293678
天 津			27	74	17672	482919	1490813	19287888
河 北		886	17134	97350	544424	14433574	11572665	14254950
山 西		651	20204	62968	329282	4200388	4511341	8517152
内蒙古		279	34091	67856	330114	3117266	2816657	3416489
辽 宁		1140	20243	57543	213084	4904685	5310152	13113159
吉 林		746	12097	38980	191846	2765036	1781559	5358121
黑龙江	137	3344	36620	65395	309490	1702299	971051	3198076
上 海				1272	4160	716847	2883248	46189866
江 苏	226		13502	24501	232924	6600851	15983838	101212996
浙 江		786	11899	40710	221153	7336322	16276200	105508133
安 徽	89	2216	13741	43072	210676	6099457	15392054	40273447
福 建		150	3036	20189	180248	4165210	9971303	36996119
江 西			34115	81270	361265	5499076	6493805	9623173
山 东	241	1455	38302	101578	630307	14365530	22845228	53819750
河 南		1440	25837	91122	616979	11570204	17034157	27507959
湖 北		589	18485	67001	337419	6128878	8938713	43847935
湖 南		627	30606	103506	482891	8297470	10742883	28924596
广 东		1523	37868	73354	446893	7556137	12994409	128519479
广 西		1613	38892	55261	293180	4534302	5038661	12100756
海 南		2594	6850	20609	67617	1388051	2457572	7640409
重 庆		20	5108	12952	111120	2238448	4406801	25394214
四 川		535	14138	59276	333039	8871917	18424649	44454110
贵 州			7615	10447	125182	2957871	3578960	11462884
云 南		1042	14882	76282	340256	5296269	5716578	20074879
西 藏		400	2357	7782	18269	203192	205424	169416
陕 西		130	15409	40136	253761	4939164	6784480	30514812
甘 肃		768	27463	51433	269560	3989962	3900232	6577160
青 海		10	4181	6614	22501	475465	759538	1693169
宁 夏		359	4859	18831	59091	1175609	1188747	1751990
新 疆	400	7539	80092	191222	616469	5049059	2482356	3161496

2-18 各地区按登记注册类型分的房地产开发企业住宅完成投资

单位：万元

地　区	总　计	内　资	国　有	集　体	股份合作	国有联营	集体联营
全国总计	**967353077**	**925910012**	**29946156**	**1094056**	**1015785**	**444852**	**58683**
北　京	26673017	25851225			17147		
天　津	16824910	16378581	1521562				
河　北	33640541	33412069	161070				
山　西	13954190	13903442	22415	2354			
内蒙古	7709961	7709961	59231				
辽　宁	19058658	17625923	200498				
吉　林	8043391	7956185	19340				
黑龙江	4971905	4910505	23546		22424		
上　海	27718021	26181228	3561461	182941			
江　苏	99238099	89473354	5757405	106490	591112	264758	
浙　江	90865547	87918293	394762	432			
安　徽	50828609	50192920	807430		28496		
福　建	38313878	35593395	136445		10806	3326	
江　西	17633401	16978984	345309	10345	11784	4954	
山　东	71692525	66825688	2137761	479598	92910	11188	
河　南	48855743	48587026	228105		40		
湖　北	46483751	44731117	2234239	9239	48284	43291	58683
湖　南	38076318	36945706	265655		25537		
广　东	107002788	99772831	6021388	240555	46961	65861	
广　西	17239498	16668847	147056		1619		
海　南	7930465	7350368	669280			1785	
重　庆	24110429	22819564	858554			1000	
四　川	53636271	52866311	1109809	26630	101016		
贵　州	14833974	14715138	138894				
云　南	23713962	23072820	291355		515		
西　藏	453065	453065	26861				
陕　西	32497456	31816136	1773805	17056	17134	20961	
甘　肃	11607892	11607892	840758	18416			
青　海	2300042	2300042	27601				
宁　夏	3161686	3080564					
新　疆	8283084	8210832	164561			27728	

2-18　续表 1　　　　单位：万元

地　　区	内　　资						
	国有与集体联　　营	其他联营	国有独资公　　司	其他有限责任公司	股份有限公　　司	私营独资	私营合伙
全国总计	**226090**	**120411**	**46386329**	**487176455**	**8631687**	**6574141**	**843405**
北　　京			441620	25117497	127436		
天　　津			1103792	8403743	629020	284010	38009
河　　北			503824	15499727	122639	15565	
山　　西			854500	6396880			4653
内 蒙 古			207971	3325434	31351		
辽　　宁			211564	7129329	469274	1075096	2800
吉　　林			399263	3539235	29940		
黑 龙 江			249348	2941890	187398	44999	
上　　海			2818803	13857897	375	22470	
江　　苏	147898	15408	3996078	30233593	1242446	995928	110730
浙　　江			3778080	50595898	340709	258972	47224
安　　徽		33455	3964540	33723846	116613	201592	61427
福　　建			2215480	17047742	1	10648	3800
江　　西		24031	491153	6810838	127969	185823	12903
山　　东		35890	3133037	36038111	812635	443189	71981
河　　南			1670923	28914066	463642	86695	
湖　　北			2207330	24364121	319826	373737	120950
湖　　南			1881689	17053431	395241	79520	70071
广　　东	78192	11627	2405171	58074311	1634418	1366903	187117
广　　西			1577065	8715085	11254	1967	
海　　南			386288	4825722	68458	14182	
重　　庆			2212290	5769774	314685	95738	
四　　川			3484994	33121189	499277	298006	16128
贵　　州			1036270	8250566	20806	5788	
云　　南			955145	11550074	254470	46697	82514
西　　藏			134244	153101	4221	416	
陕　　西			2829312	16013678	204852	293252	12717
甘　　肃			722483	4202811	152081	250973	
青　　海			38081	1094593	1296	52208	
宁　　夏			96691	1279489			
新　　疆			379300	3132784	49354	69767	381

2-18 续表 2 单位：万元

地　区	内资			港澳台商投资			
	私营有限责任公司	私营股份有限公司	其他内资企业		合资经营	合作经营	独资
全国总计	**339296826**	**3937376**	**157760**	**25972956**	**12196938**	**962809**	**10826094**
北　京	147525			143074	81091	41113	20870
天　津	4395692	2753		326722	35019	11241	279208
河　北	17101698	7546		122792	63174		50381
山　西	6612304	10336		8128			8128
内蒙古	4070808	15166					
辽　宁	8462058	73724	1580	1036252	540058	3526	480088
吉　林	3968407			75055	39787	14321	20947
黑龙江	1429668	19	11213	57746	12572		45174
上　海	5264455	472826		836284	479120	3705	186212
江　苏	45349693	563643	98172	7169250	4388153	234379	1785506
浙　江	32404413	97803		1025435	488444		519492
安　徽	11153613	101908		556783	150341		300086
福　建	16165147			1229083	958974	2202	153462
江　西	8852977	100898		552021	157436		330729
山　东	23355696	167340	46352	3749214	2154727	156016	1119359
河　南	17169299	54256		154987	65954	2731	86302
湖　北	14476284	475133		954886	389444		507838
湖　南	16930319	244243		858069	299357	84081	474631
广　东	29156483	483844		4206872	883275	301909	2871658
广　西	6208277	6524		367412	99347		268065
海　南	1306088	78122	443	466734	39906	28751	234191
重　庆	13404667	162856		827326	310881	78834	394814
四　川	14050938	158324		323948	121315		202633
贵　州	5242343	20471		114653	71947		42706
云　南	9615683	276367		469649	236354		233295
西　藏	131522	2700					
陕　西	10543578	89791		198897	10325		188572
甘　肃	5248740	171630					
青　海	1074542	11721					
宁　夏	1634891	69493		76815	76815		
新　疆	4369018	17939		64869	43122		21747

2-18　续表 3　　　　单位：万元

地　区	港澳台商投资		外商投资					
	股份有限	其　他		合资经营	合作经营	独　资	股份有限	其　他
全国总计	**1019112**	**968003**	**15470109**	**7178280**	**682355**	**6661617**	**371319**	**576538**
北　京			678718	447717	38250	192751		
天　津		1254	119607	17184		41438	39961	21024
河　北	138	9099	105680	7899	6782	90999		
山　西			42620			42620		
内 蒙 古								
辽　宁	12580		396483	138997		257486		
吉　林			12151	11000		1151		
黑 龙 江			3654			3654		
上　海		167247	700509	178430	73117	420485		28477
江　苏	453647	307565	2595495	1763452	8067	728935	6938	88103
浙　江	17499		1921819	968826		917130		35863
安　徽		106356	78906	5923		72983		
福　建	43918	70527	1491400	630176		861224		
江　西		63856	102396	3273		51140		47983
山　东	230443	88669	1117623	625794	24587	377285	26446	63511
河　南			113730	25595		88135		
湖　北	57604		797748	115284		553644	87149	41671
湖　南			272543	196810		66463	3905	5365
广　东	2738	147292	3023085	1531466	310650	930004	69027	181938
广　西			203239	121940		81299		
海　南	159469	4417	113363	11595	85272	199		16297
重　庆	41076	1721	463539	153306	5331	160730	137893	6279
四　川			446012	99419	130299	216294		
贵　州			4183	4183				
云　南			171493	65398		102528		3567
西　藏								
陕　西			482423	47230		398733		36460
甘　肃								
青　海								
宁　夏			4307			4307		
新　疆			7383	7383				

2-19 各地区按资质等级分的房地产开发企业住宅完成投资

单位：万元

地　区	总　计	一　级	二　级	三　级	四　级	暂　定	其　他
全国总计	**967353077**	**23929333**	**230271922**	**68834078**	**54372896**	**440178014**	**149766834**
北　京	26673017	505362	9369276	444033	3304462	10667809	2382075
天　津	16824910	211408	4772331	290007	4731707	3267294	3552163
河　北	33640541	1134403	8404533	2538684	4822512	15917747	822662
山　西	13954190	281287	3822438	462898	3053380	6107411	226776
内蒙古	7709961	185332	1857549	675940	2128340	1916313	946487
辽　宁	19058658	296637	3763118	2244014	36812	7490968	5227109
吉　林	8043391	126118	1340848	591630	567082	5023212	394501
黑龙江	4971905	23539	1075801	1082589	100316	1888632	801028
上　海	27718021	164375	2775773	677470		21037380	3063023
江　苏	99238099	1708911	29710238	767035	31552	53242360	13778003
浙　江	90865547	1481392	12870472	4449003	1373762	38522924	32167994
安　徽	50828609	1473740	10502501	2067961	659801	28759285	7365321
福　建	38313878	1005477	12092791	2173747	547534	17220332	5273997
江　西	17633401	158884	3133066	977584	604535	11008936	1750396
山　东	71692525	4408496	16433758	4440861	4261121	32022397	10125892
河　南	48855743	1391654	10828146	1654466	920133	27748768	6312576
湖　北	46483751	1286792	8585941	1836550	2480397	27072355	5221716
湖　南	38076318	1101272	6519983	4159979	5231264	18575472	2488348
广　东	107002788	1915941	19881784	5343441	7199306	42894868	29767448
广　西	17239498	725283	3929274	1475034	411656	9999917	698334
海　南	7930465	268154	1555305	701108	581741	3446064	1378093
重　庆	24110429	1144878	10124130	1130364	1416	11322223	387418
四　川	53636271	855167	20878027	22247413	110297	7061878	2483489
贵　州	14833974	244818	3341179	1092687	600178	8337464	1217648
云　南	23713962	398405	5577443	719699	3483718	10077065	3457632
西　藏	453065	1000	206517	41518	37844	120299	45887
陕　西	32497456	738342	9320284	2014727	3938142	8810923	7675038
甘　肃	11607892	221434	2912080	1726787	2027474	4648763	71354
青　海	2300042	44044	658862	100209	143242	1291962	61723
宁　夏	3161686	203911	2080107	210413	135595	472343	59317
新　疆	8283084	222877	1948367	496227	847577	4204650	563386

2-20 各地区按资质等级分的房地产开发企业90平方米及以下住宅完成投资

单位：万元

地区	总计	一级	二级	三级	四级	暂定	其他
全国总计	**175449472**	**3934082**	**43092979**	**12599964**	**9828733**	**74883480**	**31110234**
北京	9976826	265971	3854916	270182	1570596	3291124	724037
天津	5411421	120786	1366325	123491	1398092	896660	1506067
河北	5789419	419971	1278501	438784	577139	2975003	100021
山西	1707807	20974	453768	58309	487858	657266	29632
内蒙古	712733	2507	113138	53180	211836	208422	123650
辽宁	4073019	112348	843165	427586	19668	1502692	1167560
吉林	2878768	54927	390108	221633	230562	1816456	165082
黑龙江	1621832	318	292458	361709	25326	517008	425013
上海	9610811	77276	1174791	252709		7020402	1085633
江苏	12698992	258932	4251803	289553	1748	6142623	1754333
浙江	14539830	216044	2074454	743105	268834	6013842	5223551
安徽	6045821	237069	1453075	236924	36294	3068509	1013950
福建	10856030	166515	3806844	602880	139716	4644455	1495620
江西	1779583	21708	220065	40875	58908	1262418	175609
山东	5493919	107886	1080432	481133	520693	2687850	615925
河南	7819600	388025	1409798	381555	127156	4361847	1151219
湖北	4952836	118703	788407	230585	265863	3099389	449889
湖南	2108687	122370	331485	444169	213425	959658	37580
广东	32467568	436583	5692954	1417828	1899157	11781796	11239250
广西	2726234	98391	642300	124269	43493	1692565	125216
海南	970196	23921	86567	107895	59366	513443	179004
重庆	7195081	148103	3364631	284710	1416	3239053	157168
四川	12507081	187990	5232224	4292977	22086	2235561	536243
贵州	1434064	6037	403117	109457	70937	651449	193067
云南	4379163	15222	1146917	81162	850670	1806640	478552
西藏	71071	500	13681	8405	15315	29870	3300
陕西	3606612	247615	908842	271870	448132	844761	885392
甘肃	1067452	19649	223823	205516	168559	446930	2975
青海	141415		27970	9665	3086	89060	11634
宁夏	60885	5155	20453	2104	32507	666	
新疆	744716	32586	145967	25744	60295	426062	54062

2-21 各地区按资质等级分的房地产开发企业144平方米以上住宅完成投资

单位：万元

地 区	总 计	一 级	二 级	三 级	四 级	暂 定	其 他
全国总计	**148134622**	**4445268**	**37569364**	**11081565**	**8988621**	**61235967**	**24813837**
北 京	6206791	62393	1892354	109628	740994	2647073	754349
天 津	1602194	25401	528470	21787	552870	161681	311985
河 北	2963339	101087	851633	164534	327107	1399974	119004
山 西	2574862	28642	698420	88365	619653	1127220	12562
内蒙古	1805601	6511	535699	147148	548219	368604	199420
辽 宁	2299557	41503	382631	405466	150	913219	556588
吉 林	851943	22643	227553	51540	33857	508436	7914
黑龙江	323629	515	79001	96194	5251	99921	42747
上 海	3896702	33143	474415	143585		2901899	343660
江 苏	17260179	234327	6098051	130001	2080	8636092	2159628
浙 江	18516335	436782	3060257	753724	480976	6850149	6934447
安 徽	3962627	141422	834171	197837	35219	2228071	525907
福 建	5305822	70701	1653519	270050	116766	2068374	1126412
江 西	2085154	23425	368617	224900	76565	1201704	189943
山 东	15944308	1405264	4202440	790098	855390	6502971	2188145
河 南	6077489	107726	1519821	238898	60352	3525082	625610
湖 北	4968404	208380	1490104	95624	248083	2330631	595582
湖 南	8286710	249749	1223022	749454	1243270	4088204	733011
广 东	12373710	280278	2031692	1080950	925719	4098361	3956710
广 西	2025955	59257	548041	234705	54205	987371	142376
海 南	906276	32043	280498	53685	4282	440304	95464
重 庆	2258591	112604	1248734	77860		789038	30355
四 川	8300178	121464	3056227	3715577	46343	858990	501577
贵 州	1917950	134507	501737	143099	76019	1012076	50512
云 南	6540767	164831	1184113	351233	935802	2784357	1120431
西 藏	80362	500	27455	17604	3275	30311	1217
陕 西	5984232	205683	1438329	442603	694942	1801056	1401619
甘 肃	1061937	25645	368610	180185	146519	331039	9939
青 海	312098		130176	8505	57837	99199	16381
宁 夏	492264	44477	383034	14734	6772	37870	5377
新 疆	948656	64365	250540	81992	90104	406690	54965

2-22 各地区按登记注册类型分的房地产开发企业办公楼完成投资

单位：万元

地 区	总 计	内 资					
			国 有	集 体	股份合作	国有联营	集体联营
全国总计	**51968272**	**46556681**	**2719836**	**120060**	**61248**	**2622**	
北 京	2245125	1996973		1525			
天 津	450096	381619	1578				
河 北	708306	703093	692				
山 西	271409	271409					
内蒙古	73576	73576	68				
辽 宁	574736	484257	17484				
吉 林	267862	263026					
黑龙江	100985	100985	2744				
上 海	6958125	5608802	550618				
江 苏	3625654	3094411	221372	52		2522	
浙 江	5299101	4839615	192301				
安 徽	1122855	1086152	921				
福 建	1377308	1311794	1208				
江 西	737826	697530	28390				
山 东	4108588	3773551	106089	52601	707		
河 南	1261296	1175404	10586		90		
湖 北	2911284	2634958	393884		49183		
湖 南	1069606	990453	855				
广 东	10732248	9394320	886129	62340	9250		
广 西	413981	381807	11258				
海 南	763592	702282	48968	3542			
重 庆	603682	477037	45200			100	
四 川	2385750	2305306	1324				
贵 州	211216	207031	15267				
云 南	1099001	1070383	115956				
西 藏	18511	18511	6648				
陕 西	2081823	2017666	42069		2018		
甘 肃	213715	213715	13483				
青 海	98566	98566					
宁 夏	28412	28412					
新 疆	154037	154037	4744				

2-22 续表 1 单位：万元

地　区	内　资						
	国有与集体联　营	其他联营	国有独资公　司	其他有限责任公司	股份有限公　司	私营独资	私营合伙
全国总计	**14289**	**1590**	**3583231**	**26614100**	**704564**	**325669**	**69110**
北　京			12250	1946037	9198		
天　津			45264	193352		36	
河　北				318238			
山　西			21123	148616			
内蒙古			424	20269	61		
辽　宁			12850	210355	3510	2918	
吉　林			3561	133215	190		
黑龙江				82414	2481		
上　海			829382	3213484	48692	35	
江　苏	14289	36	117011	1239806	139400	1165	
浙　江			159462	2988059			3965
安　徽			57102	820588		8346	
福　建			257689	410156		732	
江　西		350	7937	405057	32371		216
山　东			631161	2292918	9414		100
河　南			3409	941662	15010		
湖　北			237142	1357495	40052	10120	4909
湖　南			49779	611618	40		50
广　东		1204	644101	4730444	334232	294242	22990
广　西			59259	236991			
海　南			56462	407392	10045		
重　庆			88048	188849	192	1347	
四　川			139063	1650478	18046	105	
贵　州			29306	88688			
云　南			56257	582402	23500		36863
西　藏			433	5495			
陕　西			50627	1154117	11089	6623	
甘　肃			913	130975	7041		
青　海			1555	28574			
宁　夏				10657			
新　疆			11661	65699			17

2-22　续表 2　　　　单位：万元

地　区	内资			港澳台商投资			
	私营有限责任公司	私营股份有限公司	其他内资企业		合资经营	合作经营	独资
全国总计	**12265728**	**73954**	**680**	**3870627**	**1273783**	**124010**	**2236697**
北　京	27963			104875	19673	3530	
天　津	141389			61444	46944	5083	9417
河　北	384163						
山　西	101670						
内蒙古	52754						
辽　宁	237140			71960	100		51557
吉　林	126060			4836			4836
黑龙江	13346						
上　海	956615	9976		951641	269796		658088
江　苏	1353245	5513		479727	311341		93069
浙　江	1493382	2446		306733	113345	11712	181676
安　徽	199143	52		35619	17966		17653
福　建	642009			61212	34837		26375
江　西	222787	422		40296	35605		25
山　东	662558	18003		296061	66877	6307	210734
河　南	202801	1846		82527	35641		46886
湖　北	522798	19375		155698	42872		112826
湖　南	328111			79153			79153
广　东	2407707	1681		814285	236627	7112	556033
广　西	74299			24135	7137		16998
海　南	175873			61310	990		57047
重　庆	153301			126498		90266	35739
四　川	488262	8028		62776	28829		33947
贵　州	73290	480		4185			4185
云　南	255405			1115			1115
西　藏	5935						
陕　西	747903	3220		44541	5203		39338
甘　肃	60249	1054					
青　海	68437						
宁　夏	17755						
新　疆	69378	1858	680				

2-22 续表 3 单位：万元

地　区	港澳台商投资		外商投资					
	股份有限	其　他		合资经营	合作经营	独　资	股份有限	其　他
全国总计	**80067**	**156070**	**1540964**	**697598**	**3674**	**819267**		**20425**
北　京		81672	143277	34779		108498		
天　津			7033			7033		
河　北			5213	5213				
山　西								
内蒙古								
辽　宁	20303		18519	17389		1130		
吉　林								
黑龙江								
上　海	23757		397682	368446		16298		12938
江　苏	18921	56396	51516	18798		32438		280
浙　江			152753	92821		59932		
安　徽			1084			1084		
福　建			4302	4302				
江　西		4666						
山　东	12143		38976	3998		34978		
河　南			3365			3365		
湖　北			120628	94895		25733		
湖　南								
广　东	4943	9570	523643	30215	3674	488228		1526
广　西			8039	2382		5657		
海　南		3273						
重　庆		493	147			147		
四　川			17668	1005		16663		
贵　州								
云　南			27503	13049		14454		
西　藏								
陕　西			19616	10306		3629		5681
甘　肃								
青　海								
宁　夏								
新　疆								

2-23 各地区按资质等级分的房地产开发企业办公楼完成投资

单位：万元

地 区	总 计	一 级	二 级	三 级	四 级	暂 定	其 他
全国总计	**51968272**	**1042390**	**10627737**	**2965972**	**3697908**	**21269808**	**12364457**
北 京	2245125	15165	702849	48689	743985	633942	100495
天 津	450096	15045	131453	7033	162948	11123	122494
河 北	708306	10527	141600	37889	140754	319057	58479
山 西	271409	25465	68608	4967	68742	103303	324
内蒙古	73576		12532	4037	35272	11262	10473
辽 宁	574736	334	64957	55417		222138	231890
吉 林	267862		97153	891	4994	156239	8585
黑龙江	100985		5585	51653	939	37626	5182
上 海	6958125	78837	1029495	97689		4115529	1636575
江 苏	3625654	82715	1219622	7709		1714271	601337
浙 江	5299101	84459	572215	263875	43943	2346263	1988346
安 徽	1122855	25873	169843	101356	563	620564	204656
福 建	1377308	1721	581984	102910	50148	560396	80149
江 西	737826	366	120629	82997	45115	469898	18821
山 东	4108588	197600	615484	103960	181882	1909121	1100541
河 南	1261296	11872	411707	45976	10458	597526	183757
湖 北	2911284	38839	725597	84504	20883	1826109	215352
湖 南	1069606	12723	137492	119245	259067	532726	8353
广 东	10732248	299622	1405451	603001	1354479	2745115	4324580
广 西	413981	9075	59057	38928	39370	250168	17383
海 南	763592	1901	114771	20867	19317	541578	65158
重 庆	603682	52704	413364	7383	1328	128893	10
四 川	2385750	24117	1017041	957351	20	154934	232287
贵 州	211216	4328	57418	5170	1043	106823	36434
云 南	1099001	22079	148956	7304	284878	406657	229127
西 藏	18511		3446	2084	4407	5774	2800
陕 西	2081823	11381	464734	65830	172548	517773	849557
甘 肃	213715	15634	30307	25930	31637	107099	3108
青 海	98566		47439	5094	340	22635	23058
宁 夏	28412		25088	333		2991	
新 疆	154037	8	31860	5900	18848	92275	5146

2-24 各地区按登记注册类型分的房地产开发企业商业营业用房完成投资

单位：万元

地区	总计	内资	国有	集体	股份合作	国有联营	集体联营
全国总计	**101876671**	**94386626**	**2650435**	**92554**	**21807**	**30078**	**1498**
北京	2372716	2265429		6	1358		
天津	1416986	1237491	66421	3358			
河北	2453880	2372492	4122				
山西	1230536	1224954	212				
内蒙古	800355	800355	8159				
辽宁	2179731	1913774	17001				
吉林	762762	707509	565				
黑龙江	613594	603512	1154		1804		
上海	4161712	3344138	306981	9038			
江苏	8765589	7393085	354639	2057	4601	6455	
浙江	8884184	8212473	9946	47	4983		
安徽	5179260	4981382	33930				
福建	3536721	3147710	17194			152	
江西	2420762	2279787	6872		39	367	
山东	6302847	5807129	131499	13662	1369	323	
河南	3639812	3549104	2440		7		
湖北	4642787	4538469	311543		37	841	1498
湖南	5303841	5066212	115921		400		
广东	12386811	11189080	762575	54751	1600	365	
广西	1492428	1428256	9959		56		
海南	1190261	1142383	45634	1862			
重庆	3203248	2777165	71757			200	
四川	7062817	6797360	63082	3827	4032		
贵州	1525137	1517237	27734				
云南	2944662	2777067	57096				
西藏	73411	73411	2815				
陕西	3260757	3184726	126497		1221	7448	
甘肃	1191610	1191610	69366	3946			
青海	284041	284041	660		300		
宁夏	426329	420046					
新疆	2167084	2159239	24661			13927	

2-24 续表 1

单位：万元

地　区	内　资						
	国有与集体联营	其他联营	国有独资公司	其他有限责任公司	股份有限公司	私营独资	私营合伙
全国总计	**88522**	**13794**	**4597844**	**47022241**	**952553**	**929620**	**67209**
北　京			6983	2234349	8833		
天　津			33390	627845	51408	4104	4
河　北			30174	1084003		196	
山　西			91931	606471			4312
内蒙古			20605	253552	530		
辽　宁			44037	699671	59852	63743	180
吉　林			19206	263514	1390		
黑龙江			9253	390448	2182	4227	
上　海			502967	1707010	46985	19	
江　苏	26037	293	461796	2384998	178321	46368	
浙　江			220162	4797088	2978	8508	1104
安　徽		10906	262256	3216249	6936	16429	4020
福　建			198320	1207283		285	1150
江　西		1881	31992	946850	52883	15333	120
山　东		714	504783	2997866	60007	19679	4190
河　南			35656	2008965	3927	591	
湖　北			179847	2320762	29354	16498	1785
湖　南			175058	2242250	47459	40469	2468
广　东	24367		458459	5834322	242374	587694	1183
广　西			71386	741141	1281		
海　南			56430	788675	8011		
重　庆	38118		185072	809480	59601	4502	
四　川			312125	4106016	45117	27276	672
贵　州			213850	647548	105	543	
云　南			120847	1338057	19060	2890	42986
西　藏			2730	22507	753	151	
陕　西			155283	1584663	4537	6089	
甘　肃			52222	378299	9192	46458	
青　海			20565	91954		2385	
宁　夏			5111	117669			
新　疆			115348	572736	9477	15183	3035

2-24 续表 2

单位：万元

地区	内资			港澳台商投资			
	私营有限责任公司	私营股份有限公司	其他内资企业		合资经营	合作经营	独资
全国总计	**37370108**	**543399**	**4964**	**5478885**	**2107060**	**275561**	**2812860**
北京	13900			46568	5585	586	7142
天津	450829	132		125781	57423	37157	31201
河北	1253997			28016	28004		
山西	521975	53		5100			5100
内蒙古	516939	570					
辽宁	1026516	2774		181334	49554	9043	121297
吉林	422834			55134	497		54637
黑龙江	190018	4426		9999	1067		8932
上海	755556	15582		639463	222309		410984
江苏	3840559	86941	20	1031968	658688	1020	264644
浙江	3165175	2482		507335	193399	1029	312832
安徽	1394595	36061		191200	67454		110804
福建	1723326			253238	136122	161	58453
江西	1186550	36900		95542	62467		17468
山东	2041799	27424	3814	378092	123951	4402	222038
河南	1493216	4302		90085	7833	48697	33555
湖北	1577212	99092		76509	4694		61897
湖南	2424311	17876		169331	35983		133348
广东	3138872	82518		774826	207966	17523	539174
广西	604100	333		46924	16266	2677	27981
海南	236663	5108		47878	9664		38214
重庆	1593365	15070		402958	110093	94591	198271
四川	2203198	32015		161131	55022	58675	47434
贵州	626093	1364		7562			7562
云南	1174022	22109		90066	31587		58479
西藏	42655	1800					
陕西	1287723	11265		48781	12019		36762
甘肃	607130	24997					
青海	166831	1346					
宁夏	292859	4407		6219	6219		
新疆	1397290	6452	1130	7845	3194		4651

2-24　续表 3　　　　　　　　　　　　　　　　　　单位：万元

地　　区	港澳台商投资		外商投资					
	股份有限	其　他		合资经营	合作经营	独　资	股份有限	其　他
全国总计	**111464**	**171940**	**2011160**	**877822**	**122915**	**951681**	**4387**	**54355**
北　京		33255	60719	47750		12969		
天　津			53714	609		51849		1256
河　北	12		53372	26175	79	27118		
山　西			482			482		
内蒙古								
辽　宁	1440		84623	14770		69853		
吉　林			119			119		
黑龙江			83			83		
上　海	4170	2000	178111	108467	1328	66434		1882
江　苏	82499	25117	340536	223412	1532	110704	1100	3788
浙　江	75		164376	70219	12766	81391		
安　徽		12942	6678	1042		5636		
福　建		58502	135773	65692		70081		
江　西	365	15242	45433			12977		32456
山　东	11894	15807	117626	61759		50818	2809	2240
河　南			623	49		574		
湖　北	9918		27809	9117		18692		
湖　南			68298	6192	60345	966	85	710
广　东	1091	9072	422905	121857	40450	257485	393	2720
广　西			17248	14922		2326		
海　南								
重　庆		3	23125	4454		18164		507
四　川			104326	71076	6415	26835		
贵　州			338	338				
云　南			77529	12200		62783		2546
西　藏								
陕　西			27250	17722		3278		6250
甘　肃								
青　海								
宁　夏			64			64		
新　疆								

2-25 各地区按资质等级分的房地产开发企业商业营业用房完成投资

单位：万元

地 区	总 计	一 级	二 级	三 级	四 级	暂 定	其 他
全国总计	**101876671**	**2382026**	**23361373**	**8634850**	**6915401**	**43635688**	**16947333**
北 京	2372716	12969	574099	25412	439341	794188	526707
天 津	1416986	7830	366394	25469	435529	368250	213514
河 北	2453880	79565	614850	305947	339564	1095542	18412
山 西	1230536	20758	322619	42656	396279	428925	19299
内蒙古	800355	12642	266581	63533	218219	151747	87633
辽 宁	2179731	14841	536851	260834	2930	740133	624142
吉 林	762762	4298	117257	33245	53497	531331	23134
黑龙江	613594	395	113225	147904	17437	162319	172314
上 海	4161712	34376	446736	59567		2817407	803626
江 苏	8765589	261949	2825357	70678	5293	4434866	1167446
浙 江	8884184	142904	1029450	547814	129323	3344698	3689995
安 徽	5179260	73677	996518	271501	68571	2996177	772816
福 建	3536721	18870	970387	278106	54030	1601906	613422
江 西	2420762	12405	443018	173145	176019	1395123	221052
山 东	6302847	394453	1518376	425033	359710	2763894	841381
河 南	3639812	108374	812555	194267	23768	2100280	400568
湖 北	4642787	76659	816858	192997	307917	2675722	572634
湖 南	5303841	194158	809534	591987	874857	2606812	226493
广 东	12386811	372748	2064689	746534	1285900	4354743	3562197
广 西	1492428	49307	307886	115693	51843	879328	88371
海 南	1190261	3395	211848	57026	78604	571528	267860
重 庆	3203248	183089	1695107	110688	1170	1174268	38926
四 川	7062817	113509	2589122	3095279	17199	953237	294471
贵 州	1525137	22037	405498	122464	61936	772514	140688
云 南	2944662	58355	561564	158542	538348	1113412	514441
西 藏	73411		18809	8987	17053	21544	7018
陕 西	3260757	29345	823098	174242	427330	985197	821545
甘 肃	1191610	44440	233528	170665	247556	490056	5365
青 海	284041		64498	17352	48053	106099	48039
宁 夏	426329	14781	306928	23871	38791	37965	3993
新 疆	2167084	19897	498133	123412	199334	1166477	159831

2-26 各地区按资质等级分的房地产开发企业本年新增固定资产

单位：万元

地区	总计	一级	二级	三级	四级	暂定	其他
全国总计	**429417428**	**15610887**	**86769395**	**45919773**	**41912192**	**188946060**	**50259121**
北京	11275436	441747	2604496	456204	3542490	3595254	635245
天津	7702130	6828	1575916	117701	4251521	724733	1025431
河北	10301058	458037	2331019	1464070	2226132	3450046	371754
山西	6617567	291558	1386894	420185	2890704	1612042	16184
内蒙古	3485647	53815	947800	417748	1411910	400005	254369
辽宁	8075522	177132	1122587	1774063	14097	3407968	1579675
吉林	3352118		369253	361965	234360	2304199	82341
黑龙江	2812440	39000	557070	1075533	117042	519604	504191
上海	10831927	864806	1457129	518269		7541972	449751
江苏	51086204	1621971	16345850	765795	12527	25803523	6536538
浙江	41755968	1606564	3995945	4353090	1233692	18462412	12104265
安徽	27283899	909022	4373223	3184288	300028	14918409	3598929
福建	22107487	666608	2816862	2312682	864768	13378356	2068211
江西	5138994	54096	426330	660592	549972	3039922	408082
山东	29395872	1784144	5441196	1825346	2368163	13972878	4004145
河南	21223842	690302	3645138	969207	346203	12234018	3338974
湖北	13460666	717210	2636398	733895	964325	6522505	1886333
湖南	14196896	725355	2418171	1863985	3271520	5663061	254804
广东	55164921	685429	7669743	8209405	10272093	23019959	5308292
广西	10044710	503161	1314111	1322607	241491	6621487	41853
海南	3962795	8696	498085	504177	60165	2066331	825341
重庆	14846474	1165538	6347494	747169	3000	5791285	791988
四川	20321295	1030859	7371701	8527002	17096	2721164	653473
贵州	4262669	63082	1277214	206942	234104	2481309	18
云南	10896595	165020	2407563	623705	3113171	3131251	1455885
西藏	164831		65372	72065	1203	26191	
陕西	8915991	205695	1912640	1144286	1774051	2063678	1815641
甘肃	3610619	195672	840923	706817	855084	1010923	1200
青海	957361	130419	88052	204757	218570	285194	30369
宁夏	2446908	310471	1785395	53248	42403	216787	38604
新疆	3718586	38650	739825	322975	480307	1959594	177235

2-27 各地区房地产开发企业实际到位资金情况

单位：万元

地　区	本年实际到位资金合计	上年末结余资金	本年实际到位资金	国内贷款	银行贷款	非银行金融机构贷款
全国总计	**2215607182**	**732034289**	**1483572893**	**173592549**	**154517760**	**19074789**
北　京	106587094	50270163	56316931	10458234	8463778	1994456
天　津	45523552	19887639	25635913	3792452	2652629	1139823
河　北	64234597	17110508	47124089	2338095	2141262	196833
山　西	27678842	7367617	20311225	622539	592134	30405
内蒙古	14898031	4377702	10520329	231908	230008	1900
辽　宁	35911754	12759057	23152697	1517689	1356861	160828
吉　林	13533598	3832496	9701102	915738	898384	17354
黑龙江	8013772	1826887	6186885	321153	306709	14444
上　海	103140384	43686205	59454179	13522059	13125255	396804
江　苏	243600638	75967209	167633429	24564023	22716537	1847486
浙　江	248986528	82285045	166701483	25552109	23647338	1904771
安　徽	101883874	30338021	71545853	7053886	6359831	694055
福　建	85323847	25682098	59641749	5877020	4652248	1224772
江　西	39651905	10703673	28948232	2037190	1904463	132727
山　东	144711747	45176499	99535248	9274196	8110293	1163903
河　南	78131119	18634006	59497113	4050940	3514395	536545
湖　北	81964128	23978654	57985474	6375906	5485434	890472
湖　南	73147004	21159118	51987886	4790993	4202933	588060
广　东	314562167	126571804	187990363	27818637	25040493	2778144
广　西	39525460	13338949	26186511	2707721	2306073	401648
海　南	18436021	5671371	12764650	1913349	1635425	277924
重　庆	47628633	15307284	32321349	4166411	2949110	1217301
四　川	109399002	26468963	82930039	7616529	6871899	744630
贵　州	26747848	8400777	18347071	583110	424715	158395
云　南	34470481	10794151	23676330	1361327	1203874	157453
西　藏	960168	382270	577898	43739	43223	516
陕　西	63155101	19224795	43930306	2420848	2170395	250453
甘　肃	16259683	4132936	12126747	577605	532881	44724
青　海	3269688	889599	2380089	180958	119100	61858
宁　夏	7824900	1545937	6278963	448446	438834	9612
新　疆	16445616	4262856	12182760	457739	421246	36493

2-27 续表 1

单位：万元

地　区	利用外资	自筹资金	定金及预收款	个人按揭贷款	其他资金来源	本年各项应付款合计	#工程款
全国总计	**779739**	**525252995**	**491935885**	**237604935**	**54406790**	**466150024**	**262969606**
北　京	4550	11372741	27686967	3909044	2885395	5895123	3778988
天　津		7355285	11431974	1971275	1084927	6915117	3106904
河　北		22325439	13273430	7836441	1350684	13293255	7260773
山　西		8002362	7105327	3649682	931315	5512572	3586030
内蒙古		4275362	4027312	1661017	324730	4689106	2546559
辽　宁	38666	9849303	7926882	3252445	567712	9225570	5559180
吉　林	2321	4609884	2440980	1337055	395124	4641744	2546824
黑龙江	8261	3722969	1184718	601920	347864	2118527	1248298
上　海	960	22953759	17626950	3653369	1697082	10255185	5301711
江　苏	98996	43620268	60874212	31752797	6723133	59697807	32487095
浙　江	174006	42452845	68618715	25034188	4869620	31850241	17482537
安　徽		23003536	22118998	15714738	3654695	26236288	14564990
福　建	8395	28705675	14383307	7996747	2670605	15505088	8626183
江　西		7313253	9778943	8995500	823346	9408551	5888417
山　东	5396	34755523	35116196	15796222	4587715	32498719	18343174
河　南		35815799	12746649	5926065	957660	18639594	10424132
湖　北	238875	18453518	18720855	11483564	2712756	21715581	12048784
湖　南		19418854	14734032	10933715	2110292	18038445	10794693
广　东	130749	70914215	57990084	26779416	4357262	55535215	29163892
广　西	264	7917188	7534022	6017039	2010277	12563069	6870888
海　南	49300	4763112	4279201	608846	1150842	5757819	2778122
重　庆	3846	10784918	10200452	5301590	1864132	15724384	8438779
四　川		31755241	28184161	14919110	454998	25160106	15153682
贵　州		6696095	4859159	5347172	861535	10470292	6524743
云　南	13000	7696047	7477114	5996416	1132426	12944420	8773895
西　藏		203297	151895	134497	44470	208727	170695
陕　西		23004467	11062406	4772410	2670175	15347262	9682511
甘　肃		6527667	2934851	1964004	122620	7598576	4928539
青　海		985035	708991	332093	173012	1234011	651412
宁　夏		1264416	2621538	1788736	155827	1528138	1059122
新　疆	2154	4734922	4135564	2137822	714559	5941492	3178054

2-28 各地区按登记注册类型分的房地产开发企业本年实际到位资金

单位：万元

地 区	总 计	内 资					
			国 有	集 体	股份合作	国有联营	集体联营
全国总计	**1483572893**	**1407078754**	**49417037**	**1415083**	**1911056**	**552585**	**54080**
北 京	56316931	53554658		30000	13380		
天 津	25635913	24702990	2266196	3330			
河 北	47124089	46618430	190305				
山 西	20311225	20187835	21826	4614			
内蒙古	10520329	10505379	31397				
辽 宁	23152697	21299584	357241	27			
吉 林	9701102	9596269	16774				
黑龙江	6186885	6105204	48038		18409		
上 海	59454179	54849458	6720882	206093			
江 苏	167633429	151654352	9803621	115784	929974	337123	
浙 江	166701483	158631418	838259	1250	3853		
安 徽	71545853	70681885	2110420		443763		
福 建	59641749	55991763	282739		45086	4900	
江 西	28948232	27500031	573588	9431	14640	8564	
山 东	99535248	92634534	2564348	563481	42567	11583	
河 南	59497113	58995592	200822		2166		
湖 北	57985474	55436019	3464202	12535	63381	51668	54080
湖 南	51987886	49981595	841656		82665		
广 东	187990363	172812545	10890432	412380	118064	42695	
广 西	26186511	25223893	109947		2553		
海 南	12764650	11986620	835887	3529		5518	
重 庆	32321349	30058638	1113611		514	1300	
四 川	82930039	80623199	1640379	13045	106612		
贵 州	18347071	18321534	140049				
云 南	23676330	23130067	292629		1555		
西 藏	577898	577898	50997				
陕 西	43930306	42793595	2693541	7223	21574	28409	
甘 肃	12126747	12126321	1086472	32361			
青 海	2380089	2380089	6193		300		
宁 夏	6278963	6122990					
新 疆	12182760	11994369	224586			60825	

2-28 续表 1

单位：万元

地　区	内　资						
	国有与集体联　营	其他联营	国有独资公　司	其他有限责任公司	股份有限公　司	私营独资	私营合伙
全国总计	**443170**	**258135**	**77818629**	**752353773**	**13640024**	**9408310**	**1055795**
北　京			1173319	51497314	357201		
天　津			2271387	13978297	302539	469857	46000
河　北			715041	21321130	5194	6665	
山　西			1519753	9497731			10584
内蒙古			213353	4086239	48460		
辽　宁			290317	8391055	631279	1041593	8724
吉　林			289869	4449821	54696		
黑龙江			258659	3580088	262880	52481	
上　海			5961733	28890390	26433	35179	
江　苏	314562	42019	9010269	55689962	2350936	1458037	242449
浙　江			6808055	96386747	544376	376599	1400
安　徽		33923	5805654	44938700	230295	512953	43753
福　建			5572266	25735922	16976	2728	3700
江　西		45676	1001863	11689543	331396	343624	16139
山　东		111277	7054301	48511803	931236	498665	75230
河　南			1900056	34716738	456283	133257	891
湖　北			2351651	29675049	481382	294231	68399
湖　南			2242226	23242685	586329	151256	79527
广　东	110508	25240	5184698	99691751	3233302	2752183	292337
广　西			2583813	13937974	37283	2000	
海　南			420733	8284086	140856	44378	
重　庆	18100		3046639	7389079	626268	189173	
四　川			5823537	51757841	1123657	307736	16168
贵　州			814173	9193427	52262	4271	
云　南			790831	11639407	244043	34825	147000
西　藏			201733	173171	6700	752	
陕　西			3105334	21261305	293855	292151	
甘　肃			647534	3961167	206657	238189	
青　海			28346	1129870	1825	71639	
宁　夏			199959	3053023	1458		
新　疆			531527	4602458	53967	93888	3494

2-28 续表 2

单位：万元

地　区	内资			港澳台商投资			
	私营有限责任公司	私营股份有限公司	其他内资企业		合资经营	合作经营	独资
全国总计	**492997963**	**5607958**	**145156**	**47604132**	**20542013**	**2091357**	**22118838**
北　京	483444			882776	232385	164834	407581
天　津	5364242	1142		589604	208387	46339	327511
河　北	24370564	9531		229903	132015		78505
山　西	9115422	17905		29795			29795
内蒙古	6112813	13117					
辽　宁	10516632	62716		1437041	825663	1891	609482
吉　林	4785109			92780	9319	3595	79866
黑龙江	1877766	5504	1379	79114	40897		38217
上　海	11939016	1069732		2517009	1239688		1144106
江　苏	70804425	481296	73895	11874504	7471886	337237	2831986
浙　江	53530992	139887		3650991	1559115	19103	2058239
安　徽	16441700	120724		744235	209595		505269
福　建	24327057	389		1314032	810512	3120	311842
江　西	13237804	227763		1216294	434303		617237
山　东	31912593	290724	66726	5241559	2596039	173896	1850966
河　南	21510598	74781		382840	86680	53229	242931
湖　北	18256145	663296		1483100	451015		970330
湖　南	22462598	292653		1306268	269162	64124	972982
广　东	49219062	838788	1105	9199860	2129331	967811	5871355
广　西	8545387	4936		549941	154825	4618	390498
海　南	2188373	61835	1425	708287	89789	37801	529333
重　庆	17477116	196838		1687512	611942	141874	915470
四　川	19663592	170632		1459662	552983	71885	834794
贵　州	8083236	34116		13093	8713		4380
云　南	9677286	302491		350893	130376		220517
西　藏	141545	3000					
陕　西	14977488	112715		240095	21744		218351
甘　肃	5750876	203065					
青　海	1136465	5451					
宁　夏	2680726	187824		138581	135132		3449
新　疆	6407891	15107	626	184363	130517		53846

2-28　续表 3　　　　单位：万元

地　区	港澳台商投资		外商投资					
	股份有限	其　他		合资经营	合作经营	独　资	股份有限	其　他
全国总计	**1473500**	**1378424**	**28890007**	**12980820**	**1130217**	**13575038**	**345262**	**858670**
北　京		77976	1879497	996309	145675	737513		
天　津		7367	343319	20887		184256	88997	49179
河　北	2483	16900	275756	64075	13727	197954		
山　西			93595			93595		
内蒙古			14950			14950		
辽　宁	5		416072	145281		270791		
吉　林			12053			12053		
黑龙江			2567			2567		
上　海	53000	80215	2087712	794668	118756	1166248		8040
江　苏	716872	516523	4104573	2493633	34455	1410780		165705
浙　江	14534		4419074	2777153	20662	1549206		72053
安　徽		29371	119733	5861		113872		
福　建	99691	88867	2335954	793543		1542411		
江　西	365	164389	231907	4310		71761		155836
山　东	453166	167492	1659155	989678	24587	549005	49223	46662
河　南			118681	23571		95110		
湖　北	61755		1066355	280483		682692	60000	43180
湖　南			700023	593557	19650	74288	6000	6528
广　东	9155	222208	5977958	1967932	591518	3092006	87724	238778
广　西			412677	190007		222670		
海　南	44940	6424	69743	10892	53452	2399		3000
重　庆	17534	692	575199	258148	2477	253985	53318	7271
四　川			847178	324364	104872	417942		
贵　州			12444	12058	386			
云　南			195370	70216		118099		7055
西　藏								
陕　西			896616	160166		681067		55383
甘　肃			426			426		
青　海								
宁　夏			17392			17392		
新　疆			4028	4028				

2-29 各地区按资质等级分的房地产开发企业本年实际到位资金

单位：万元

地区	总计	一级	二级	三级	四级	暂定	其他
全国总计	**1483572893**	**41783978**	**393026838**	**106685897**	**87130579**	**606129394**	**248816207**
北京	56316931	1281651	23147513	1269005	9816070	15272133	5530559
天津	25635913	325199	9237798	708502	7106970	3940278	4317166
河北	47124089	1452202	12400268	3492541	6932801	21908105	938172
山西	20311225	487085	5589158	797097	4410752	8616182	410951
内蒙古	10520329	344576	2405947	932921	3051831	2435985	1349069
辽宁	23152697	283567	4781502	3024830	43012	8689923	6329863
吉林	9701102	245593	1637918	552913	600245	6259597	404836
黑龙江	6186885	54479	1345520	1524655	140298	2049852	1072081
上海	59454179	414017	9100952	2086122		40595592	7257496
江苏	167633429	3398359	60334702	1972595	21057	74985116	26921600
浙江	166701483	2847891	29216965	7391594	2387474	59627167	65230392
安徽	71545853	2112836	18217153	4398127	726582	34147080	11944075
福建	59641749	2870795	18303231	3721013	1063542	24762432	8920736
江西	28948232	239627	6738546	1930356	1048166	16306934	2684603
山东	99535248	6977617	25014265	5781143	5954141	41815186	13992896
河南	59497113	1760063	13775782	2053625	1064590	33097523	7745530
湖北	57985474	1486675	12367022	2463821	3344345	31706090	6617521
湖南	51987886	1725819	9239024	6247873	7951015	23014272	3809883
广东	187990363	4885350	36429685	12009176	15615777	68955951	50094424
广西	26186511	992384	6464228	3018499	769316	14136635	805449
海南	12764650	149375	2678668	1071181	887258	6061405	1916763
重庆	32321349	1910621	14118027	1493036	16317	14335293	448055
四川	82930039	2620453	35484307	31056406	206174	9921233	3641466
贵州	18347071	194375	4447288	1409297	713771	10410059	1172281
云南	23676330	381922	5682574	747576	4164918	9231588	3467752
西藏	577898	4000	234268	47284	81902	124613	85831
陕西	43930306	1462572	13615822	2450158	4944996	10855501	10601257
甘肃	12126747	193418	2878696	1733757	2329303	4922410	69163
青海	2380089	2329	662287	171561	175682	1261206	107024
宁夏	6278963	360686	4747881	256272	228408	622738	62978
新疆	12182760	318442	2729841	872961	1333866	6061315	866335

2-30　各地区按登记注册类型分的房地产开发企业国内贷款

单位：万元

地　区	总　计	内　资					
			国　有	集　体	股份合作	国有联营	集体联营
全国总计	**173592549**	**163863702**	**9068433**	**239996**	**410552**	**184723**	
北　京	10458234	9700161			5400		
天　津	3792452	3731892	476166				
河　北	2338095	2336595	969				
山　西	622539	622539					
内蒙古	231908	231908					
辽　宁	1517689	1265221	62000				
吉　林	915738	915738					
黑龙江	321153	321153					
上　海	13522059	12130706	1478605	107411			
江　苏	24564023	22347643	2522690		242773	138236	
浙　江	25552109	24476925	230020				
安　徽	7053886	7046486	167685		90000		
福　建	5877020	5400728	2000		8000		
江　西	2037190	2002450	37072				
山　东	9274196	8795772	410870	102150	12000		
河　南	4050940	4050940	30024				
湖　北	6375906	6125618	546993			30000	
湖　南	4790993	4413387	145114		23521		
广　东	27818637	26333813	1607702	14435	28858	16487	
广　西	2707721	2668487	42810				
海　南	1913349	1865536	107634				
重　庆	4166411	3803240	285678				
四　川	7616529	7341865	240242				
贵　州	583110	583110					
云　南	1361327	1246482	155687				
西　藏	43739	43739	35282				
陕　西	2420848	2400848	311652				
甘　肃	577605	577605	91318	16000			
青　海	180958	180958					
宁　夏	448446	448446					
新　疆	457739	453711	80220				

2-30 续表 1

单位：万元

地区	内资						
	国有与集体联营	其他联营	国有独资公司	其他有限责任公司	股份有限公司	私营独资	私营合伙
全国总计	**103048**		**17349705**	**92853288**	**1589748**	**1023689**	**83290**
北京			223550	9370482	54542		
天津			523611	1799072	56550	36500	
河北			46606	1274128			
山西			81801	458471			
内蒙古			5526	117621	4969		
辽宁			45069	663173	82000	42700	
吉林			5295	606698			
黑龙江			54145	254793			
上海			2032769	6820883	24386		
江苏	103048		2153238	8959858	320340	92069	
浙江			1708233	15603039	117776	33000	
安徽			1134372	4063794	115000	166000	
福建			1814125	2120027			
江西			427593	995212	67497	8400	
山东			1747246	4438783	42324	22000	
河南			551726	2613254	68960	7421	
湖北			278161	3569192	80100	94000	26000
湖南			488775	2295370	45300	14000	
广东			1231219	14442331	386611	469707	57290
广西			528536	1512479	4805		
海南			156601	1159792	7000		
重庆			462970	1385574	60199	30450	
四川			1153297	5163303	42000	500	
贵州			68100	390846	2200		
云南			59210	758051			
西藏			4415		900	142	
陕西			123414	1369667	210		
甘肃			104650	186267	6079	6800	
青海				87229			
宁夏			38100	261650			
新疆			97352	112249			

2-30 续表 2

单位：万元

地区	内资			港澳台商投资			
	私营有限责任公司	私营股份有限公司	其他内资企业		合资经营	合作经营	独资
全国总计	**40333237**	**619874**	**4119**	**6130267**	**3080170**	**126755**	**2347691**
北京	46187			190073	110878	1219	
天津	839993			30751	7390		23361
河北	1014892						
山西	82267						
内蒙古	103792						
辽宁	370279			191541	191541		
吉林	303745						
黑龙江	12215						
上海	1666652			1102677	542681		506996
江苏	7780167	31105	4119	1551753	916812	55500	250692
浙江	6742557	42300		416392	146700	12426	245536
安徽	1309635			7400	7400		
福建	1456576			205527	177077		28450
江西	461514	5162		33240	8500		2740
山东	2006249	14150		379941	206655	8000	99433
河南	769555	10000					
湖北	1252344	248828		155442	30500		124942
湖南	1369373	31934		130806	10806		120000
广东	7872314	206859		1054204	406315	17568	627464
广西	579857			4300	4300		
海南	434509			47813	12700		21627
重庆	1578369			264575	72970		191605
四川	738523	4000		228987	196945	32042	
贵州	120964	1000					
云南	273398	136		114845	30000		84845
西藏	3000						
陕西	595905			20000			20000
甘肃	165491	1000					
青海	93729						
宁夏	125596	23100					
新疆	163590	300					

2-30 续表 3 单位：万元

地 区	港澳台商投资		外商投资					
	股份有限	其 他		合资经营	合作经营	独 资	股份有限	其 他
全国总计	**432818**	**142833**	**3598580**	**1388491**	**8396**	**1978747**	**62100**	**160846**
北 京		77976	568000			568000		
天 津			29809			29809		
河 北			1500	1500				
山 西								
内蒙古								
辽 宁			60927	10090		50837		
吉 林								
黑龙江								
上 海	53000		288676	109904		174618		4154
江 苏	308749	20000	664627	445533		161094		58000
浙 江	11730		658792	128605		518687		11500
安 徽								
福 建			270765	119420		151345		
江 西		22000	1500					1500
山 东	45853	20000	98483	47083		51400		
河 南								
湖 北			94846	14846		40000	40000	
湖 南			246800	246800				
广 东		2857	430620	165401	8396	149371	22100	85352
广 西			34934	34934				
海 南	13486							
重 庆			98596	28875		69381		340
四 川			45677	31472		14205		
贵 州								
云 南								
西 藏								
陕 西								
甘 肃								
青 海								
宁 夏								
新 疆			4028	4028				

2-31 各地区按资质等级分的房地产开发企业国内贷款

单位：万元

地 区	总 计	一 级	二 级	三 级	四 级	暂 定	其 他
全国总计	**173592549**	**5859209**	**54585277**	**8850047**	**7451450**	**59122660**	**37723906**
北 京	10458234	200081	4846705	483270	2108272	1584589	1235317
天 津	3792452	69113	1455832	23240	738775	675209	830283
河 北	2338095	76300	686817	197034	227982	1112688	37274
山 西	622539	2265	185521	16560	232881	178212	7100
内蒙古	231908	1460	129129	10185	33882	14201	43051
辽 宁	1517689	20701	452868	135615		603353	305152
吉 林	915738		333093	24112	10200	513333	35000
黑龙江	321153		79988	55016	2220	60099	123830
上 海	13522059	30000	2399628	285682		9139447	1667302
江 苏	24564023	137110	11657848	517445		7416075	4835545
浙 江	25552109	383764	6601989	815607	244712	6439049	11066988
安 徽	7053886	335961	2674790	178711	41239	2302206	1520979
福 建	5877020	1499215	1397586	289256	127894	1944255	618814
江 西	2037190		965316	31959	98592	803471	137852
山 东	9274196	700593	2861953	335421	413148	3344248	1618833
河 南	4050940	138224	1078171	104190	130497	1723418	876440
湖 北	6375906	174228	1541466	272205	168389	3445692	773926
湖 南	4790993	208054	904342	680876	544666	1904069	548986
广 东	27818637	946163	5224521	1831457	1789577	8909241	9117678
广 西	2707721	33165	997242	88484	67668	1402304	118858
海 南	1913349	9069	521616	120362	31300	894023	336979
重 庆	4166411	222309	1658277	210249		2067776	7800
四 川	7616529	469542	3748369	2014357	20616	877934	485711
贵 州	583110	60000	141711	10060	2678	250878	117783
云 南	1361327		529699	14430	108102	479867	229229
西 藏	43739		3298	3000	26399	1042	10000
陕 西	2420848	42767	897752	54740	142589	282784	1000216
甘 肃	577605		129439	16442	94209	337015	500
青 海	180958		29338	22400	868	118352	10000
宁 夏	448446	67057	349519	284		29986	1600
新 疆	457739	32068	101454	7398	44095	267844	4880

2-32 各地区按登记注册类型分的房地产开发企业自筹资金

单位：万元

地区	总计	内资					
			国有	集体	股份合作	国有联营	集体联营
全国总计	**525252995**	**503018966**	**19257217**	**522438**	**384503**	**52439**	**12582**
北京	11372741	11037733		30000	7980		
天津	7355285	7204812	773222	3168			
河北	22325439	22119996	8018				
山西	8002362	7964044	4256	435			
内蒙古	4275362	4275362	25440				
辽宁	9849303	9128236	211625				
吉林	4609884	4526567	16774				
黑龙江	3722969	3712848	28038				
上海	22953759	21791489	2715550	88682			
江苏	43620268	40004458	2173355	108839	30000	9200	
浙江	42452845	40074302	348272	1250	830		
安徽	23003536	22768790	1293436		130130		
福建	28705675	27188112	142842		9086	4900	
江西	7313253	7099236	327539		14640		
山东	34755523	31871879	841601	79389		1000	
河南	35815799	35490520	88029				
湖北	18453518	17469380	1130791	7512	44373	2000	12582
湖南	19418854	18904304	459783		28217		
广东	70914215	65926142	4705873	186589	12150	5305	
广西	7917188	7858918	22733		488		
海南	4763112	4543209	383147	3529			
重庆	10784918	10240043	446430			1300	
四川	31755241	31129116	831860	13045	84220		
贵州	6696095	6686761	78748				
云南	7696047	7577790	75202		515		
西藏	203297	203297	15715				
陕西	23004467	22710783	1193441		21574	28409	
甘肃	6527667	6527353	813817				
青海	985035	985035	815		300		
宁夏	1264416	1263529					
新疆	4734922	4734922	100865			325	

2-32 续表 1　　单位：万元

地 区	内资						
	国有与集体联营	其他联营	国有独资公司	其他有限责任公司	股份有限公司	私营独资	私营合伙
全国总计	**92252**	**71181**	**33036157**	**258435807**	**4076292**	**4020920**	**445951**
北 京			355806	10341766	263041		
天 津			1097654	4342657	8310	55677	
河 北			386431	9141437		6665	
山 西			491304	2958020			8695
内蒙古			136272	1391188	28225		
辽 宁			95614	2745794	291849	530920	
吉 林			147764	1491299	14495		
黑龙江			201051	2006608	150246	29166	
上 海			2968114	11921601	2047	32384	
江 苏	74152	333	2999489	16816454	558579	560694	188
浙 江			3528201	24468503	36000	152877	1380
安 徽			2220150	12851133	2125	116302	15835
福 建			2361382	13473928			
江 西		1133	202299	3102009	38880	47509	235
山 东		69710	3427090	14808738	428890	154183	59897
河 南			1035421	21159345	239320	65141	
湖 北			1189752	8678463	135866	97908	
湖 南			743267	8656389	203411	73179	13320
广 东		5	1928510	37326981	759613	1383344	212012
广 西			998370	4024057	12604	2000	
海 南			78092	3003828	69042	44226	
重 庆	18100		1380299	2530835	153780	25652	
四 川			2012827	19715286	114094	124361	13665
贵 州			390008	3076183	24007		
云 南			262301	3170178	120226	17033	117230
西 藏			19705	83641	5800		
陕 西			1797684	11137063	262938	241220	
甘 肃			274726	1928152	117035	150445	
青 海			5300	333999	1825	63039	
宁 夏			12702	356704			
新 疆			288572	1393568	34044	46995	3494

2-32 续表 2 单位：万元

地区	内资			港澳台商投资			
	私营有限责任公司	私营股份有限公司	其他内资企业		合资经营	合作经营	独资
全国总计	**180730459**	**1829204**	**51564**	**13409361**	**5477735**	**391320**	**6801818**
北京	39140			141069	7653	80740	52676
天津	923997	127		96905	25055	44286	27564
河北	12575526	1919		134183	82429		51374
山西	4490298	11036		29635			29635
内蒙古	2683833	10404					
辽宁	5236133	16301		623866	262964	1445	359457
吉林	2856235			83317	4822		78495
黑龙江	1292779	4960		10121			10121
上海	3783425	279686		779518	241158		489979
江苏	16604353	51402	17420	2784967	1657310	49202	829586
浙江	11536057	932		648504	406322	4737	237445
安徽	6097537	42142		227622	55535		172087
福建	11195901	73		441209	346129	3120	91960
江西	3309537	55455		197900	121425		18112
山东	11928189	41481	31711	2205162	959093	35372	974826
河南	12870020	33244		259274	51975	53229	154070
湖北	6037260	132873		547982	204597		281736
湖南	8556960	169778		461064	66348	41100	353616
广东	18947152	457503	1105	2673019	564293	70087	1970088
广西	2797348	1318		31250	18860	1065	11325
海南	923266	37377	702	206011	28045		161542
重庆	5605923	77724		423067	324860		98207
四川	8175501	44257		181486	16349	6937	158200
贵州	3107355	10460					
云南	3719909	95196		75827	20774		55053
西藏	77436	1000					
陕西	7947300	81154		145516	10852		134664
甘肃	3113742	129436					
青海	578677	1080					
宁夏	860893	33230		887	887		
新疆	2858777	7656	626				

2-32　续表 3　　　　单位：万元

地　　区	港澳台商投资		外商投资					
	股份有限	其　他		合资经营	合作经营	独　资	股份有限	其　他
全国总计	**365075**	**373413**	**8824668**	**4321151**	**307711**	**4089921**	**23886**	**81999**
北　京			193939	125262	12562	56115		
天　津			53568	254		53314		
河　北	380		71260	61131	2129	8000		
山　西			8683			8683		
内 蒙 古								
辽　宁			97201	51673		45528		
吉　林								
黑 龙 江								
上　海		48381	382752	309045	28587	43694		1426
江　苏	97980	150889	830843	339111		452317		39415
浙　江			1730039	1413251		316788		
安　徽			7124			7124		
福　建			1076354	345689		730665		
江　西	365	57998	16117	3510		8610		3997
山　东	185546	50325	678482	348584	24587	287479		17832
河　南			66005	3318		62687		
湖　北	61649		436156	147840		268316	20000	
湖　南			53486	39818		9782	3886	
广　东	9155	59396	2315054	812461	195398	1301421		5774
广　西			27020	12623		14397		
海　南	10000	6424	13892	10892				3000
重　庆			121808	109908		8400		3500
四　川			444639	104112	44448	296079		
贵　州			9334	9334				
云　南			42430	3941		31434		7055
西　藏								
陕　西			148168	69394		78774		
甘　肃			314			314		
青　海								
宁　夏								
新　疆								

2-33 各地区按资质等级分的房地产开发企业自筹资金

单位：万元

地区	总计	一级	二级	三级	四级	暂定	其他
全国总计	**525252995**	**11582250**	**148706846**	**37363956**	**31393483**	**197859537**	**98346923**
北京	11372741	433257	5686741	41315	2098560	1387487	1725381
天津	7355285	120778	3377630	229565	1832465	631761	1163086
河北	22325439	578791	5909547	1876601	3145108	10419733	395659
山西	8002362	215698	2087331	166917	1760815	3596188	175413
内蒙古	4275362	17121	765291	478298	1260970	983869	769813
辽宁	9849303	119386	2374338	1390360	15445	3498277	2451497
吉林	4609884	38452	553126	298284	385390	3070740	263892
黑龙江	3722969	2454	771801	821009	113540	1369698	644467
上海	22953759	376361	5035022	475090		12912829	4154457
江苏	43620268	308291	17774061	700288	10176	17288187	7539265
浙江	42452845	796990	8485599	2414891	395081	11904247	18456037
安徽	23003536	538190	6659164	2024062	225022	9673720	3883378
福建	28705675	352344	11490558	1081670	401097	9483169	5896837
江西	7313253	52558	1654021	477465	253362	4262604	613243
山东	34755523	2272967	8760978	2366916	2351092	13599696	5403874
河南	35815799	876992	7479143	1268511	737006	20705881	4748266
湖北	18453518	455416	4347372	928856	930274	9095901	2695699
湖南	19418854	761561	3082167	2151921	3110626	8645510	1667069
广东	70914215	1387687	15498722	2216284	4895189	22426874	24489459
广西	7917188	241235	2516760	900293	207320	3680823	370757
海南	4763112	52016	959303	309645	361980	2068225	1011943
重庆	10784918	503895	5253087	437683	4126	4400647	185480
四川	31755241	660001	14809738	10696450	175523	3676313	1737216
贵州	6696095	29776	1423648	408804	284199	3946210	603458
云南	7696047	109603	1874554	294101	1386903	2808797	1222089
西藏	203297		22954	32116	25689	59608	62930
陕西	23004467	110864	6314523	1208312	2977608	6932556	5460604
甘肃	6527667	90994	1414386	1096504	1406476	2479949	39358
青海	985035	2329	362225	60709	39451	497035	23286
宁夏	1264416	55932	793249	140373	114040	141506	19316
新疆	4734922	20311	1169807	370663	488950	2211497	473694

2-34　各地区按资质等级分的房地产开发企业利用外资

单位：万元

地　区	总　计	一　级	二　级	三　级	四　级	暂　定	其　他
全国总计	**779739**	**1500**	**185797**	**11580**	**34399**	**302447**	**244016**
北　京	4550						4550
天　津							
河　北							
山　西							
内蒙古							
辽　宁	38666		38666				
吉　林	2321				350	1971	
黑龙江	8261				30		8231
上　海	960					960	
江　苏	98996					26874	72122
浙　江	174006		26087	3185		896	143838
安　徽							
福　建	8395			8395			
江　西							
山　东	5396		700		3963	733	
河　南							
湖　北	238875		13325		2788	220487	2275
湖　南							
广　东	130749		103135		26614	1000	
广　西	264		38			226	
海　南	49300					49300	
重　庆	3846		3846				
四　川							
贵　州							
云　南	13000						13000
西　藏							
陕　西							
甘　肃							
青　海							
宁　夏							
新　疆	2154	1500			654		

2-35 各地区按资质等级分的房地产开发企业定金及预收款

单位：万元

地区	总计	一级	二级	三级	四级	暂定	其他
全国总计	**491935885**	**15083729**	**118871684**	**37132956**	**30169770**	**215698550**	**74979196**
北京	27686967	564768	10478443	596893	3959717	9859458	2227688
天津	11431974	102307	3306738	384092	3666711	2207563	1764563
河北	13273430	587046	3063032	903169	2128562	6287830	303791
山西	7105327	144321	1950274	278769	1424138	3177631	130194
内蒙古	4027312	224307	1063516	329105	1211522	806123	392739
辽宁	7926882	75022	1257944	1020081	16900	3064727	2492208
吉林	2440980	112469	374131	120108	134629	1659988	39655
黑龙江	1184718	31860	279128	422166	18341	311562	121661
上海	17626950	7225	1092583	1060553		14359911	1106678
江苏	60874212	1833355	18800674	397799	7552	30887416	8947416
浙江	68618715	958793	10393129	2708173	1181093	27976277	25401250
安徽	22118998	515124	5119148	1103767	258294	11331071	3791594
福建	14383307	763043	2870012	1241367	312980	7829237	1366668
江西	9778943	103940	2039579	828065	296806	5497504	1013049
山东	35116196	2516632	8775496	1914801	1981550	15914065	4013652
河南	12746649	426020	3201360	425494	113427	7048429	1531919
湖北	18720855	516853	4125933	613684	1261246	10693305	1509834
湖南	14734032	467658	2810446	1982692	2273253	6443905	756078
广东	57990084	1543296	9666433	5175854	5503334	23867875	12233292
广西	7534022	440165	1379366	708577	224595	4613003	168316
海南	4279201	85097	919388	444690	395621	2024964	409441
重庆	10200452	696784	4401228	545496	12191	4335193	209560
四川	28184161	998016	10992038	11895636	3070	3403234	892167
贵州	4859159	46646	1198789	420003	199674	2778362	215685
云南	7477114	173796	1746278	200823	1409257	3111770	835190
西藏	151895	4000	65698	11395	22546	35355	12901
陕西	11062406	748527	3702964	618321	1075544	2243147	2673903
甘肃	2934851	61609	732997	375702	529182	1211396	23965
青海	708991		179360	68975	87350	330805	42501
宁夏	2621538	187668	2068413	52577	51701	239736	21443
新疆	4135564	147382	817166	284129	408984	2147708	330195

2-36 各地区按资质等级分的房地产开发企业个人按揭贷款

单位：万元

地区	总计	一级	二级	三级	四级	暂定	其他
全国总计	**237604935**	**7241666**	**56677490**	**19078522**	**13748698**	**111015965**	**29842594**
北京	3909044	83545	931247	40669	599018	1979937	274628
天津	1971275	33001	813381	11254	487608	366882	259149
河北	7836441	205930	2372448	453675	1270668	3385998	147722
山西	3649682	124301	1190576	122506	828484	1298327	85488
内蒙古	1661017	85965	379792	81060	440226	563002	110972
辽宁	3252445	61918	591719	448292	10580	1218323	921613
吉林	1337055	94672	313449	65795	63507	744080	55552
黑龙江	601920	1441	138870	181192	2017	193056	85344
上海	3653369	431	58373	229445		3155219	209901
江苏	31752797	726130	9513216	192266	339	16378744	4942102
浙江	25034188	635431	3269978	1073542	399482	11583490	8072265
安徽	15714738	622633	2974289	782584	124959	8945564	2264709
福建	7996747	148541	1526439	774342	158739	4602660	786026
江西	8995500	80365	1917582	562442	316193	5291638	827280
山东	15796222	1322461	3618406	934299	962129	7152818	1806109
河南	5926065	311126	1775414	224155	60062	3057383	497925
湖北	11483564	275662	1851530	546439	766509	6753261	1290163
湖南	10933715	231404	2054814	1148347	1745671	5011265	742214
广东	26779416	487176	5430552	2495028	2868311	11925623	3572726
广西	6017039	225871	1046254	717808	200645	3739458	87003
海南	608846	113	122231	33999	50771	390609	11123
重庆	5301590	412851	2130594	186905		2532598	38642
四川	14919110	478820	5808600	6240474	2618	1879690	508908
贵州	5347172	57953	1371764	498463	207028	2991049	220915
云南	5996416	91389	1248971	196603	1041061	2423057	995335
西藏	134497		113015	725	4868	15889	
陕西	4772410	240298	1625653	416029	483682	1065930	940818
甘肃	1964004	40815	584122	185451	293748	857112	2756
青海	332093		37201	17854	30492	217386	29160
宁夏	1788736	49835	1416046	61232	49172	197352	15099
新疆	2137822	111588	450964	155647	280111	1098565	40947

2-37 各地区按资质等级分的房地产开发企业其他到位资金

单位：万元

地区	总计	一级	二级	三级	四级	暂定	其他
全国总计	**54406790**	**2015624**	**13999744**	**4248836**	**4332779**	**22130235**	**7679572**
北京	2885395		1204377	106858	1050503	460662	62995
天津	1084927		284217	60351	381411	58863	300085
河北	1350684	4135	368424	62062	160481	701856	53726
山西	931315	500	175456	212345	164434	365824	12756
内蒙古	324730	15723	68219	34273	105231	68790	32494
辽宁	567712	6540	65967	30482	87	305243	159393
吉林	395124		64119	44614	6169	269485	10737
黑龙江	347864	18724	75733	45272	4150	115437	88548
上海	1697082		515346	35352		1027226	119158
江苏	6723133	393473	2588903	164797	2990	2987820	585150
浙江	4869620	72913	440183	376196	167106	1723208	2090014
安徽	3654695	100928	789762	309003	77068	1894519	483415
福建	2670605	107652	1018636	325983	62832	903111	252391
江西	823346	2764	162048	30425	83213	451717	93179
山东	4587715	164964	996732	229706	242259	1803626	1150428
河南	957660	7701	241694	31275	23598	562412	90980
湖北	2712756	64516	487396	102637	215139	1497444	345624
湖南	2110292	57142	387255	284037	276799	1009523	95536
广东	4357262	521028	506322	290553	532752	1825338	681269
广西	2010277	51948	524568	603337	69088	700821	60515
海南	1150842	3080	156130	162485	47586	634284	147277
重庆	1864132	74782	670995	112703		999079	6573
四川	454998	14074	125562	209489	4347	84062	17464
贵州	861535		311376	71967	20192	443560	14440
云南	1132426	7134	283072	41619	219595	408097	172909
西藏	44470		29303	48	2400	12719	
陕西	2670175	320116	1074930	152756	265573	331084	525716
甘肃	122620		17752	59658	5688	36938	2584
青海	173012		54163	1623	17521	97628	2077
宁夏	155827	194	120654	1806	13495	14158	5520
新疆	714559	5593	190450	55124	111072	335701	16619

2-38　各地区按资质等级分的房地产开发企业各项应付款合计

单位：万元

地　区	总　计	一　级	二　级	三　级	四　级	暂　定	其　他
全国总计	**466150024**	**11450006**	**119179355**	**38564489**	**32698841**	**205411773**	**58845560**
北　京	5895123	79995	2111314	188731	1630181	1583505	301397
天　津	6915117	16985	2271537	199408	2416151	1147943	863093
河　北	13293255	485068	2818014	992428	2276691	6423873	297181
山　西	5512572	84287	1475578	251156	1184721	2411947	104883
内蒙古	4689106	74792	1612761	350024	1304990	890867	455672
辽　宁	9225570	152904	1794892	1159761	31774	3431040	2655199
吉　林	4641744	91446	967403	218674	276342	2959215	128664
黑龙江	2118527	4589	434104	672842	30233	728526	248233
上　海	10255185	25517	1356388	307044		7281552	1284684
江　苏	59697807	1079575	22033945	759975	9411	29311238	6503663
浙　江	31850241	527091	5111866	2346026	1024269	12773572	10067417
安　徽	26236288	472626	5934432	1503841	354778	14436743	3533868
福　建	15505088	289445	3751602	1633306	396611	7610522	1823602
江　西	9408551	33956	2061220	374022	369600	5654811	914942
山　东	32498719	1449665	7862466	2148128	2027633	14469291	4541536
河　南	18639594	411093	4615085	696292	253617	10713715	1949792
湖　北	21715581	1690928	3785815	729200	1156283	11845738	2507617
湖　南	18038445	308655	3536716	2319419	3340391	7828993	704271
广　东	55535215	993123	10447868	3665222	7074757	23236040	10118205
广　西	12563069	223862	3002719	2121519	305232	6588915	320822
海　南	5757819	86821	1444953	437502	373959	2483295	931289
重　庆	15724384	756631	7459172	540483	3926	6597970	366202
四　川	25160106	553033	9108843	11161835	21791	3187959	1126645
贵　州	10470292	181820	2284901	690709	674385	6144623	493854
云　南	12944420	233189	2926008	476891	2031426	5495044	1781862
西　藏	208727	2000	125228	14141	17264	50091	3
陕　西	15347262	627578	4469095	1027659	2107647	2890050	4225233
甘　肃	7598576	243469	1694791	1150142	1294695	3176909	38570
青　海	1234011	17041	361979	76400	121141	478818	178632
宁　夏	1528138	41433	1015555	74407	83279	285565	27899
新　疆	5941492	211389	1303105	277302	505663	3293403	350630

2-39 各地区按用途分的房地产开发企业房屋施工面积

单位：平方米

地 区	房屋施工面 积	住 宅	办公楼	商业营业用房	其 他
全国总计	**9040918467**	**6390672855**	**349004159**	**798179170**	**1503062283**
北 京	133331466	67136019	13072614	8329605	44793228
天 津	110850966	77335509	4033847	10396894	19084716
河 北	336517872	261407747	6157940	21505556	47446629
山 西	253505089	190686198	5269907	18360135	39188849
内蒙古	153118909	109882741	1788450	19120786	22326932
辽 宁	229736041	170438229	4803033	26992825	27501954
吉 林	115795371	81723487	5531637	13731493	14808754
黑龙江	99683186	72997616	2023100	13084901	11577569
上 海	166781860	77593067	24947624	16984988	47256181
江 苏	625115662	461549755	22236233	48220006	93109668
浙 江	559551463	347733862	28055499	44509323	139252779
安 徽	408418419	306101848	10468453	35441455	56406663
福 建	316696369	213540178	13722637	23761960	65671594
江 西	227147606	176042436	4933039	23643031	22529100
山 东	757985828	553187827	28109984	58244840	118443177
河 南	571966437	447751320	16886092	42546691	64782334
湖 北	349192903	260624777	16352285	27443272	44772569
湖 南	383669951	289381165	8023646	38127684	48137456
广 东	886626880	594838631	57511294	71858087	162418868
广 西	322032486	238183105	7102083	24734984	52012314
海 南	90571633	59976659	5287485	11505005	13802484
重 庆	226468984	149842402	5380122	24328640	46917820
四 川	519483305	345916357	20375605	45383723	107807620
贵 州	262430226	183619590	5070149	29583351	44157136
云 南	274034560	185091647	9191123	27067710	52684080
西 藏	6975619	4830779	291713	883003	970124
陕 西	287116050	206564528	13583296	24771274	42196952
甘 肃	122684415	89535865	2628771	10271164	20248615
青 海	33487787	23775392	813780	3870973	5027642
宁 夏	49184392	34025680	1148327	5914106	8096279
新 疆	160756732	109358439	4204391	27561705	19632197

2-40　各地区按资质等级分的房地产开发企业房屋施工面积

单位：平方米

地　区	总　计	一　级	二　级	三　级	四　级	暂　定	其　他
全国总计	**9040918467**	**265718443**	**2057315171**	**946330131**	**852869320**	**3975167703**	**943517699**
北　京	133331466	4312964	42487334	5188460	41373777	30862344	9106587
天　津	110850966	2987827	23224492	3515102	51350424	16795765	12977356
河　北	336517872	15558271	77292337	32913301	63406746	138663566	8683651
山　西	253505089	5805612	73833505	12417887	75145786	82869695	3432604
内蒙古	153118909	4254535	34683218	18699169	55737129	27535897	12208961
辽　宁	229736041	4760628	36271562	39674512	1494985	100788728	46745626
吉　林	115795371	1220839	23782512	9610643	10554666	67724240	2902471
黑龙江	99683186	1490520	19189716	37640197	3365858	26121607	11875288
上　海	166781860	2748833	25033836	6213074		110434118	22351999
江　苏	625115662	15988559	193557849	6469680	151051	339980300	68968223
浙　江	559551463	9338603	75883610	44975521	15382192	239482194	174489343
安　徽	408418419	10034194	79752251	36588706	8523708	228702283	44817277
福　建	316696369	7092523	65996659	40973074	12202369	166182090	24249654
江　西	227147606	1990926	35990256	19036570	13469507	135773151	20887196
山　东	757985828	42411679	173710734	60242253	63562053	341058921	77000188
河　南	571966437	21604337	130466526	32163713	14133096	311377822	62220943
湖　北	349192903	12405293	62587290	20546515	28187229	192180803	33285773
湖　南	383669951	11698348	62546634	62501249	69339026	161210073	16374621
广　东	886626880	17597179	142185669	77120878	119889671	388590271	141243212
广　西	322032486	13379313	63589938	38232534	14583228	184631658	7615815
海　南	90571633	2367359	15752966	6978844	6841129	48130384	10500951
重　庆	226468984	13149674	101450861	14286263	161217	92367001	5053968
四　川	519483305	15887879	186298845	213516808	967982	80898280	21913511
贵　州	262430226	2933839	68805049	26024919	14404846	141077396	9184177
云　南	274034560	6284469	57752039	11127144	63033592	106075514	29761802
西　藏	6975619	116214	3379131	845066	951602	1608737	74869
陕　西	287116050	8257422	80672559	26390895	50026299	68508846	53260029
甘　肃	122684415	2879869	26726647	20539988	24409928	46969992	1157991
青　海	33487787	476979	11257031	3163713	3753560	12479360	2357144
宁　夏	49184392	2303539	32638717	4290780	2502901	7067710	380745
新　疆	160756732	4380217	30515398	14442673	23963763	79018957	8435724

2-41　各地区按资质等级分的房地产开发企业住宅施工面积

单位：平方米

地　区	总　计	一　级	二　级	三　级	四　级	暂　定	其　他
全国总计	**6390672855**	**183016136**	**1453483511**	**659847088**	**592616412**	**2860846537**	**640863171**
北　京	67136019	2507456	22890287	2233040	19260851	15756037	4488348
天　津	77335509	2540497	15589654	2756240	34965744	11783626	9699748
河　北	261407747	10954108	59780242	25314087	48767853	109171973	7419484
山　西	190686198	3994879	56354603	9168138	54864249	63427759	2876570
内蒙古	109882741	3283022	25121442	12278024	39582383	20906016	8711854
辽　宁	170438229	3810526	27350644	29756935	1201185	73711253	34607686
吉　林	81723487	910456	14656816	7230720	7726437	49090978	2108080
黑龙江	72997616	1272160	13893844	26619217	2704365	19291877	9216153
上　海	77593067	1122656	12029061	2809181		54338445	7293724
江　苏	461549755	11119042	140786425	4817245	96586	253641058	51089399
浙　江	347733862	6009076	48140174	26454397	10078983	151158637	105892595
安　徽	306101848	7337959	59763929	24741317	6932320	173546777	33779546
福　建	213540178	4692863	43088528	27518011	6799708	115228825	16212243
江　西	176042436	1744012	27532828	14334991	10271293	105473989	16685323
山　东	553187827	29946297	127670675	45220588	46896952	247035678	56417637
河　南	447751320	17026114	101433715	24907333	11067726	245280228	48036204
湖　北	260624777	8507440	45629460	16293303	22132693	142369646	25692235
湖　南	289381165	8643381	48216874	47306698	50559695	121714741	12939776
广　东	594838631	10497068	96139523	50789283	77400275	272447289	87565193
广　西	238183105	9613420	46518899	29490529	10990899	135963467	5605891
海　南	59976659	909724	11036587	4788004	5185974	31245561	6810809
重　庆	149842402	8280365	65160398	10156596	85301	63075773	3083969
四　川	345916357	9864766	124290608	140078538	616195	57667633	13398617
贵　州	183619590	1977109	45992328	17881006	10605957	100915120	6248070
云　南	185091647	3765318	40957451	8206320	41206068	70472204	20484286
西　藏	4830779	63817	2637524	543748	664302	898707	22681
陕　西	206564528	5359571	59050108	18642991	34464276	52747122	36300460
甘　肃	89535865	1857340	20411391	14446591	17773361	34144327	902855
青　海	23775392	413701	8067098	1967308	2834749	9267566	1224970
宁　夏	34025680	1750337	22375306	3203133	1527080	4841985	327839
新　疆	109358439	3241656	20917089	9893576	15352952	54232240	5720926

2-42　各地区按用途分的房地产开发企业房屋新开工面积

单位：平方米

地　区	房屋新开工面积	住　宅	办公楼	商业营业用房	其　他
全国总计	**1201074258**	**877487123**	**31760959**	**81550300**	**210275876**
北　京	17744122	9783588	644682	718019	6597833
天　津	6672011	5011208	118815	383177	1158811
河　北	53952769	43001231	641286	2634361	7675891
山　西	34539127	27349105	295784	1703977	5190261
内蒙古	16290694	11370558	230874	1495900	3193362
辽　宁	23785968	17994026	506977	1892988	3391977
吉　林	8695003	6999937	169007	552552	973507
黑龙江	9911446	8003789	25185	892738	989734
上　海	29397409	16020165	3140077	1622912	8614255
江　苏	99072956	72980232	2924509	6590991	16577224
浙　江	79885628	49883146	3325177	5690046	20987259
安　徽	68430140	52375690	890473	4303569	10860408
福　建	41335849	28153331	1277947	2199285	9705286
江　西	36293452	29466649	306064	2598408	3922331
山　东	105205753	77657390	3078038	6449077	18021248
河　南	85251436	70296240	1280701	5199387	8475108
湖　北	42694640	31631355	1764628	3355498	5943159
湖　南	55225410	45452957	535039	3855542	5381872
广　东	85353963	56889858	4651020	6013528	17799557
广　西	30339761	23477925	288746	1743434	4829656
海　南	10580378	7377075	547109	1063521	1592673
重　庆	22224382	15375309	350681	1664555	4833837
四　川	83297511	58384625	1470964	5866125	17575797
贵　州	21554109	15846480	442818	1448388	3816423
云　南	29229305	20764808	485724	2298829	5679944
西　藏	805951	559571	7458	119231	119691
陕　西	44133893	30755762	1911566	2797623	8668942
甘　肃	21053189	16607858	50947	1196045	3198339
青　海	4225222	3106779	145432	420156	552855
宁　夏	7661818	5981898	113497	444020	1122403
新　疆	26230963	18928578	139734	4336418	2826233

2-43 各地区按资质等级分的房地产开发企业房屋新开工面积

单位：平方米

地 区	总 计	一 级	二 级	三 级	四 级	暂 定	其 他
全国总计	**1201074258**	**29337648**	**416624801**	**96390764**	**68246924**	**406040509**	**184433612**
北 京	17744122	360307	8866895	261057	2448217	3529353	2278293
天 津	6672011	177788	2326385	55547	1238584	612291	2261416
河 北	53952769	1087101	17592806	4818617	7600664	21974554	879027
山 西	34539127	710341	11057622	1472050	5762701	14091336	1445077
内蒙古	16290694	347605	4581481	1798235	4339972	2650114	2573287
辽 宁	23785968	339078	6638972	3146029	106684	8130554	5424651
吉 林	8695003		1995896	859994	713378	4615690	510045
黑龙江	9911446		2770929	2025949	534206	1938260	2642102
上 海	29397409	479204	4684061	648758		17018767	6566619
江 苏	99072956	2009610	41946770	1130624	35628	37813729	16136595
浙 江	79885628	1108287	20433904	4933325	901324	16886905	35621883
安 徽	68430140	1341537	24009872	3098735	1122199	27166279	11691518
福 建	41335849	1101596	20031232	1727535	659275	11109631	6706580
江 西	36293452	182026	13095923	2071174	746370	15192709	5005250
山 东	105205753	6059794	39156907	7861702	7275802	31925234	12926314
河 南	85251436	2296066	30159922	3158973	2087544	38580217	8968714
湖 北	42694640	443763	12547432	1818327	2977035	17683307	7224776
湖 南	55225410	1025274	12054647	5420734	8302081	22556794	5865880
广 东	85353963	2308357	21781438	6616384	4576377	29772300	20299107
广 西	30339761	1979473	9752134	3474276	614911	13378485	1140482
海 南	10580378	15362	2334662	605232	553650	4410938	2660534
重 庆	22224382	1364414	11889723	782903	500	7807809	379033
四 川	83297511	1040696	41383556	25802577	242228	12041776	2786678
贵 州	21554109	524762	7497128	1878478	1178754	8628912	1846075
云 南	29229305	618266	9077356	1461978	4015576	9255571	4800558
西 藏	805951		178799	188858	178683	223992	35619
陕 西	44133893	1433394	15155835	2682630	4863969	7615042	12383023
甘 肃	21053189	102892	7193574	4157955	2841271	6245551	511946
青 海	4225222		1721867	225574	219410	1853798	204573
宁 夏	7661818	361127	5062302	638062	293511	1165793	141023
新 疆	26230963	519528	9644771	1568492	1816420	10164818	2516934

2-44 各地区按资质等级分的房地产开发企业住宅新开工面积

单位：平方米

地区	总计	一级	二级	三级	四级	暂定	其他
全国总计	**877487123**	**20502645**	**306577555**	**70934651**	**49903708**	**301434899**	**128133665**
北京	9783588	241123	5098316	178613	1294974	1827342	1143220
天津	5011208	151844	1755145	32572	712529	428809	1930309
河北	43001231	750526	13850631	3910509	5726921	17985423	777221
山西	27349105	661478	8629233	1048844	4715478	11106330	1187742
内蒙古	11370558	267549	3374981	1302111	3005028	1662761	1758128
辽宁	17994026	319824	5175400	2421992	89895	5875066	4111849
吉林	6999937		1589177	722769	588692	3655265	444034
黑龙江	8003789		2342803	1662705	434251	1609985	1954045
上海	16020165	42076	2909559	309394		9964168	2794968
江苏	72980232	1324226	30507276	910811	26232	27593171	12618516
浙江	49883146	711634	13680160	2860903	646235	10518286	21465928
安徽	52375690	924183	18218829	2161136	870413	20901011	9300118
福建	28153331	815081	13346864	1343644	508260	7681859	4457623
江西	29466649	161621	10821160	1636901	561112	12101342	4184513
山东	77657390	4360063	29408849	5761296	4961619	23646991	9518572
河南	70296240	1882314	23950429	2756907	1862393	32083617	7760580
湖北	31631355	413032	9002747	1406398	2213706	13313671	5281801
湖南	45452957	879405	9873797	4493531	6816621	18653732	4735871
广东	56889858	1346472	15279322	4751195	2858702	19034316	13619851
广西	23477925	1337416	7734050	2735502	324095	10522055	824807
海南	7377075	13150	1744256	443519	456920	2900476	1818754
重庆	15375309	846013	7660555	564943		6036447	267351
四川	58384625	755481	28915753	17853087	116349	8745253	1998702
贵州	15846480	392909	5685730	1232889	964139	6311010	1259803
云南	20764808	429329	6696748	1197648	2780072	6608820	3052191
西藏	559571		135847	81944	137633	182810	21337
陕西	30755762	826693	11066411	2078416	3366254	5817358	7600630
甘肃	16607858	57675	5793396	3267225	2107230	5013054	369278
青海	3106779		1229425	194155	130642	1492645	59912
宁夏	5981898	294350	3867404	530253	216198	940053	133640
新疆	18928578	297178	7233302	1082839	1411115	7221773	1682371

2-45 各地区按用途分的房地产开发企业房屋竣工面积

单位：平方米

地　区	房屋竣工面　积	住　宅	办公楼	商业营业用房	其　他
全国总计	**858572984**	**622624980**	**26074234**	**67554546**	**142319224**
北　京	19384824	10962198	1777857	1066567	5578202
天　津	15036499	10861276	241372	860136	3073715
河　北	25226470	19019517	616268	2094924	3495761
山　西	21268247	16365938	297877	1410579	3193853
内蒙古	11009764	8381636	142513	952811	1532804
辽　宁	19460657	15670078	162815	1670344	1957420
吉　林	7241008	5169700	174769	1060547	835992
黑龙江	7316626	5528640	174475	934095	679416
上　海	16764024	9346915	1978150	1532574	3906385
江　苏	78921602	59016224	2817355	6186977	10901046
浙　江	61302726	40642291	1905102	3707716	15047617
安　徽	59451912	43153724	2256735	4049117	9992336
福　建	40344507	28240832	1200994	2285934	8616747
江　西	14627625	11147091	271030	1604793	1604711
山　东	66860196	49098289	1625838	5403222	10732847
河　南	63166582	51319247	1059837	4431781	6355717
湖　北	30860852	23675392	691400	2470509	4023551
湖　南	34357085	25728936	1069892	3286706	4271551
广　东	81611233	56419658	3782194	6684020	14725361
广　西	23454329	18476483	865529	1247228	2865089
海　南	7509401	6006305	327139	366834	809123
重　庆	27925670	19149935	440927	2385459	5949349
四　川	40734004	27353123	755524	3817986	8807371
贵　州	9625957	6842051	244077	1144947	1394882
云　南	25653007	17584498	680095	2085997	5302417
西　藏	357861	245790	4986	44721	62364
陕　西	19761985	15458171	155904	1542145	2605765
甘　肃	9178006	7278630	182451	518051	1198874
青　海	2478756	1869173	7668	268054	333861
宁　夏	6271349	4831292	35617	375925	1028515
新　疆	11410220	7781947	127844	2063847	1436582

2-46 各地区按资质等级分的房地产开发企业房屋竣工面积

单位：平方米

地 区	总 计	一 级	二 级	三 级	四 级	暂 定	其 他
全国总计	**858572984**	**31794245**	**177909036**	**96638568**	**94320879**	**370687939**	**87222317**
北 京	19384824	883106	4592978	585105	6874679	5374240	1074716
天 津	15036499	34577	3440063	248054	8480680	1449377	1383748
河 北	25226470	1150922	5391097	3461363	6332645	8030172	860271
山 西	21268247	975253	4712030	1431780	9379775	4730967	38442
内 蒙 古	11009764	202328	2748166	1381848	4239466	1197478	1240478
辽 宁	19460657	434348	2201719	5012538	7276	7600839	4203937
吉 林	7241008		871951	877011	650014	4685223	156809
黑 龙 江	7316626	81720	1068668	3348530	620445	1625701	571562
上 海	16764024	1025403	2218968	752845		11895979	870829
江 苏	78921602	2787957	24711349	1551036	45748	41743008	8082504
浙 江	61302726	2608554	6464332	6061344	2106031	26091371	17971094
安 徽	59451912	1625156	9237822	6255746	1000073	34431287	6901828
福 建	40344507	1304025	5191717	6203459	1440800	23272448	2932058
江 西	14627625	29675	1309181	1908826	1789742	8266556	1323645
山 东	66860196	4935065	12986838	5417143	5971479	29835844	7713827
河 南	63166582	2423484	11568875	3068870	1299353	36081947	8724053
湖 北	30860852	720170	6399963	2735491	3175802	13184308	4645118
湖 南	34357085	914207	6853807	5158681	8018896	12554081	857413
广 东	81611233	1368231	12007711	9274472	15300314	36486638	7173867
广 西	23454329	1208856	3045107	2903759	459422	15662887	174298
海 南	7509401	20088	748752	591082	66984	4598002	1484493
重 庆	27925670	1931166	12254178	1614919	7994	10924295	1193118
四 川	40734004	1998427	14549395	17497102	70125	5392268	1226687
贵 州	9625957	268140	3164835	761278	784933	4646771	
云 南	25653007	415133	5772146	1795505	7066033	8104056	2500134
西 藏	357861		122813	145479	6566	83003	
陕 西	19761985	628275	4647212	3231117	4688844	3274485	3292052
甘 肃	9178006	468791	2435241	1781768	1931582	2556068	4556
青 海	2478756	254942	308459	452326	533496	771580	157953
宁 夏	6271349	1008429	4267621	170450	190190	533370	101289
新 疆	11410220	87817	2616042	959641	1781492	5603690	361538

2-47 各地区按用途分的房地产开发企业房屋竣工价值

单位：万元

地区	房屋竣工价值	住宅	办公楼	商业营业用房	其他
全国总计	**350935445**	**261823035**	**15008047**	**30457729**	**43646634**
北京	7874573	4605593	816876	466311	1985793
天津	5930491	4380933	122189	554034	873335
河北	8777717	6736636	342289	776938	921854
山西	6384766	5100289	96013	517414	671050
内蒙古	3250808	2591903	61946	255364	341595
辽宁	6881643	5626063	50565	689136	515879
吉林	2570430	1944762	40109	347836	237723
黑龙江	2270583	1554793	147764	288341	279685
上海	10528006	5757667	1965726	1088165	1716448
江苏	38382175	31058303	1463993	2652895	3206984
浙江	34817264	25832677	1054565	2383353	5546669
安徽	20544608	15243724	819101	1756458	2725325
福建	16729104	12574491	381252	1046574	2726787
江西	4143266	3147822	80727	506404	408313
山东	23113805	17756475	603905	1929875	2823550
河南	16531143	13322145	361211	1155661	1692126
湖北	12050817	9296334	506460	1180480	1067543
湖南	12286835	8717461	781892	1559271	1228211
广东	47797132	33563988	3719490	4845333	5668321
广西	9340425	7539380	460118	562777	778150
海南	3856987	3122921	74358	224049	435659
重庆	13326479	10497849	210698	1087368	1530564
四川	15648611	11282975	333574	1577249	2454813
贵州	3452270	2447314	61013	614390	329553
云南	8390815	5899411	234929	701972	1554503
西藏	129821	90829	6482	16802	15708
陕西	7293629	5767574	59989	597924	868142
甘肃	2938431	2261687	94016	221328	361400
青海	856657	662609	831	92113	101104
宁夏	1841413	1434327	13938	122721	270427
新疆	2994741	2004100	42028	639193	309420

2-48 各地区按资质等级分的房地产开发企业房屋竣工价值

单位：万元

地区	总计	一级	二级	三级	四级	暂定	其他
全国总计	**350935445**	**13350453**	**70628779**	**38367020**	**34665029**	**153802183**	**40121981**
北京	7874573	275129	1934736	331401	2659783	2247790	425734
天津	5930491	6828	1259120	117701	3312134	423816	810892
河北	8777717	443019	1927895	1277868	1831992	2962871	334072
山西	6384766	281929	1352347	414181	2744433	1575692	16184
内蒙古	3250808	51223	884520	359709	1338427	386513	230416
辽宁	6881643	169405	788896	1504409	4400	3034575	1379958
吉林	2570430		362675	329471	180503	1651174	46607
黑龙江	2270583	24434	521712	935063	109945	412531	266898
上海	10528006	864806	1431499	518269		7276021	437411
江苏	38382175	1259007	11772280	549849	12527	19615590	5172922
浙江	34817264	1562354	3666850	3157024	1130344	14329760	10970932
安徽	20544608	849936	3185393	2451584	244716	11359648	2453331
福建	16729104	358643	1783907	2063183	655551	10725101	1142719
江西	4143266	8570	360027	581941	463220	2369461	360047
山东	23113805	1600253	4538484	1657410	1844710	10810503	2662445
河南	16531143	652832	3068790	668731	303271	9600962	2236557
湖北	12050817	396142	2608503	695500	814603	5783359	1752710
湖南	12286835	706500	2155861	1579391	2759588	4872460	213035
广东	47797132	684103	6599177	7624354	9094691	19490331	4304476
广西	9340425	503161	1061360	909818	171822	6654558	39706
海南	3856987	5110	483783	465461	47977	2065792	788864
重庆	13326479	985590	5852359	562822	2000	5136452	787256
四川	15648611	698116	5414607	6829343	16093	2241003	449449
贵州	3452270	63082	1066938	189287	228388	1904575	
云南	8390815	108697	1994153	588662	1873089	2606758	1219456
西藏	129821		55455	47565	1200	25601	
陕西	7293629	159864	1706694	946694	1584711	1469850	1425816
甘肃	2938431	195672	778419	534059	625527	803554	1200
青海	856657	130419	86602	167850	189678	251739	30369
宁夏	1841413	277109	1315621	48574	33874	127643	38592
新疆	2994741	28520	610116	259846	385832	1586500	123927

2-49 各地区按资质等级分的房地产开发企业住宅竣工价值

单位：万元

地　区	总　计	一　级	二　级	三　级	四　级	暂　定	其　他
全国总计	**261823035**	**8930168**	**52790053**	**27764903**	**24522411**	**117364326**	**30451174**
北　京	4605593	178018	1123264	224415	1397434	1435571	246891
天　津	4380933	6649	941147	113037	2507511	317709	494880
河　北	6736636	288799	1494075	861455	1408030	2401671	282606
山　西	5100289	209735	1082671	296746	2199046	1297679	14412
内蒙古	2591903	39194	695470	258492	1124008	309711	165028
辽　宁	5626063	138517	670655	1192482	4000	2445695	1174714
吉　林	1944762		296419	203201	128396	1281512	35234
黑龙江	1554793	19403	245939	668434	88376	330528	202113
上　海	5757667	363112	732374	391323		4038539	232319
江　苏	31058303	929517	9255647	327353	8175	16075482	4462129
浙　江	25832677	1042531	2738427	2427433	847516	10686029	8090741
安　徽	15243724	371655	2375697	1830357	214477	8673249	1778289
福　建	12574491	277053	1327517	1548030	478174	8067393	876324
江　西	3147822	7432	262781	354214	393221	1851977	278197
山　东	17756475	1104185	3520540	1302414	1410450	8498373	1920513
河　南	13322145	476240	2389103	578147	233153	7800400	1845102
湖　北	9296334	270215	1595599	549460	627877	4616141	1637042
湖　南	8717461	532631	1570455	1179265	1670859	3586610	177641
广　东	33563988	341797	5225363	4984340	6062138	13925834	3024516
广　西	7539380	399954	871378	703491	116689	5415313	32555
海　南	3122921	4088	474647	422538	33365	1729235	459048
重　庆	10497849	740100	4390724	432901		4333881	600243
四　川	11282975	504935	4001372	4764808	13337	1673469	325054
贵　州	2447314	47755	722002	141711	160792	1375054	
云　南	5899411	65771	1302490	456802	1238603	2016262	819483
西　藏	90829		36247	40044		14538	
陕　西	5767574	110797	1387763	695256	1251545	1179522	1142691
甘　肃	2261687	117449	600809	424495	428190	689544	1200
青　海	662609	109617	62124	146199	147694	176089	20886
宁　夏	1434327	209364	1023881	41831	30545	90716	37990
新　疆	2004100	23655	373473	204229	298810	1030600	73333

2-50　各地区房地产开发企业建造的房屋面积和造价

地　区	房屋施工 面　积 (平方米)	房屋竣工 面　积 (平方米)	房屋建筑面积 竣　工　率 (%)	房屋竣工 价　值 (万元)	房屋竣工 造　价 (元/平方米)
全国总计	**9040918467**	**858572984**	**9.5**	**350935445**	**4087**
北　京	133331466	19384824	14.5	7874573	4062
天　津	110850966	15036499	13.6	5930491	3944
河　北	336517872	25226470	7.5	8777717	3480
山　西	253505089	21268247	8.4	6384766	3002
内蒙古	153118909	11009764	7.2	3250808	2953
辽　宁	229736041	19460657	8.5	6881643	3536
吉　林	115795371	7241008	6.3	2570430	3550
黑龙江	99683186	7316626	7.3	2270583	3103
上　海	166781860	16764024	10.1	10528006	6280
江　苏	625115662	78921602	12.6	38382175	4863
浙　江	559551463	61302726	11.0	34817264	5680
安　徽	408418419	59451912	14.6	20544608	3456
福　建	316696369	40344507	12.7	16729104	4147
江　西	227147606	14627625	6.4	4143266	2832
山　东	757985828	66860196	8.8	23113805	3457
河　南	571966437	63166582	11.0	16531143	2617
湖　北	349192903	30860852	8.8	12050817	3905
湖　南	383669951	34357085	9.0	12286835	3576
广　东	886626880	81611233	9.2	47797132	5857
广　西	322032486	23454329	7.3	9340425	3982
海　南	90571633	7509401	8.3	3856987	5136
重　庆	226468984	27925670	12.3	13326479	4772
四　川	519483305	40734004	7.8	15648611	3842
贵　州	262430226	9625957	3.7	3452270	3586
云　南	274034560	25653007	9.4	8390815	3271
西　藏	6975619	357861	5.1	129821	3628
陕　西	287116050	19761985	6.9	7293629	3691
甘　肃	122684415	9178006	7.5	2938431	3202
青　海	33487787	2478756	7.4	856657	3456
宁　夏	49184392	6271349	12.8	1841413	2936
新　疆	160756732	11410220	7.1	2994741	2625

2-51 各地区按用途分的房地产开发企业商品房销售面积

单位：平方米

地　区	商品房销售面积	住　宅	办公楼	商业营业用房	其　他
全国总计	**1297663947**	**1095644471**	**31918100**	**78157538**	**91943838**
北　京	10399814	7419329	747596	644593	1588296
天　津	9737713	8955350	146574	474610	161179
河　北	46157431	43175142	430278	1554269	997742
山　西	22567120	21521608	145294	643843	256375
内蒙古	13805336	12890408	64125	572726	278077
辽　宁	21824731	19832032	174195	1394687	423817
吉　林	10011397	9053640	138752	415850	403155
黑龙江	9255064	8395469	70782	588654	200159
上　海	18528837	15615112	753280	441666	1718779
江　苏	121151548	101651288	3124498	7796429	8579333
浙　江	68153260	54669540	3814710	4823509	4845501
安　徽	67569224	58729931	889986	3282552	4666755
福　建	54522240	39060542	2060623	3689696	9711379
江　西	67026495	56630601	1846238	6166978	2382678
山　东	116855624	98216794	3796086	6939906	7902838
河　南	92599837	85762653	766286	4564690	1506208
湖　北	60835341	54266581	1286715	3132217	2149828
湖　南	66525750	59795088	604329	4265253	1861080
广　东	105911081	85687154	4540232	6567523	9116172
广　西	41927814	31761288	960888	3016823	6188815
海　南	6439914	5305020	353085	398041	383768
重　庆	41429249	27230234	1028309	3362753	9807953
四　川	93213692	73155133	2126106	6109774	11822679
贵　州	29081688	26146726	354159	1625248	955555
云　南	29383737	24695767	523701	2076489	2087780
西　藏	595926	535232	3788	55009	1897
陕　西	33087206	29541377	785398	1303859	1456572
甘　肃	14704199	13881591	106238	482186	234184
青　海	2044239	1777572	28969	88310	149388
宁　夏	7155996	6507406	105029	510221	33340
新　疆	15162444	13778863	141851	1169174	72556

2-52　各地区按资质等级分的房地产开发企业商品房销售面积

单位：平方米

地　区	总　计	一　级	二　级	三　级	四　级	暂　定	其　他
全国总计	**1297663947**	**36345733**	**303622072**	**128944613**	**94473729**	**593972482**	**140305318**
北　京	10399814	259842	3349238	224780	2468639	3548397	548918
天　津	9737713	93707	2283955	421267	3870896	1685619	1382269
河　北	46157431	1881460	11526524	4261494	7530920	19580405	1376628
山　西	22567120	903100	6001145	878680	4980726	9386835	416634
内蒙古	13805336	259792	2964057	1399826	4545899	2869611	1766151
辽　宁	21824731	403434	3962649	3813226	79709	8466447	5099266
吉　林	10011397	249299	1671747	1047089	908704	5821741	312817
黑龙江	9255064	47027	2166788	3132558	431583	2518427	958681
上　海	18528837	128725	2594666	1387050	1027	12933831	1483538
江　苏	121151548	2976183	37041757	2082870	30774	64119538	14900426
浙　江	68153260	1098991	10393671	4347839	2113379	27250381	22948999
安　徽	67569224	1200623	14699479	4924507	1673122	35750345	9321148
福　建	54522240	1457731	12964598	6064811	1757814	27648419	4628867
江　西	67026495	659370	11692454	5444642	3474536	39082435	6673058
山　东	116855624	7348121	26214939	8954933	9503374	53195969	11638288
河　南	92599837	2339290	20344262	4694780	2124693	50993439	12103373
湖　北	60835341	1512184	10385850	3685184	5349460	33972511	5930152
湖　南	66525750	1420055	12149939	8490062	10586689	29642419	4236586
广　东	105911081	2440098	15314925	7886876	12751612	51114268	16403302
广　西	41927814	1888889	8149660	4799661	1263386	24920270	905948
海　南	6439914	178203	1186733	448564	610486	3409768	606160
重　庆	41429249	2363733	16984557	2850877	28239	18214585	987258
四　川	93213692	2147678	34917241	36772157	221746	15819332	3335538
贵　州	29081688	481502	6969684	2614785	1615154	16454426	946137
云　南	29383737	618640	6009347	1630265	5652235	12163298	3309952
西　藏	595926		318403	40084	83909	153530	
陕　西	33087206	965130	9465467	2952211	5702710	6949845	7051843
甘　肃	14704199	350847	3491614	1777760	2821597	6131169	131212
青　海	2044239	12196	471635	240373	175406	1048806	95823
宁　夏	7155996	357796	4744352	536299	352256	1103964	61329
新　疆	15162444	302087	3190736	1139103	1763049	8022452	745017

2-53 各地区按用途分的房地产开发企业商品房现房销售面积

单位：平方米

地区	现房销售面积	住宅	办公楼	商业营业用房	其他
全国总计	**225424952**	**152741358**	**10683803**	**28250915**	**33748876**
北京	3625157	1674537	547016	496265	907339
天津	3592999	3082577	126022	263492	120908
河北	3930294	3374840	126117	223640	205697
山西	2401205	2137759	48527	192768	22151
内蒙古	2578917	2149059	42746	297192	89920
辽宁	4865885	4127840	39208	549991	148846
吉林	2767380	2382795	61572	210258	112755
黑龙江	3689305	3260423	34115	287223	107544
上海	5374853	3109545	594562	307994	1362752
江苏	27020867	19423203	1216643	3896733	2484288
浙江	10735915	6166060	1323945	2016849	1229061
安徽	10086347	6947193	301911	1381258	1455985
福建	10185451	5082318	574659	1507243	3021231
江西	9235416	6515633	541286	1494965	683532
山东	17976427	13220877	738502	2254827	1762221
河南	14445929	12710088	177988	1152203	405650
湖北	10559806	8216917	405851	969862	967176
湖南	6722745	5140894	126133	984602	471116
广东	24024428	15025623	1481053	2595849	4921903
广西	7340195	4096770	476881	1014250	1752294
海南	2542773	2088734	164512	163977	125550
重庆	12197680	3686481	459422	1983183	6068594
四川	10212565	4654189	434790	1642790	3480796
贵州	3273838	2316760	80820	357521	518737
云南	6001927	4246885	289458	735239	730345
西藏	158487	126321	2008	28352	1806
陕西	3660519	2765255	93404	336112	465748
甘肃	2282338	2060537	16934	151659	53208
青海	114980	77838		15594	21548
宁夏	1266312	807252	99128	336778	23154
新疆	2554012	2066155	58590	402246	27021

2-54 各地区按资质等级分的房地产开发企业商品住宅销售面积

单位：平方米

地 区	总 计	一 级	二 级	三 级	四 级	暂 定	其 他
全国总计	**1095644471**	**28030334**	**259485623**	**103554845**	**79669383**	**503198580**	**121705706**
北 京	7419329	222286	2536082	174967	1596358	2372968	516668
天 津	8955350	93707	2203817	383496	3443695	1557216	1273419
河 北	43175142	1814173	10898056	3949025	7012713	18166732	1334443
山 西	21521608	871495	5828721	850010	4644467	8930255	396660
内蒙古	12890408	244535	2830710	1269897	4151812	2732554	1660900
辽 宁	19832032	387769	3663343	3504777	70531	7503901	4701711
吉 林	9053640	197980	1508620	962556	873171	5217646	293667
黑龙江	8395469	46888	1941491	2768430	391043	2356965	890652
上 海	15615112	111412	2282532	1226400		10698428	1296340
江 苏	101651288	2070962	31103565	1732809	5086	53680570	13058296
浙 江	54669540	737470	9200404	2397871	1321808	21563871	19448116
安 徽	58729931	1036200	12950796	4050891	1332709	30850485	8508850
福 建	39060542	1114356	9861584	3691408	1095599	19932240	3365355
江 西	56630601	579012	10212282	4096817	2858877	33320490	5563123
山 东	98216794	5784148	22361211	7617633	7862039	44549315	10042448
河 南	85762653	2183331	19293060	4149066	2000837	46925213	11211146
湖 北	54266581	1189156	9213828	3309285	4884412	30236583	5433317
湖 南	59795088	1221346	11226901	7478084	9290155	26667581	3911021
广 东	85687154	1609482	12743327	5972221	9231853	42454524	13675747
广 西	31761288	1119241	6017617	3701319	1013572	19146272	763267
海 南	5305020	150281	1086224	373865	549765	2670768	474117
重 庆	27230234	1082432	10744255	2246815	27393	12472688	656651
四 川	73155133	1514329	28491752	27901132	80093	12601872	2565955
贵 州	26146726	351288	6005957	2445641	1425534	15134994	783312
云 南	24695767	476529	5217740	1286211	4648150	10218414	2848723
西 藏	535232		313648	35079	72293	114212	
陕 西	29541377	907054	8613249	2649596	5087083	6220039	6064356
甘 肃	13881591	329738	3314747	1683658	2670869	5754265	128314
青 海	1777572	3615	433421	165733	148579	951844	74380
宁 夏	6507406	297694	4413543	470252	297230	980243	48444
新 疆	13778863	282425	2973140	1009901	1581657	7215432	716308

2-55 各地区按资质等级分的房地产开发企业办公楼销售面积

单位：平方米

地　区	总　计	一　级	二　级	三　级	四　级	暂　定	其　他
全国总计	**31918100**	**1198206**	**6516417**	**3780080**	**2278340**	**14358182**	**3786875**
北　京	747596	2265	158776	6559	364796	214801	399
天　津	146574		12403	15365	61254	5471	52081
河　北	430278		100135	68594	54077	191599	15873
山　西	145294		39828	20262	28894	56310	
内蒙古	64125		3585	3145	41646		15749
辽　宁	174195	346	4683	2656		147869	18641
吉　林	138752		17851	6358	646	109347	4550
黑龙江	70782		21175	20318		24529	4760
上　海	753280		68939	14638		589144	80559
江　苏	3124498	39938	1094930	100546		1690060	199024
浙　江	3814710	41082	295646	536726	147046	1862359	931851
安　徽	889986	35390	131791	90316	10229	522605	99655
福　建	2060623	64507	443811	261646	208230	930762	151667
江　西	1846238	1997	301773	286645	39630	1155704	60489
山　东	3796086	307002	673059	197041	236613	1985100	397271
河　南	766286	20535	167824	98042		372999	106886
湖　北	1286715	10039	332858	37693	34920	772231	98974
湖　南	604329	8149	60321	99496	168716	261171	6476
广　东	4540232	345787	566865	559026	605683	1486276	976595
广　西	960888	114178	154683	153104	23185	495137	20601
海　南	353085	10469	3010	21010	14995	293870	9731
重　庆	1028309	60139	666783	80272		215799	5316
四　川	2126106	57508	747732	943555		229010	148301
贵　州	354159		88740	15513		198743	51163
云　南	523701	47126	108505	72836	52534	217152	25548
西　藏	3788		164		292	3332	
陕　西	785398		194108	16101	131697	164044	279448
甘　肃	106238	10186	2388	23213	14661	55790	
青　海	28969		1316	6453	1239	5455	14506
宁　夏	105029	21563	39769	11147	10856	21694	
新　疆	141851		12966	11804	26501	79819	10761

2-56　各地区按资质等级分的房地产开发企业商业营业用房销售面积

单位：平方米

地　区	总　计	一　级	二　级	三　级	四　级	暂　定	其　他
全国总计	**78157538**	**2531894**	**15512015**	**9409990**	**6668181**	**36593320**	**7442138**
北　京	644593	3235	243649	13747	89952	293236	774
天　津	474610		43770	12863	273979	118698	25300
河　北	1554269	51778	180421	145326	228036	929400	19308
山　西	643843	21793	108232	7836	222824	263184	19974
内蒙古	572726	6016	105532	91057	247298	69251	53572
辽　宁	1394687	11382	230447	238095	8837	674227	231699
吉　林	415850	20595	58431	47104	22572	255110	12038
黑龙江	588654	110	151107	263396	24973	93106	55962
上　海	441666	9782	45862	10532		346046	29444
江　苏	7796429	451207	2157296	186200	25688	4360818	615220
浙　江	4823509	55843	481632	673984	330303	1936702	1345045
安　徽	3282552	39859	557876	407146	232447	1697252	347972
福　建	3689696	111058	589211	716036	128894	1918761	225736
江　西	6166978	56373	919164	684581	468679	3213971	824210
山　东	6939906	355344	1488694	525635	613693	3380389	576151
河　南	4564690	104214	638639	370176	70327	2747002	634332
湖　北	3132217	34862	466216	204992	284166	1843013	298968
湖　南	4265253	126482	506537	682777	817814	1917699	213944
广　东	6567523	261718	658319	447112	1062868	3201956	935550
广　西	3016823	92581	640203	354639	138251	1740933	50216
海　南	398041	248	41237	16127	22464	244308	73657
重　庆	3362753	374030	1413982	166429	846	1291846	115620
四　川	6109774	188894	2064530	2541716	76273	1071228	167133
贵　州	1625248	31093	403186	141598	151390	848472	49509
云　南	2076489	23476	351379	115422	520468	860321	205423
西　藏	55009		4591	5005	11233	34180	
陕　西	1303859	34318	388195	118775	296830	187031	278710
甘　肃	482186	10923	96814	56199	94508	220844	2898
青　海	88310	8581	15205	10373	14492	34748	4911
宁　夏	510221	33823	267666	54595	42091	99161	12885
新　疆	1169174	12276	193992	100517	145985	700427	15977

2-57 各地区按用途分的房地产开发企业商品房销售额

单位：万元

地 区	商品房销售额	住 宅	办公楼	商业营业用房	其 他
全国总计	**1296555699**	**1136696774**	**44693331**	**77645435**	**37520159**
北 京	39769156	35452592	1971135	948363	1397066
天 津	15163702	14215517	175578	643495	129112
河 北	37021209	34887805	437007	1354349	342048
山 西	15149825	14184188	155100	682032	128505
内蒙古	8680191	8087014	45768	424233	123176
辽 宁	18147386	16597065	151756	1242599	155966
吉 林	6962730	6310472	147116	376058	129084
黑龙江	5693710	5066902	60564	460206	106038
上 海	74675317	69377739	3015623	1149567	1132388
江 苏	148116346	131769922	3424615	9001176	3920633
浙 江	126601375	110613587	6295529	6783667	2908592
安 徽	51603202	46911603	669841	2780150	1241608
福 建	58724224	47610002	1987425	4214851	4911946
江 西	49051564	41385894	1490622	5038890	1136158
山 东	98077044	84812844	4193124	6232883	2838193
河 南	56793161	52082253	817253	3244067	649588
湖 北	52033526	46255315	1548748	3021031	1208432
湖 南	42386982	37482323	544560	3605671	754428
广 东	158704671	134285127	10772194	8481857	5165493
广 西	22946000	18317367	867420	2267480	1493733
海 南	10980210	9248636	683959	645040	402575
重 庆	29548733	23216880	1124584	2626767	2580502
四 川	75995053	64882669	2032732	6081181	2998471
贵 州	16864464	15019273	241655	1383906	219630
云 南	19993747	17360708	442774	1611506	578759
西 藏	507153	436598	3252	66636	667
陕 西	32704762	29587511	1115466	1307300	694485
甘 肃	8354753	7805359	93861	390585	64948
青 海	1449947	1277307	20324	82683	69633
宁 夏	5020700	4509519	66736	438120	6325
新 疆	8834856	7646783	97010	1059086	31977

2-58 各地区按资质等级分的房地产开发企业商品房销售额

单位：万元

地 区	总 计	一 级	二 级	三 级	四 级	暂 定	其 他
全国总计	**1296555699**	**39949278**	**306920441**	**103801881**	**74709336**	**585331528**	**185843235**
北 京	39769156	554387	14980738	906864	6348851	13776834	3201482
天 津	15163702	144056	4361749	498967	5025316	2936179	2197435
河 北	37021209	1698481	9456821	3219654	5232947	16408010	1005296
山 西	15149825	511210	4301231	527171	3095917	6422226	292070
内蒙古	8680191	244280	1976658	822196	2600518	1974096	1062443
辽 宁	18147386	252195	3342288	2550920	30031	6962905	5009047
吉 林	6962730	221159	1148892	660674	492420	4239614	199971
黑龙江	5693710	36552	1332616	1837884	161958	1715611	609089
上 海	74675317	935062	8392417	3727274	257	56084585	5535722
江 苏	148116346	3691332	46909572	1696654	23352	75051081	20744355
浙 江	126601375	1794959	19275944	5380581	2152858	49588785	48408248
安 徽	51603202	1161520	12878715	3064840	887954	25609154	8001019
福 建	58724224	2539450	15605806	4803938	1492547	26839808	7442675
江 西	49051564	605346	9347193	3730900	2423908	28501035	4443182
山 东	98077044	6502954	23231765	6548923	6099018	44593789	11100595
河 南	56793161	1553569	12417974	2893009	1017538	31958685	6952386
湖 北	52033526	2112176	10000167	2286987	2905970	30080821	4647405
湖 南	42386982	1397448	7431881	4969722	6425259	19252220	2910452
广 东	158704671	6442361	25500782	12505325	14418052	66038473	33799678
广 西	22946000	1063443	4702629	2560365	660061	13389079	570423
海 南	10980210	331441	1992659	787212	862482	5784437	1221979
重 庆	29548733	1761809	12049512	1698138	14083	13511864	513327
四 川	75995053	1602429	31188568	29466733	200038	10558342	2978943
贵 州	16864464	203815	4120835	1348076	701725	9789732	700281
云 南	19993747	440105	4313158	951399	3512057	8206135	2570893
西 藏	507153		266715	40175	66823	133440	
陕 西	32704762	1390442	8737161	2252647	4983966	6246242	9094304
甘 肃	8354753	246062	1960440	1037508	1584627	3449319	76797
青 海	1449947	13588	303592	163633	120789	789708	58637
宁 夏	5020700	285452	3641063	253976	161466	641083	37660
新 疆	8834856	212195	1750900	609536	1006548	4798236	457441

2-59 各地区按用途分的房地产开发企业商品房现房销售额

单位：万元

地　区	现房销售额	住　宅	办公楼	商业营业用房	其　他
全国总计	**184567758**	**129426841**	**16041070**	**25786552**	**13313295**
北　京	8513747	6010513	1319899	625498	557837
天　津	4395168	3816954	154720	329550	93944
河　北	3027655	2638091	142847	200652	46065
山　西	1304848	1080254	42751	170394	11449
内蒙古	1320327	1074101	29746	179799	36681
辽　宁	3289148	2788914	36550	415141	48543
吉　林	1581983	1296852	62545	178316	44270
黑龙江	1783834	1518903	32785	183490	48656
上　海	10791588	6759292	2333679	747782	950835
江　苏	24285867	17267974	1345838	4444592	1227463
浙　江	12699638	7866168	2032853	2237193	563424
安　徽	5643206	4023521	255712	986128	377845
福　建	8007838	4678981	643001	1385737	1300119
江　西	5924989	4291066	388755	957365	287803
山　东	13690121	10406861	819805	1827743	635712
河　南	7354195	6211800	144671	810759	186965
湖　北	7021408	5329282	416997	776663	498466
湖　南	4069781	2861838	119723	862159	226061
广　东	27382233	18417594	3457353	2935112	2572174
广　西	3688414	2044708	449767	713348	480591
海　南	4382906	3665537	317457	240655	159257
重　庆	6349135	2940308	483852	1356672	1568303
四　川	7237618	4403305	447532	1513630	873151
贵　州	1507870	1095035	53613	234783	124439
云　南	3675713	2682325	286011	534028	173349
西　藏	164151	132960	1675	28926	590
陕　西	2284579	1711706	106634	279696	186543
甘　肃	1044848	948642	9710	77078	9418
青　海	55613	40791		11611	3211
宁　夏	725734	386282	63143	272028	4281
新　疆	1363603	1036283	41446	270024	15850

2-60 各地区按资质等级分的房地产开发企业商品住宅销售额

单位：万元

地区	总计	一级	二级	三级	四级	暂定	其他
全国总计	**1136696774**	**33386137**	**275049571**	**85753500**	**63227107**	**513138564**	**166141895**
北京	35452592	528950	13984872	844733	4778006	12143458	3172573
天津	14215517	144056	4220073	450831	4574598	2749920	2076039
河北	34887805	1633758	9097620	2962917	4956448	15255037	982025
山西	14184188	479933	4140995	494986	2834753	5964292	269229
内蒙古	8087014	237238	1871680	736357	2367821	1872176	1001742
辽宁	16597065	239206	3091092	2337974	26931	6212135	4689727
吉林	6310472	194714	1066864	600071	469737	3788527	190559
黑龙江	5066902	36338	1157590	1579657	144315	1617080	531922
上海	69377739	895527	7846603	3580167		51899150	5156292
江苏	131769922	2850206	42036283	1306877	4928	66259302	19312326
浙江	110613587	1556058	17810914	3684485	1583936	42390697	43587497
安徽	46911603	1075910	11991540	2627251	744507	23036360	7436035
福建	47610002	2195494	13404410	3140558	1069114	21416326	6384100
江西	41385894	455088	7978599	2750925	2035332	24468380	3697570
山东	84812844	5511965	20588238	5614303	5211461	38004557	9882320
河南	52082253	1435748	11789588	2432629	951552	29138517	6334219
湖北	46255315	1761318	8928155	2098791	2645738	26581103	4240210
湖南	37482323	1200846	6782091	4222208	5496861	17090252	2690065
广东	134285127	5078765	22243837	9670940	11201779	57353689	28736117
广西	18317367	748090	3666315	1965232	542135	10913179	482416
海南	9248636	299154	1888288	684073	769207	4642409	965505
重庆	23216880	1128415	9192978	1442962	13276	11007837	431412
四川	64882669	1225216	27333797	24700770	92684	9035741	2494461
贵州	15019273	164787	3582080	1228720	575874	8870060	597752
云南	17360708	336924	3858179	713702	3013469	7131836	2306598
西藏	436598		259016	32623	53349	91610	
陕西	29587511	1336489	8141996	2065409	4476438	5652455	7914724
甘肃	7805359	196462	1881737	973533	1489642	3188637	75348
青海	1277307	4208	284026	92013	102475	750790	43795
宁夏	4509519	235502	3382160	220695	130121	511241	29800
新疆	7646783	199772	1547955	497108	870620	4101811	429517

2-61 各地区按资质等级分的房地产开发企业办公楼销售额

单位：万元

地区	总计	一级	二级	三级	四级	暂定	其他
全国总计	**44693331**	**1797121**	**8560615**	**5151294**	**3152069**	**19133120**	**6899112**
北京	1971135	1747	456997	19830	969587	522357	617
天津	175578		15444	29506	61161	7477	61990
河北	437007		81689	82638	23783	236755	12142
山西	155100		29727	23474	20968	80931	
内蒙古	45768		4090	3828	29274		8576
辽宁	151756	634	3747	5239		128880	13256
吉林	147116		13018	5397	281	126677	1743
黑龙江	60564		24992	15750		11232	8590
上海	3015623		304713	43925		2411473	255512
江苏	3424615	38570	1244608	185438		1750476	205523
浙江	6295529	71207	494032	646708	156504	3253650	1673428
安徽	669841	29450	113408	56395	4269	390375	75944
福建	1987425	93582	429141	334483	128010	794187	208022
江西	1490622	2525	331675	255896	20308	842900	37318
山东	4193124	332764	615175	202672	198341	2414929	429243
河南	817253	20220	114178	127786		472455	82614
湖北	1548748	11297	401444	35701	34878	968473	96955
湖南	544560	10529	41620	109458	161289	216306	5358
广东	10772194	855408	1744451	1671852	1024166	2604262	2872055
广西	867420	114563	149559	154283	14737	404307	29971
海南	683959	24400	4835	38862	35888	557887	22087
重庆	1124584	56071	817472	71550		175239	4252
四川	2032732	47119	793527	854739		183624	153723
贵州	241655		62202	13546		117877	48030
云南	442774	55985	77017	112301	43069	133359	21043
西藏	3252		210		331	2711	
陕西	1115466		154009	14701	179478	213853	553425
甘肃	93861	20177	1512	13583	12730	45859	
青海	20324		1448	5459	1400	2306	9711
宁夏	66736	10873	23059	5551	10856	16397	
新疆	97010		11616	10743	20761	45906	7984

2-62　各地区按资质等级分的房地产开发企业商业营业用房销售额

单位：万元

地　区	总　计	一　级	二　级	三　级	四　级	暂　定	其　他
全国总计	**77645435**	**2842401**	**15042056**	**8747056**	**5783909**	**36317006**	**8913007**
北　京	948363	8301	239652	30516	277457	391402	1035
天　津	643495		106964	11771	306933	175397	42430
河　北	1354349	57977	180312	133347	184337	790303	8073
山　西	682032	25832	114487	7826	211790	299256	22841
内蒙古	424233	3394	91357	63719	161939	63048	40776
辽　宁	1242599	11083	219738	181795	2951	567412	259620
吉　林	376058	15653	48833	41113	19262	244656	6541
黑龙江	460206	200	116402	204061	10037	64883	64623
上　海	1149567	34380	94601	29043		918152	73391
江　苏	9001176	522028	2330356	179966	18424	5175422	774980
浙　江	6783667	73853	624501	722411	297044	2766592	2299266
安　徽	2780150	36659	484279	277186	115497	1514097	352432
福　建	4214851	70652	636035	806746	153180	2188985	359253
江　西	5038890	140116	842281	524260	328674	2576506	627053
山　东	6232883	349142	1413122	473391	440180	3002215	554833
河　南	3244067	83084	437396	296216	47314	1910452	469605
湖　北	3021031	56685	475680	114737	197505	1952178	224246
湖　南	3605671	166367	445771	545835	680736	1592203	174759
广　东	8481857	335956	930314	662675	1188963	3840664	1523285
广　西	2267480	100303	581007	264820	79692	1206277	35381
海　南	645040	709	49642	36485	40662	424950	92592
重　庆	2626767	371275	1026469	115793	807	1063365	49058
四　川	6081181	205933	2065117	2548412	90038	965782	205899
贵　州	1383906	22012	361766	101951	118237	740491	39449
云　南	1611506	26143	289532	88882	328128	707258	171563
西　藏	66636		7489	7552	13066	38529	
陕　西	1307300	37141	327237	108842	249199	177699	407182
甘　肃	390585	29423	65546	43265	74235	176667	1449
青　海	82683	9380	15805	7480	15289	29794	4935
宁　夏	438120	37893	231780	27631	20014	112942	7860
新　疆	1059086	10827	188585	89329	112319	639429	18597

2-63 各地区按用途分的房地产开发企业商品房待售面积

单位：平方米

地 区	商品房待售面积	住 宅	办公楼	商业营业用房	其 他
全国总计	**563921548**	**269447575**	**40736888**	**125579734**	**128157351**
北 京	26170339	8544355	5678577	4231042	7716365
天 津	10726785	6234523	1123068	1894333	1474861
河 北	10271354	7175115	332249	1196383	1567607
山 西	8018939	5336415	244661	1617667	820196
内蒙古	10272065	6831669	187378	2108314	1144704
辽 宁	27262076	17262144	746708	6992526	2260698
吉 林	12156212	7824268	638761	2443566	1249617
黑龙江	15857400	9328226	258348	4154230	2116596
上 海	26469026	6734306	4960946	4469912	10303862
江 苏	38510087	17883565	3723564	10449551	6453407
浙 江	19995971	7661804	3045133	5657846	3631188
安 徽	18819543	8984480	1097671	5386198	3351194
福 建	20542676	7389554	1544836	4075585	7532701
江 西	6836099	3386769	270954	2255272	923104
山 东	30148566	18197160	1761464	5874986	4314956
河 南	27519462	18328789	1293235	4655706	3241732
湖 北	18323697	11101104	798321	3871573	2552699
湖 南	12212801	6779614	378852	3543534	1510801
广 东	81890667	36573417	6860088	14709941	23747221
广 西	17454946	9377685	771300	3789697	3516264
海 南	7231519	5651230	171718	819429	589142
重 庆	27606815	5667755	1376270	5821407	14741383
四 川	23392202	7293292	777868	4450874	10870168
贵 州	6530103	2621366	238140	2172383	1498214
云 南	20335801	9388009	749889	4330372	5867531
西 藏	863527	454003	50829	272513	86182
陕 西	6589165	3301636	343032	1737069	1207428
甘 肃	5829951	3324056	147496	1511349	847050
青 海	1870553	1046275	44837	606816	172625
宁 夏	8175501	2584862	609402	4039269	941968
新 疆	16037700	7180129	511293	6440391	1905887

2-64　各地区按资质等级分的房地产开发企业商品房待售面积

单位：平方米

地　区	总　计	一　级	二　级	三　级	四　级	暂　定	其　他
全国总计	**563921548**	**19725306**	**124645080**	**89779035**	**83906210**	**206531917**	**39334000**
北　京	26170339	1521795	5670745	1320917	12181931	4792934	682017
天　津	10726785	15019	1974304	644719	6534752	716491	841500
河　北	10271354	938898	2530277	843812	2356247	3346402	255718
山　西	8018939	437801	1832314	744416	2785690	2191429	27289
内蒙古	10272065	279940	1751953	1534558	4719026	1252691	733897
辽　宁	27262076	669191	4637154	6517254	699431	12670179	2068867
吉　林	12156212	73385	2560044	1227236	2356567	5472161	466819
黑龙江	15857400	392389	3234963	7410878	1183882	2597435	1037853
上　海	26469026	1128305	3384010	2669665	20009	17086340	2180697
江　苏	38510087	1631239	12796119	2044201	40596	18819166	3178766
浙　江	19995971	555738	2731095	4201900	1937684	7347003	3222551
安　徽	18819543	513133	3000785	3120632	993479	9601971	1589543
福　建	20542676	685011	4302541	6118918	2311409	6103171	1021626
江　西	6836099	9505	929281	719434	696929	3927922	553028
山　东	30148566	1342234	6198236	3724034	4177065	12604464	2102533
河　南	27519462	815070	5209039	2803201	670793	14040042	3981317
湖　北	18323697	512190	2852780	2084155	3394582	7566887	1913103
湖　南	12212801	314846	2904712	2678602	2522339	3358086	434216
广　东	81890667	2861385	9496073	13376215	17980024	30797971	7378999
广　西	17454946	517167	2882124	3772169	911043	8809615	562828
海　南	7231519	47229	942259	1133390	743880	3327587	1037174
重　庆	27606815	1686994	16094922	2262829	21137	7132661	408272
四　川	23392202	1074707	6904611	11638186	126480	3064364	583854
贵　州	6530103		2098951	617327	857100	2752208	204517
云　南	20335801	663682	5867431	913041	5277902	6256177	1357568
西　藏	863527		376486	237155	80097	169789	
陕　西	6589165	159244	2049283	1340828	1778725	780731	480354
甘　肃	5829951	3808	738370	978585	1887119	2126156	95913
青　海	1870553		870218	305165	397972	288951	8247
宁　夏	8175501	580146	5090659	865046	813861	775765	50024
新　疆	16037700	295255	2733341	1930567	3448459	6755168	874910

2-65 各地区房地产开发企业土地开发及其购置情况

地区	待开发土地面积(平方米)	本年土地购置面积(平方米)	本年土地成交价款(万元)
全国总计	**498277167**	**100417335**	**91637910**
北京	6152458	1888221	8535133
天津	6443469	1828794	1253180
河北	22562925	2244564	854297
山西	8764558	2281049	851102
内蒙古	7847203	976373	123402
辽宁	16297969	3200867	915701
吉林	7048845	2453556	543104
黑龙江	2452930	1077359	154982
上海	2476256	1480231	8402378
江苏	40388182	6917647	7731061
浙江	10835416	9723195	17142075
安徽	29510787	14203100	7784340
福建	8530336	2990844	4739190
江西	12290468	2523288	1176448
山东	45874069	8721006	4404879
河南	25820884	2342381	1298207
湖北	23618604	2999008	2692133
湖南	24331937	2971116	1347607
广东	47401371	7381840	13535366
广西	15883266	2630622	842851
海南	3868756	607600	383409
重庆	22414564	2567370	1855515
四川	24348549	2883245	2210963
贵州	18157676	1363118	250694
云南	24081515	2074604	504817
西藏	1561735	58483	6356
陕西	9175304	1128892	728391
甘肃	4543269	912618	158845
青海	1599479	774919	222623
宁夏	6188623	1428500	499934
新疆	17805764	5782925	488927

2-66　各地区按资质等级分的房地产开发企业待开发土地面积

单位：平方米

地　区	总　计	一　级	二　级	三　级	四　级	暂　定	其　他
全国总计	**498277167**	**9692686**	**123951787**	**45616545**	**41604395**	**223443552**	**53968202**
北　京	6152458	81299	2563124	359228	1430387	1353213	365207
天　津	6443469		1381718	505440	3372899	450775	732637
河　北	22562925	966671	4439283	2269957	3565468	10828587	492959
山　西	8764558	34666	2554825	297395	1188760	4640899	48013
内蒙古	7847203	1082253	1431687	698114	2651638	1373254	610257
辽　宁	16297969		2733436	3012652		6736679	3815202
吉　林	7048845		1666106	201850	353327	4812562	15000
黑龙江	2452930		1038855	641211	148839	420600	203425
上　海	2476256		215511	145876		1538084	576785
江　苏	40388182	2209027	10446264	559496		19339377	7834018
浙　江	10835416	130353	2528858	842635	395411	3360603	3577556
安　徽	29510787	344419	9847508	1627349	412971	13799354	3479186
福　建	8530336	193642	1692624	658392	412309	5196278	377091
江　西	12290468	18128	1919766	636996	90974	8422117	1202487
山　东	45874069	753711	8917038	5213398	5394100	19713910	5881912
河　南	25820884	178316	6559860	1753039	631391	13200106	3498172
湖　北	23618604	655269	3435974	1671351	1626474	12418533	3811003
湖　南	24331937	67374	4552424	3590007	3351610	10906523	1863999
广　东	47401371	857442	7969722	2956459	5654578	21668790	8294380
广　西	15883266	96776	4941679	853205	325418	9392890	273298
海　南	3868756	14446	514247	261240	417452	2393207	268164
重　庆	22414564	324008	9789585	904564	30333	9715049	1651025
四　川	24348549	162208	8069475	10399653		5100517	616696
贵　州	18157676	50834	5882355	981199	477863	10566470	198955
云　南	24081515	1184304	5166501	1537282	4067535	10884041	1241852
西　藏	1561735	17562	1425909	3333		66424	48507
陕　西	9175304		2812386	1016808	1258594	2308242	1779274
甘　肃	4543269		1383652	699527	835354	1593022	31714
青　海	1599479		324443	53488	409934	677391	134223
宁　夏	6188623	213109	4262596	441668	249982	1021268	
新　疆	17805764	56869	3484376	823733	2850794	9544787	1045205

2-67 各地区按资质等级分的房地产开发企业土地购置面积

单位：平方米

地区	总计	一级	二级	三级	四级	暂定	其他
全国总计	**100417335**	**2618989**	**50048183**	**4509494**	**2989745**	**19711736**	**20539188**
北京	1888221	47200	1579146	20682		48747	192446
天津	1828794	330812	782402			13329	702251
河北	2244564		1420720	144362	215263	439628	24591
山西	2281049		900665	258988	342390	466947	312059
内蒙古	976373		408616	10783	161477	118900	276597
辽宁	3200867		2217910	189987	19000	212755	561215
吉林	2453556		511259	245180	106935	1302236	287946
黑龙江	1077359		695792	172509	36313	123695	49050
上海	1480231		476923			782174	221134
江苏	6917647	795437	3417984	294762		1359162	1050302
浙江	9723195	10457	3823885	399691	25644	1290107	4173411
安徽	14203100	256130	7030701	526493	91628	3169798	3128350
福建	2990844	63180	2161990	108110		401997	255567
江西	2523288	49675	1652639	51456		205458	564060
山东	8721006	179801	3805645	418356	691526	1876714	1748964
河南	2342381	24740	1180931		10112	722966	403632
湖北	2999008	9403	1373686	33596	239286	990254	352783
湖南	2971116		1598183	283131	166124	397917	525761
广东	7381840	173634	2571519	106058	113821	1194312	3222496
广西	2630622	346013	1464359	130932	29190	612135	47993
海南	607600		137828			154119	315653
重庆	2567370	15375	1888331	117357		471986	74321
四川	2883245	96263	2384035	225188		111757	66002
贵州	1363118	69700	697776	120384		167504	307754
云南	2074604		861002	40497	281085	496795	395225
西藏	58483		9976				48507
陕西	1128892		497828	203469	48470	126114	253011
甘肃	912618		493934		99394	222660	96630
青海	774919		211644	28105	18754	516416	
宁夏	1428500	68428	970313	133328	24572	190259	41600
新疆	5782925	82741	2820561	246090	268761	1524895	839877

2-68　各地区按资质等级分的房地产开发企业土地成交价款

单位：万元

地　区	总　计	一　级	二　级	三　级	四　级	暂　定	其　他
全国总计	**91637910**	**2777307**	**49017746**	**2412829**	**1233396**	**12896282**	**23300350**
北　京	8535133	263000	6325783	21568		3725	1921057
天　津	1253180	204000	784267			22500	242413
河　北	854297		599536	39933	98250	111083	5495
山　西	851102		425191	64793	198285	104223	58610
内蒙古	123402		54584	461	18364	12777	37216
辽　宁	915701		538061	56421	3124	86286	231809
吉　林	543104		141732	67741	19776	280813	33042
黑龙江	154982		108217	14184	3552	17917	11112
上　海	8402378		4174381			3066187	1161810
江　苏	7731061	808345	4229814	274654		859171	1559077
浙　江	17142075	5487	7189788	487405	21820	2351284	7086291
安　徽	7784340	336974	4746523	110993	29068	731658	1829124
福　建	4739190	127000	2951189	91021		838410	731570
江　西	1176448	19020	830675	13388		141838	171527
山　东	4404879	109468	2299534	437280	183439	669133	706025
河　南	1298207	3589	771232		5926	216146	301314
湖　北	2692133	31000	1401556	4505	425409	744398	85265
湖　南	1347607		716209	115870	59776	152369	303383
广　东	13535366	608411	5805819	45489	55853	1267848	5751946
广　西	842851	109196	563317	20065	1830	108934	39509
海　南	383409		181499			35734	166176
重　庆	1855515	5688	1326840	33129		478893	10965
四　川	2210963	64770	1607886	378536		36900	122871
贵　州	250694	12450	128020	17871		33262	59091
云　南	504817		223935	10172	55867	101935	112908
西　藏	6356		855				5501
陕　西	728391		124153	84737	17256	36917	465328
甘　肃	158845		94807		14989	27722	21327
青　海	222623		48659	3043	3478	167443	
宁　夏	499934	41394	410111	7745	2020	35030	3634
新　疆	488927	27515	213573	11825	15314	155746	64954

第三部分

建筑业生产经营情况

3-1 历年建筑业企业概况

年 份	总 计	国有企业	集体企业	港澳台商投资企业	外商投资企业	其 他
企业单位数(个)						
2000	47518	9030	24756	635	319	12778
2005	58750	6007	8090	516	388	43749
2006	60166	5555	7051	479	370	46711
2007	62074	5319	6614	482	365	49294
2008	71095	5315	5843	474	363	59100
2009	70817	5009	5352	444	351	59661
2010	71863	4810	5026	416	331	61280
2011	72280	4642	4847	393	303	62095
2012	75280	4602	4640	385	295	65358
2013	78919	3847	3728	390	272	70682
2014	81141	3753	3589	369	261	73169
2015	80911	3603	3318	343	249	73398
2016	83017	3593	3154	326	222	75722
2017	88074	3453	2873	334	218	81196
2018	96544	3358	2546	266	203	90171
2019	103805	3309	2324	245	190	97737
2020	116722	3746	2180	235	183	110378
2021	128743	3920	1928	227	189	122479
2022	143446	4439	1821	230	201	136755
从业人员(万人)						
2000	1994.3	635.6	887.5	8.2	4.4	458.6
2005	2699.9	480.0	361.6	8.6	10.8	1838.9
2006	2878.2	467.6	332.0	8.9	8.1	2061.6
2007	3133.7	470.1	317.0	9.8	11.4	2325.4
2008	3315.0	472.1	266.8	10.5	9.2	2556.4
2009	3672.6	518.9	246.8	10.9	10.2	2885.7
2010	4160.4	576.9	246.5	12.2	9.8	3315.1
2011	3852.5	444.9	220.4	11.3	9.9	3166.0

注：1.2000年数据为资质等级(旧资质)四级及四级以上建筑业企业数据，2005年及以后数据为所有具有施工总承包、专业承包资质等级的建筑业企业数据。不同口径数据不可比，以下各表同。

2.本表从业人员数为期末从业人员数。

3.本表对2021-2022年建筑业建筑业总产值指标数据进行了修订，主要原因是：(一)加强统计执法，对统计执法检查中发现的问题数据，按照相关规定进行了改正。(二)加强数据质量管理，剔除主营业务为非建筑业企业在库数据。

3-1 续表

年　份	总　计	国有企业	集体企业	港澳台商投资企业	外商投资企业	其　他
2012	4267.2	457.8	216.2	13.0	10.3	3570.0
2013	4528.4	387.7	187.1	16.5	10.1	3927.0
2014	4537.0	371.2	175.0	15.4	8.6	3966.7
2015	5093.7	417.6	169.0	17.9	9.2	4480.0
2016	5184.5	438.1	168.2	16.1	8.7	4553.4
2017	5529.6	428.4	158.7	19.0	7.7	4915.8
2018	5305.2	438.5	123.2	17.6	7.6	4718.4
2019	5427.1	406.1	115.1	14.3	6.8	4884.8
2020	5367.0	432.3	103.5	18.0	7.8	4805.4
2021	5282.4	459.6	90.2	14.7	7.2	4710.7
2022	5141.6	464.5	79.3	17.3	7.2	4573.3
建筑业总产值(亿元)						
2000	12497.60	5053.79	4035.84	99.18	67.49	3241.30
2005	34552.10	8432.03	2815.20	172.54	249.03	22883.30
2006	41557.16	9218.56	2904.48	240.52	274.87	28918.73
2007	51043.71	10630.90	3153.65	281.95	396.32	36580.90
2008	62036.81	12231.66	3216.43	321.07	387.14	45880.52
2009	76807.74	15190.05	3281.75	334.59	415.17	57586.19
2010	96031.13	18148.59	3655.27	443.96	439.68	73343.64
2011	116463.32	20436.81	4306.49	612.68	658.17	90449.18
2012	137217.86	22930.19	4919.00	649.74	476.99	108241.94
2013	160366.06	20739.02	4524.68	621.96	607.72	133872.68
2014	176713.42	22069.45	4681.80	661.67	643.20	148657.29
2015	180757.47	21767.07	4364.40	693.34	606.24	153326.42
2016	193566.78	23849.02	4388.75	683.99	525.21	164119.81
2017	213943.56	26414.38	4317.92	799.36	547.30	181864.60
2018	225816.86	28273.22	3615.37	743.74	639.04	192545.49
2019	248443.27	30662.35	3690.94	750.80	593.89	212745.29
2020	263947.39	34882.17	3457.26	1211.48	962.32	223434.18
2021	289277.01	37629.35	3295.09	1295.66	958.96	246097.95
2022	307935.38	44090.32	3013.66	1455.59	885.46	258490.35

3-2　按经济类型划分的建筑业企业主要经济指标

指　　标	计量单位	合计	内资企业	#国有	#集体
企业个数	个	143446	143015	4439	1821
从业人员	万人	5142	5117	465	79
自有固定资产原价	亿元	23062	22882	3691	254
自有施工机械设备总台数	万台	574	573	54	16
自有施工机械设备净值	亿元	3696	3691	461	50
自有施工机械设备总功率	万千瓦	16931	16893	1963	267
建筑业总产值	亿元	307935	305594	44090	3014
房屋施工面积	万平方米	1556364	1538724	188747	19576
房屋竣工面积	万平方米	403393	399297	31211	7685
利润总额	亿元	8381	8272	1162	78
税金总额	亿元	7006	6956	816	110
按总产值计算劳动生产率	元/人	490774	490175	719651	349104
技术装备率	元/人	7188	7214	9916	6272
动力装备率	千瓦/人	3.3	3.3	4.2	3.4
房屋竣工率	%	25.9	25.9	16.5	39.3
产值利润率	%	2.7	2.7	2.6	2.6
产值利税率	%	5.0	5.0	4.5	6.2

3-2　续表

指　　标	计量单位	港澳台商投资企业	#港澳台商独资企业	外商投资企　　业	#外　　商独资企业
企业个数	个	230	77	201	97
从业人员	万人	17	2	7	4
自有固定资产原价	亿元	82	21	99	25
自有施工机械设备总台数	万台	1			
自有施工机械设备净值	亿元	3		2	
自有施工机械设备总功率	万千瓦	28	1	10	3
建筑业总产值	亿元	1456	172	885	446
房屋施工面积	万平方米	11104	604	6536	5545
房屋竣工面积	万平方米	2474	79	1623	1358
利润总额	亿元	52	11	58	33
税金总额	亿元	27	5	23	12
按总产值计算劳动生产率	元/人	573885	412078	601131	655733
技术装备率	元/人	1610	90	2190	425
动力装备率	千瓦/人	1.6	0.4	1.4	0.7
房屋竣工率	%	22.3	13.1	24.8	24.5
产值利润率	%	3.6	6.3	6.5	7.4
产值利税率	%	5.4	9.1	9.1	10.1

3-3 建筑业企业主要经济指标完成情况

指　标	计量单位	2022年	2021年	2022年比2021年增减(%)
建筑业企业个数	个	143446	128743	11.4
#大型企业	个	3251	3166	2.7
中型企业	个	31003	30886	0.4
小微型企业	个	109192	94691	15.3
从事建筑业活动的平均人数	万人	6274	6194	1.3
签订合同额	亿元	712652	656886	8.5
#本年新签合同额	亿元	364569	344559	5.8
建筑业总产值	亿元	307935	289277	6.5
竣工产值	亿元	135341	134523	0.6
房屋施工面积	万平方米	1556364	1575464	-1.2
房屋竣工面积	万平方米	403393	408028	-1.1
年末自有施工机械设备净值	亿元	3696	4564	-19.0
年末自有施工机械设备总功率	万千瓦	16931	22921	-26.1
实收资本	亿元	46774	44593	4.9
资产总计	亿元	348153	311296	11.8
#流动资产	亿元	273044	244435	11.7
负债合计	亿元	251249	220767	13.8
营业收入	亿元	273130	267896	2.0
#大型企业	亿元	162156	156258	3.8
中型企业	亿元	82691	84797	-2.5
小微型企业	亿元	28283	26840	5.4
利润总额	亿元	8381	8471	-1.1
#大型企业	亿元	5158	5049	2.2
中型企业	亿元	2549	2687	-5.1
小微型企业	亿元	674	735	-8.3
税金总额	亿元	7006	7052	-0.7
按建筑业总产值计算的劳动生产率	元/人	490774	467033	
技术装备率	元/人	7188	8639	
动力装备率	千瓦/人	3.3	4.3	
人均利税	元/人	24523	25062	
房屋竣工率	%	25.9	25.9	
资产负债率	%	72.2	70.9	
产值利润率	%	2.7	2.9	
产值利税率	%	5.0	5.4	

3-4　各地区建筑业企业签订合同情况

单位：万元

地　区	签订合同额	上年结转合同额	本年新签合同额
全国总计	**7126517670**	**3480823398**	**3645694272**
北　京	492914202	289172958	203741244
天　津	165368312	81821416	83546896
河　北	174593530	83299980	91293550
山　西	141436358	61961679	79474679
内蒙古	40852114	22846254	18005860
辽　宁	79799194	33216752	46582443
吉　林	44645479	21347628	23297851
黑龙江	32016038	16174552	15841487
上　海	362901719	203166802	159734917
江　苏	618588498	278254992	340333506
浙　江	479446459	251650609	227795850
安　徽	241190897	100329159	140861738
福　建	307539636	141967598	165572038
江　西	172847328	62751619	110095710
山　东	382809563	167406278	215403285
河　南	291168110	134349985	156818125
湖　北	578662237	282866933	295795304
湖　南	313063767	157179940	155883826
广　东	681337941	357211027	324126914
广　西	149124556	70213471	78911085
海　南	14193035	8835241	5357795
重　庆	171667101	78565226	93101875
四　川	482034192	243790985	238243206
贵　州	137418471	78675833	58742638
云　南	156009957	70049848	85960108
西　藏	4322931	2789063	1533868
陕　西	245205614	103248259	141957355
甘　肃	59211885	26455868	32756017
青　海	18037065	10448017	7589049
宁　夏	13573861	5647721	7926140
新　疆	74537622	35127707	39409914

3-5 各地区建筑业企业承包工程完成情况

单位：万元

地 区	直接从建设单位承揽工程完成的产值	自行完成施工产值	分包出去工程的产值	从建设单位以外承揽工程完成的产值
全国总计	**2967999007**	**2839302412**	**128696595**	**240051381**
北 京	143760088	114296418	29463669	24364658
天 津	50533271	42590841	7942430	4922185
河 北	67439959	66403358	1036600	3110081
山 西	58852630	58095173	757456	3359631
内 蒙 古	13197006	13130543	66463	197863
辽 宁	37300922	36404398	896523	2964258
吉 林	18863175	18772662	90513	2234789
黑 龙 江	14152173	13936223	215950	209072
上 海	100247234	77157043	23090192	15582000
江 苏	374192878	372278006	1914872	34322490
浙 江	230170214	224281001	5889213	14329736
安 徽	103732117	102251961	1480157	14774376
福 建	159021869	158607809	414060	9901853
江 西	102943226	101475858	1467368	5472516
山 东	176069694	164479601	11590094	11116739
河 南	130730999	129585074	1145925	4559252
湖 北	203527415	201160881	2366534	10388756
湖 南	140335726	139289086	1046640	5520943
广 东	224764753	202536561	22228192	27028464
广 西	69403445	67317414	2086031	4626044
海 南	4589981	4565973	24008	106159
重 庆	91508074	89838796	1669279	7630779
四 川	175476227	167168885	8307342	11287237
贵 州	41757427	41566289	191138	1036068
云 南	75021704	74721271	300433	6965228
西 藏	1981756	1948159	33597	89770
陕 西	89070990	88015804	1055186	12662878
甘 肃	25548567	24348592	1199975	428233
青 海	5721542	5587927	133615	76692
宁 夏	7316832	7190754	126078	67721
新 疆	30767114	30300053	467062	714912

3-6 各地区建筑业总产值和竣工产值

单位：万元

地区	建筑业总产值	#装饰装修产值	#在外省完成的产值
全国总计	**3079353793**	**128208816**	**1052783495**
北京	138661076	12198571	100753601
天津	47513026	715649	31226353
河北	69513439	1788707	24018234
山西	61454805	1846152	22037627
内蒙古	13328406	251483	4549015
辽宁	39368656	1155792	13698309
吉林	21007451	502372	3957059
黑龙江	14145295	174667	2136140
上海	92739042	7762570	57780707
江苏	406600496	21653435	179040015
浙江	238610737	16501199	61305992
安徽	117026336	2958421	30410187
福建	168509662	4575789	79819394
江西	106948374	4065355	32811028
山东	175596339	8583412	39230915
河南	134144326	3290859	33474427
湖北	211549637	6193419	88036178
湖南	144810029	3923382	49105537
广东	229565024	15497607	52621388
广西	71943458	1404368	12554613
海南	4672132	175343	273078
重庆	97469574	3152089	25847428
四川	178456122	3931116	38291895
贵州	42602357	962626	14139687
云南	81686499	1095965	6646353
西藏	2037928	11585	54380
陕西	100678682	3244421	37823545
甘肃	24776825	284752	3343096
青海	5664619	40634	2356820
宁夏	7258475	32366	1152157
新疆	31014965	234713	4288340

3-6 续表

单位：万元

地　区	按构成分组			竣工产值
	建筑工程产值	安装工程产值	其他产值	
全国总计	**2726411064**	**256806249**	**96136480**	**1353413539**
北　京	130371059	7009790	1280227	69109780
天　津	41364984	4242348	1905695	16107859
河　北	56344699	8489153	4679588	26762655
山　西	54502858	5550315	1401631	18268325
内蒙古	11892776	864028	571602	4244240
辽　宁	32041451	5548752	1778454	14169692
吉　林	17612699	2303927	1090826	8937034
黑龙江	11580494	1744306	820495	5092966
上　海	78646815	11878164	2214064	43725007
江　苏	377633109	26064003	2903383	267737221
浙　江	211009545	21928740	5672452	130317824
安　徽	100567355	8401565	8057416	43611070
福　建	155746828	9568544	3194290	67850742
江　西	92581254	7261739	7105382	44194686
山　东	146127022	23438293	6031025	71423012
河　南	116474404	13019105	4650817	53324074
湖　北	188970472	17682452	4896713	82466564
湖　南	123711031	13553004	7545994	67441135
广　东	203988660	19655390	5920975	72575446
广　西	63378765	4443978	4120716	32989229
海　南	3980844	362820	328468	2051539
重　庆	87726583	6539514	3203478	42433881
四　川	157260841	14336784	6858497	75627997
贵　州	36366119	4575746	1660492	10820045
云　南	74066361	4836670	2783468	25675159
西　藏	1848625	131679	57624	727524
陕　西	88633703	8485639	3559340	30788181
甘　肃	21673282	2110064	993479	8413264
青　海	5162170	394323	108126	2049125
宁　夏	6451865	660947	145663	3058933
新　疆	28694394	1724470	596101	11419330

3-7　各地区建筑业企业房屋建筑面积

地　区	房屋施工面积(万平方米)	#本年新开工	房屋竣工面积(万平方米)	房屋竣工率(%)
全国总计	**1556364**	**434900**	**403393**	**25.9**
北　京	89888	17081	13815	15.4
天　津	18808	3492	2722	14.5
河　北	35918	9723	7099	19.8
山　西	22648	6230	5635	24.9
内蒙古	7046	1375	1096	15.6
辽　宁	13329	3515	3633	27.3
吉　林	7047	1821	1883	26.7
黑龙江	3868	1435	1057	27.3
上　海	58203	12389	8758	15.0
江　苏	275135	74173	76319	27.7
浙　江	171655	45290	44915	26.2
安　徽	49671	16640	14857	29.9
福　建	85604	24293	20255	23.7
江　西	37048	15268	14683	39.6
山　东	98828	30328	22918	23.2
河　南	62988	16971	17072	27.1
湖　北	91310	29258	33261	36.4
湖　南	76160	25357	23988	31.5
广　东	107366	30605	24929	23.2
广　西	27539	6619	8561	31.1
海　南	1862	393	449	24.1
重　庆	34968	11113	11770	33.7
四　川	76213	22334	22390	29.4
贵　州	16335	3723	3342	20.5
云　南	17690	5919	5973	33.8
西　藏	263	110	118	44.8
陕　西	40253	9583	6826	17.0
甘　肃	12229	3441	2031	16.6
青　海	971	262	175	18.0
宁　夏	1802	824	559	31.0
新　疆	13718	5334	2305	16.8

3-8 各地区按主要用途分的建筑业企业房屋竣工面积

单位：万平方米

地区	总计	住宅房屋	商业及服务用房屋	办公用房屋	科研、教育和医疗用房屋
全国总计	**403393**	**259128**	**26051**	**14577**	**20367**
北京	13815	9248	1471	682	825
天津	2722	1617	251	82	169
河北	7099	4902	299	193	501
山西	5635	3473	388	155	851
内蒙古	1096	830	48	15	47
辽宁	3633	2527	172	76	118
吉林	1883	1274	65	69	33
黑龙江	1057	734	42	22	44
上海	8758	4802	793	345	853
江苏	76319	53915	2444	2338	2059
浙江	44915	25152	2977	1389	1500
安徽	14857	8460	940	458	555
福建	20255	14104	1300	665	587
江西	14683	8324	1051	904	812
山东	22918	14937	1270	1100	1558
河南	17072	11877	1034	679	1000
湖北	33261	22126	3035	1540	1645
湖南	23988	15392	1734	1015	1464
广东	24929	13865	1736	607	1733
广西	8561	4569	787	368	863
海南	449	286	21	14	44
重庆	11770	8192	876	368	372
四川	22390	15430	1609	593	1116
贵州	3342	2142	333	104	203
云南	5973	3507	504	316	429
西藏	118	60	6	4	1
陕西	6826	4445	493	306	551
甘肃	2031	1401	198	54	163
青海	175	84	15	28	7
宁夏	559	311	31	6	48
新疆	2305	1142	128	84	218

3-8 续表

单位：万平方米

地　区	文化、体育和娱乐用房屋	厂房及建筑物	仓　库	其他未列明的房屋建筑物
全国总计	**4384**	**62191**	**2874**	**13821**
北　京	133	933	80	443
天　津	9	413	32	150
河　北	60	859	30	255
山　西	54	460	14	241
内蒙古	23	93	3	38
辽　宁	6	600	11	124
吉　林	30	356	6	49
黑龙江	3	76	4	133
上　海	148	1518	146	153
江　苏	849	13128	570	1014
浙　江	457	11852	417	1171
安　徽	154	3634	114	543
福　建	89	3086	89	335
江　西	179	2564	171	677
山　东	218	3004	131	700
河　南	210	1640	117	516
湖　北	398	2854	184	1481
湖　南	265	2379	184	1556
广　东	267	5578	162	982
广　西	137	1190	104	544
海　南	9	29	17	29
重　庆	59	1313	41	549
四　川	314	2372	90	865
贵　州	20	297	39	205
云　南	107	598	43	469
西　藏	1	29		18
陕　西	131	629	14	257
甘　肃	13	129	4	68
青　海	2	14	2	24
宁　夏	7	86	6	64
新　疆	35	480	49	169

3-9 各地区按主要用途分的建筑业企业房屋竣工价值

单位：万元

地区	总计	住宅房屋	商业及服务用房屋	办公用房屋	科研、教育和医疗用房屋
全国总计	**810335770**	**494755417**	**57888475**	**36836187**	**58756099**
北京	42181284	25013650	4788077	2346395	3849475
天津	5910834	3436138	551619	180776	627354
河北	13443786	8844666	677882	323283	1272615
山西	9647371	5272014	783268	330034	1320799
内蒙古	2095664	1561155	94900	43086	109328
辽宁	6179280	4298024	368221	141164	196069
吉林	3384003	2116100	110172	162180	102340
黑龙江	1468080	881253	55098	95194	155887
上海	25087345	12059427	3304869	1286964	2520209
江苏	168206699	117332933	5975868	6408878	6342868
浙江	89058967	51847505	7055548	3145318	4670000
安徽	24319740	14035398	1677216	719101	1097234
福建	43257226	30887404	2783940	1355272	1657999
江西	26264985	14343431	1812353	2394536	1735218
山东	46887273	28090025	3006969	3006925	4584427
河南	27372482	18509475	1717204	1200828	2071379
湖北	54434647	30859336	5848728	4195383	3801570
湖南	42129514	24724276	3509384	2671290	3249133
广东	49432268	23779443	3639334	1523479	4732470
广西	17645013	8986843	1318670	884882	2024865
海南	1248415	764126	95805	36904	199493
重庆	21370837	14123513	1757362	856291	1003610
四川	44743446	27987644	2956295	1439263	6324730
贵州	6413107	3797739	699417	261184	481958
云南	12030772	6713729	1155899	662375	1216401
西藏	248446	152645	14002	9903	1501
陕西	15361308	8442090	1128424	796005	2209208
甘肃	4459034	3073890	537897	112299	388821
青海	378700	170257	47461	76158	19050
宁夏	1109926	612525	48574	12251	114246
新疆	4565318	2038764	368021	158587	675841

3-9　续表

单位：万元

地　区	文化、体育和娱乐用房屋	厂房及建筑物	仓　库	其他未列明的房屋建筑物
全国总计	**17888338**	**110067572**	**6452620**	**27691061**
北　京	952143	2901640	204330	2125573
天　津	28123	737897	78629	270299
河　北	229070	1519853	61694	514724
山　西	242991	1021280	425735	251251
内蒙古	42871	199414	7171	37739
辽　宁	28616	912647	22946	211594
吉　林	73096	723717	12891	83507
黑龙江	9769	115070	2156	153654
上　海	718958	4052099	415066	729754
江　苏	2550651	26268175	1187192	2140135
浙　江	1564776	17699974	841887	2233958
安　徽	307338	5221660	143362	1118432
福　建	307884	5585684	173425	505617
江　西	361603	4271838	291754	1054253
山　东	734367	5272835	267031	1924695
河　南	328484	2450742	266355	828015
湖　北	1113988	5165697	373941	3076005
湖　南	740880	4663517	456768	2114265
广　东	5246472	8404080	386569	1720421
广　西	380241	2216911	209055	1623547
海　南	12462	53096	8836	77694
重　庆	165646	2218411	91216	1154789
四　川	828960	3511308	165644	1529602
贵　州	66172	603115	97582	405941
云　南	226994	1232041	73520	749812
西　藏	1880	20871	1427	46219
陕　西	497410	1699101	27197	561874
甘　肃	34316	169210	18110	124490
青　海	3008	21912	2267	38586
宁　夏	26398	240315	2947	52670
新　疆	62774	893462	135919	231949

3-10 各地区建筑业企业施工机械设备情况

地　区	年末自有施工机械设备总台数(台)	年末自有施工机械设备总功率(千瓦)	年末自有施工机械设备净值(万元)	技术装备率(元/人)	动力装备率(千瓦/人)
全国总计	**5739998**	**169307589**	**36956333**	**7187.8**	**3.3**
北　京	78997	6741234	1176049	20336.9	11.7
天　津	56066	2572636	1295339	24842.5	4.9
河　北	234384	6654232	927230	11347.7	8.1
山　西	185855	8054539	2190492	25210.8	9.3
内蒙古	38313	1496376	263468	18932.4	10.8
辽　宁	75074	3671433	489103	9938.4	7.5
吉　林	32141	1039316	341403	10184.6	3.1
黑龙江	60654	1480986	313754	16463.5	7.8
上　海	42722	1689202	829161	11475.7	2.3
江　苏	919981	25025467	5542366	6318.0	2.9
浙　江	572754	11202991	2417842	4892.3	2.3
安　徽	176754	4044886	909063	4296.1	1.9
福　建	310972	7273388	1444472	3068.5	1.5
江　西	291361	5019691	1521667	8776.9	2.9
山　东	399043	9615566	2045680	7500.4	3.5
河　南	394262	11199215	2341298	8737.0	4.2
湖　北	336679	10839022	2604374	11206.4	4.7
湖　南	318287	9378363	1474529	5646.2	3.6
广　东	340468	11211992	2428848	7053.2	3.3
广　西	86207	2792979	436792	4019.6	2.6
海　南	4452	109920	31499	4721.1	1.6
重　庆	87118	3421138	884512	4522.9	1.7
四　川	217005	7519502	1692584	4977.9	2.2
贵　州	33891	2579090	330198	5115.3	4.0
云　南	143142	3171905	905887	7718.4	2.7
西　藏	7668	187863	42653	12934.7	5.7
陕　西	153263	7533121	1159816	9488.9	6.2
甘　肃	73995	1677514	384653	8504.4	3.7
青　海	11708	433048	119970	21610.0	7.8
宁　夏	11653	405694	98636	4001.3	1.6
新　疆	45129	1265280	312997	8828.8	3.6

3-11　各地区建筑业企业主要生产效益指标

地　区	建筑业企业个数(个)	从事建筑业活动的平均人数(人)	按总产值计算的劳动生产率(元/人)	人均竣工产值(元/人)	人均施工面积(平方米/人)	人均竣工面积(平方米/人)
全国总计	**143446**	**62744871**	**490774**	**215701**	**248.0**	**64.3**
北　京	2597	2196543	631270	314630	409.2	62.9
天　津	2547	815026	582963	197636	230.8	33.4
河　北	3579	1121435	619862	238647	320.3	63.3
山　西	3689	1301958	472018	140314	174.0	43.3
内蒙古	1040	241209	552567	175957	292.1	45.5
辽　宁	5772	666813	590400	212499	199.9	54.5
吉　林	2936	373489	562465	239285	188.7	50.4
黑龙江	2279	370792	381489	137354	104.3	28.5
上　海	2351	1279748	724666	341669	454.8	68.4
江　苏	13040	10451164	389048	256179	263.3	73.0
浙　江	9950	5562693	428948	234271	308.6	80.7
安　徽	8362	2307408	507177	189005	215.3	64.4
福　建	8699	5016465	335913	135256	170.6	40.4
江　西	5782	1998274	535204	221164	185.4	73.5
山　东	10643	3093065	567710	230913	319.5	74.1
河　南	9246	2972518	451282	179390	211.9	57.4
湖　北	5927	2647015	799201	311546	345.0	125.7
湖　南	3951	2989848	484339	225567	254.7	80.2
广　东	9257	3976130	577358	182528	270.0	62.7
广　西	2749	1277323	563236	258268	215.6	67.0
海　南	325	89067	524564	230337	209.0	50.5
重　庆	3757	2310981	421767	183618	151.3	50.9
四　川	8733	4018573	444078	188196	189.7	55.7
贵　州	2110	874507	487159	123727	186.8	38.2
云　南	4254	1680516	486080	152781	105.3	35.5
西　藏	410	42028	484898	173105	62.5	28.0
陕　西	3987	1686391	597007	182568	238.7	40.5
甘　肃	2466	513907	482127	163712	238.0	39.5
青　海	417	85178	665033	240570	114.0	20.5
宁　夏	730	162928	445502	187748	110.6	34.3
新　疆	1861	621879	498730	183626	220.6	37.1

3-12 各地区建筑业企业资产构成

单位：万元

地 区	资产总计	流动资产合计	#存货
全国总计	**3481527760**	**2730434877**	**326116297**
北 京	374523924	217149592	8537755
天 津	89098427	70298724	4877031
河 北	86642105	73864885	12458519
山 西	98565929	73691225	8260706
内 蒙 古	27585391	22444865	3131107
辽 宁	67835351	57026514	6527446
吉 林	35467568	29410612	3558148
黑 龙 江	25182476	21881509	2756050
上 海	146664566	119260105	8217513
江 苏	277655381	236319690	46232440
浙 江	199496054	168483577	30399262
安 徽	109846962	87229783	8326201
福 建	94504139	77404780	12439137
江 西	84836422	70307433	10756417
山 东	231762776	194183260	29670210
河 南	132193906	108076535	15099800
湖 北	213502915	161041951	19801656
湖 南	98969901	74330375	7814219
广 东	281688810	232672122	20202623
广 西	58062797	47373887	4667940
海 南	7994166	6977059	986575
重 庆	80831159	63935808	9915448
四 川	203942997	158056108	17635119
贵 州	98723799	82060233	8958866
云 南	96003625	65382973	4753416
西 藏	6856346	5572643	470140
陕 西	130186880	109038551	8847691
甘 肃	51390894	39254161	3850504
青 海	9767355	7291992	808196
宁 夏	9372575	8201449	1157839
新 疆	52372168	42212480	4998325

3-13　各地区建筑业企业固定资产情况

单位：万元

地　区	固定资产原价	累计折旧	#本年折旧	在建工程
全国总计	**230622608**	**113342130**	**15288375**	**42144655**
北　京	11010597	6130549	819338	778613
天　津	7486411	4539858	404504	374874
河　北	7975902	4466580	440807	1399446
山　西	7048671	3663103	637765	1323285
内蒙古	2557993	1304711	182215	389510
辽　宁	6609855	3755884	359652	604825
吉　林	3623955	1537928	182030	784424
黑龙江	2429806	1366595	130310	181343
上　海	8541383	4764589	517767	395193
江　苏	25569933	12373694	1707334	3554921
浙　江	15814385	7475394	957853	2397441
安　徽	7209103	3263673	532248	1022684
福　建	7929757	3899115	613793	782264
江　西	5632672	2393890	380765	1846851
山　东	17067048	8063276	1238274	2328734
河　南	11928315	5292559	749233	1546306
湖　北	15634900	7635193	966017	4773357
湖　南	8866679	4449827	513350	2269517
广　东	12498481	6189142	947467	1987949
广　西	2814465	1404509	226674	411128
海　南	252201	132336	22059	137171
重　庆	5537831	2501925	341371	1832851
四　川	10956522	5083606	751238	5420078
贵　州	2223386	958428	155166	1925101
云　南	5231937	2448517	366579	904008
西　藏	394994	137946	22219	81431
陕　西	7773086	4072054	572077	1157923
甘　肃	4343116	1342258	204649	680940
青　海	984311	484737	47630	80588
宁　夏	842187	410277	55270	39446
新　疆	3832729	1799980	242722	732455

3-14 各地区建筑业企业负债及所有者权益

单位：万元

地区	负债合计	#流动负债	#应付账款	所有者权益	#实收资本
全国总计	**2512491072**	**2281719490**	**939762347**	**969053809**	**467743018**
北京	248921737	223258735	82708889	125602208	40190973
天津	69442449	65256486	26116184	19655979	10589946
河北	66204405	61300064	27291553	20438507	12364299
山西	73680459	66771314	27399376	24885470	12635758
内蒙古	19906889	18046407	6592812	7678501	5371393
辽宁	50662246	45122304	16118066	17182540	9827953
吉林	24637449	22604952	7570717	10830118	6220557
黑龙江	19446838	18439847	7111080	5735639	4839689
上海	115815742	112173921	53472369	30848824	15034667
江苏	166909050	157084642	61258796	110747249	45558228
浙江	142709961	136582111	58039191	56786094	30414441
安徽	81736684	72110798	27491264	28110854	13157894
福建	58327302	51256190	17462660	36176836	19020817
江西	59537897	52847983	18012970	25298525	14273852
山东	179060434	167802841	71996847	52702341	27837761
河南	91647185	82986656	28701128	40546721	23891183
湖北	153920355	128045682	65651603	59582780	22935237
湖南	67987500	58341910	24296860	30982401	15661887
广东	216120228	197897181	78905577	65570681	29953093
广西	44296458	39928856	17763135	13766274	7615306
海南	5851465	5261068	2204776	2142701	1340616
重庆	58097003	51645570	20379035	22744869	10701785
四川	154558585	134015436	56212351	49385053	26112546
贵州	79419002	69310515	26057679	19295954	7775660
云南	64714424	59836146	25353178	31289269	21540680
西藏	4590836	4041846	1203117	2265510	1022275
陕西	101714012	96236029	50952928	28472869	16236634
甘肃	37973499	33758238	13074665	13417395	6456805
青海	6958221	6138921	2742340	2809662	1721138
宁夏	6908373	6652307	2989197	2464202	1696816
新疆	40734384	36964536	14632004	11637784	5743131

3-15　各地区建筑业企业收入情况

单位：万元

地　区	主营业务收　入	主营业务成　本	主营业务税金及附加	其他业务收　入	其他业务利　润
全国总计	**2680073892**	**2463236317**	**13104007**	**51230136**	**2153228**
北　京	178499058	164308567	390838	2324209	231882
天　津	50768268	46405161	123871	1286531	81721
河　北	58877152	54594633	237377	1758559	53304
山　西	64451748	59538267	182154	986695	81713
内蒙古	13827913	12682148	57667	476471	28923
辽　宁	35022856	32038048	127211	1951283	30793
吉　林	18784212	17131990	96231	610665	-9667
黑龙江	15072858	14159565	75213	453675	18495
上　海	122113267	113520753	263567	489165	107182
江　苏	342341109	314457689	1925048	2307168	247017
浙　江	203753221	190603072	730694	2090312	220200
安　徽	94785751	87069105	433335	2322527	87380
福　建	124088563	113308301	1019942	2577756	45511
江　西	68782336	63032514	526686	3625938	63702
山　东	167073294	152969893	713867	4022801	160203
河　南	95134127	86992612	547429	1089836	98066
湖　北	185205776	169117007	1012872	3249991	97209
湖　南	115859061	105202691	1237935	2896810	29751
广　东	218399634	201808072	697003	3079831	160173
广　西	44356825	40152833	176837	1849135	26215
海　南	4802119	4456271	14881	172987	4997
重　庆	76850549	69629559	674826	1332593	34357
四　川	138951700	127134761	697683	4599085	112213
贵　州	32690806	30368363	131749	1699239	20996
云　南	47147025	42711227	291885	1274897	28882
西　藏	2308767	2087524	9527	53617	-707
陕　西	88978965	81938901	378393	1268821	50643
甘　肃	25823183	24003215	127466	788563	15879
青　海	6583327	5986598	22322	138348	343
宁　夏	7238961	6707858	31216	197803	2856
新　疆	31501463	29119119	148286	254826	22996

3-16 各地区建筑业企业费用情况

单位：万元

地　区	管理费用	销售费用	研发费用	财务费用	#利息收入	#利息支出
全国总计	**82563936**	**7649395**	**34004483**	**16143343**	**6021700**	**15755659**
北　京	4851165	701310	4459480	1106206	1430931	2303553
天　津	1653582	175051	1191380	297632	299776	411723
河　北	2138355	106579	669543	446947	64445	358232
山　西	1913705	96894	1384900	446669	240436	581191
内 蒙 古	632432	14627	89177	83477	8141	70967
辽　宁	1869940	93135	358621	309685	38323	227022
吉　林	838476	34723	131415	204418	14464	164179
黑 龙 江	638565	28939	113559	77519	35290	80208
上　海	2979346	334729	2704928	371386	303705	440075
江　苏	9478881	1047769	1305723	1818356	309351	1156244
浙　江	6228582	520770	1759835	875100	246793	829765
安　徽	2950390	384244	1282147	578738	167595	409488
福　建	4110369	381579	749320	388613	66202	259721
江　西	2357346	207829	511366	449447	66254	317096
山　东	5790329	381151	2417945	1224665	314855	1047939
河　南	3139470	296809	1197741	727829	73677	562640
湖　北	4779084	637415	3066451	927725	339387	1002725
湖　南	3552791	373357	2059823	617156	222563	568428
广　东	6144876	418893	3507291	1280143	447017	1237318
广　西	1513481	56737	508363	293909	45401	230608
海　南	161500	6441	24240	18268	2574	13074
重　庆	2754679	324540	412353	658938	53118	409384
四　川	4434157	543113	1728312	953094	392881	1061421
贵　州	1058737	35503	267802	509168	57887	261287
云　南	1692675	151619	270421	577726	196359	642572
西　藏	133064	3590	3351	16123	10229	11289
陕　西	2328489	188062	1274001	316506	283519	524227
甘　肃	891182	57225	148710	230711	214950	312806
青　海	238010	2986	153816	33113	4794	16288
宁　夏	292714	9628	34517	27964	3133	21196
新　疆	1017564	34152	217954	276112	67651	222993

3-17　各地区建筑业企业利润及税金情况

单位：万元

地　区	利润总额	#所得税费用	税金总额	主营业务税金及附加	应交增值税
全国总计	**83814579**	**14636174**	**70056238**	**13104007**	**56952231**
北　京	9507320	673963	2656343	390838	2265505
天　津	1063022	146831	887124	123871	763253
河　北	882127	274580	1436614	237377	1199238
山　西	1446953	157010	1544614	182154	1362461
内蒙古	439568	82546	391414	57667	333747
辽　宁	337935	103803	962198	127211	834987
吉　林	460772	102016	658934	96231	562703
黑龙江	-15568	63345	550670	75213	475457
上　海	2490652	366572	2129733	263567	1866166
江　苏	13514327	2804940	9757379	1925048	7832331
浙　江	4111436	914702	5152116	730694	4421421
安　徽	2776931	445533	2555318	433335	2121983
福　建	4666314	951568	3856061	1019942	2836119
江　西	2609014	514713	2221540	526686	1694855
山　东	4856036	826167	4366712	713867	3652846
河　南	3020388	536114	2816487	547429	2269059
湖　北	6974756	1252370	5149188	1012872	4136316
湖　南	3498236	579938	3712729	1237935	2474794
广　东	5092860	943422	4856513	697003	4159509
广　西	1451076	237476	1118820	176837	941983
海　南	151080	38602	170185	14881	155305
重　庆	3010314	491590	2769599	674826	2094774
四　川	4360193	825826	3663057	697683	2965373
贵　州	671938	154575	927985	131749	796236
云　南	1921877	394159	1472758	291885	1180874
西　藏	87444	8874	74203	9527	64675
陕　西	2767748	405104	1966557	378393	1588163
甘　肃	688350	129952	957662	127466	830196
青　海	173152	25352	145300	22322	122978
宁　夏	129730	28724	228563	31216	197347
新　疆	668601	155807	899864	148286	751578

3-18 各地区建筑业企业应收工程款及企业亏损情况

地　区	应收工程款（万元）	企业个数（个）	#亏损企业个数	亏损企业的比重(%)
全国总计	**697204552**	**143446**	**32015**	**22.3**
北　京	47863073	2597	768	29.6
天　津	16169730	2547	755	29.6
河　北	17884714	3579	840	23.5
山　西	21034684	3689	924	25.0
内蒙古	6362775	1040	306	29.4
辽　宁	14728995	5772	1898	32.9
吉　林	8969000	2936	758	25.8
黑龙江	5440887	2279	636	27.9
上　海	25387336	2351	675	28.7
江　苏	65244351	13040	1737	13.3
浙　江	42306864	9950	2954	29.7
安　徽	27391905	8362	1625	19.4
福　建	18713756	8699	1336	15.4
江　西	15837078	5782	702	12.1
山　东	52819790	10643	2806	26.4
河　南	30189362	9246	1818	19.7
湖　北	42080956	5927	891	15.0
湖　南	18505478	3951	572	14.5
广　东	55223428	9257	2161	23.3
广　西	11142440	2749	957	34.8
海　南	1505641	325	81	24.9
重　庆	17682426	3757	715	19.0
四　川	33080961	8733	1266	14.5
贵　州	15926216	2110	713	33.8
云　南	22934479	4254	1410	33.1
西　藏	1009111	410	83	20.2
陕　西	36312367	3987	831	20.8
甘　肃	10358466	2466	693	28.1
青　海	1597328	417	143	34.3
宁　夏	2696353	730	255	34.9
新　疆	10804605	1861	706	37.9

3-19　各地区建筑业企业主要经济效益指标

地　区	产值利润率 (%)	产值利税率 (%)	资本利润率 (%)	资本利税率 (%)	人均利润 (元/人)	人均利税 (元/人)	资产负债率 (%)
全国总计	**2.7**	**5.0**	**17.9**	**32.9**	**13358**	**24523**	**72.2**
北　京	6.9	8.8	23.7	30.3	43283	55376	66.5
天　津	2.2	4.1	10.0	18.4	13043	23927	77.9
河　北	1.3	3.3	7.1	18.8	7866	20677	76.4
山　西	2.4	4.9	11.5	23.7	11114	22977	74.8
内蒙古	3.3	6.2	8.2	15.5	18224	34451	72.2
辽　宁	0.9	3.3	3.4	13.2	5068	19498	74.7
吉　林	2.2	5.3	7.4	18.0	12337	29980	69.5
黑龙江	-0.1	3.8	-0.3	11.1	-420	14431	77.2
上　海	2.7	5.0	16.6	30.7	19462	36104	79.0
江　苏	3.3	5.7	29.7	51.1	12931	22267	60.1
浙　江	1.7	3.9	13.5	30.5	7391	16653	71.5
安　徽	2.4	4.6	21.1	40.5	12035	23109	74.4
福　建	2.8	5.1	24.5	44.8	9302	16989	61.7
江　西	2.4	4.5	18.3	33.8	13056	24174	70.2
山　东	2.8	5.3	17.4	33.1	15700	29818	77.3
河　南	2.3	4.4	12.6	24.4	10161	19636	69.3
湖　北	3.3	5.7	30.4	52.9	26350	45802	72.1
湖　南	2.4	5.0	22.3	46.0	11700	24118	68.7
广　东	2.2	4.3	17.0	33.2	12809	25023	76.7
广　西	2.0	3.6	19.1	33.7	11360	20119	76.3
海　南	3.2	6.9	11.3	24.0	16963	36070	73.2
重　庆	3.1	5.9	28.1	54.0	13026	25011	71.9
四　川	2.4	4.5	16.7	30.7	10850	19965	75.8
贵　州	1.6	3.8	8.6	20.6	7684	18295	80.4
云　南	2.4	4.2	8.9	15.8	11436	20200	67.4
西　藏	4.3	7.9	8.6	15.8	20806	38462	67.0
陕　西	2.7	4.7	17.0	29.2	16412	28074	78.1
甘　肃	2.8	6.6	10.7	25.5	13394	32029	73.9
青　海	3.1	5.6	10.1	18.5	20328	37387	71.2
宁　夏	1.8	4.9	7.6	21.1	7962	21991	73.7
新　疆	2.2	5.1	11.6	27.3	10751	25221	77.8

3-20 各地区国有建筑业企业签订合同情况

单位：万元

地　区	签订合同额	上年结转合同额	本年新签合同额
全国总计	**1387381450**	**713493107**	**673888344**
北　京	55820383	33949626	21870757
天　津	23728584	11531557	12197027
河　北	40112925	16896859	23216066
山　西	15076883	7323559	7753324
内蒙古	20560997	12836285	7724712
辽　宁	14965227	6275819	8689408
吉　林	3316250	1805866	1510384
黑龙江	6533391	3239981	3293410
上　海	159989251	85183422	74805829
江　苏	54713141	27671342	27041800
浙　江	11643416	5542273	6101144
安　徽	36413104	16745995	19667109
福　建	31038098	20905228	10132870
江　西	19061876	8121827	10940049
山　东	70517740	27975015	42542725
河　南	33099439	16197026	16902414
湖　北	235244780	132176004	103068776
湖　南	39374049	14607903	24766146
广　东	183116342	88352871	94763472
广　西	26366909	10157711	16209198
海　南	2398728	1455873	942855
重　庆	29451950	16065560	13386390
四　川	136595004	81188934	55406070
贵　州	37194756	21584878	15609879
云　南	21520734	9659512	11861222
西　藏	1490319	1168116	322203
陕　西	34816879	15267552	19549327
甘　肃	15510468	6151677	9358792
青　海	10423208	6169461	4253747
宁　夏	3422482	1219931	2202552
新　疆	13864137	6065448	7798689

3-21　各地区国有建筑业企业承包工程完成情况

单位：万元

地　区	直接从建设单位承揽工程完成的产值	自行完成施工产值	分包出去工程的产值	从建设单位以外承揽工程完成的产值
全国总计	**427295570**	**397917458**	**29378112**	**42985770**
北　京	14820590	14559348	261242	2124454
天　津	9349790	8622512	727278	687108
河　北	12707793	12505163	202630	87998
山　西	6350851	6288125	62725	219638
内蒙古	3978733	3976483	2250	42632
辽　宁	5858702	5351698	507004	307237
吉　林	1196919	1196919		909484
黑龙江	2740002	2576917	163085	30483
上　海	40344459	30235157	10109302	3922175
江　苏	21589689	21243797	345893	1748655
浙　江	3854798	3741699	113099	163053
安　徽	14241578	13796529	445049	4453519
福　建	9926015	9883060	42954	818911
江　西	8545446	8524294	21152	383788
山　东	25772265	24358294	1413971	3517506
河　南	12518054	12511449	6606	758224
湖　北	53686223	52562695	1123528	1385751
湖　南	19117132	19033482	83650	819016
广　东	49084794	44035791	5049004	11710031
广　西	7993041	6313469	1679572	1823295
海　南	613818	613818		9697
重　庆	10578468	10453919	124549	531867
四　川	42834252	36417546	6416707	1077800
贵　州	11380441	11305966	74475	405437
云　南	8276017	8262638	13379	1947640
西　藏	666702	642586	24116	76537
陕　西	12367916	12107569	260347	2861986
甘　肃	6501705	6482409	19297	69138
青　海	2767473	2755957	11516	53180
宁　夏	1977357	1973603	3754	5027
新　疆	5654547	5584569	69978	34505

3-22 各地区国有企业建筑业总产值和竣工产值

单位：万元

地区	建筑业总产值	#装饰装修产值	#在外省完成的产值	按构成分组			竣工产值
				建筑工程产值	安装工程产值	其他产值	
全国总计	**440903228**	**9502341**	**181822727**	**392277301**	**37200775**	**11425152**	**144552834**
北京	16683802	1259914	9423295	16418560	223422	41820	8191353
天津	9309620	36878	7968014	8520366	738555	50699	1638929
河北	12593160	100418	5868585	10085865	1120557	1386738	4628115
山西	6507763	127382	1206977	6230932	149414	127417	1869066
内蒙古	4019115	99313	2981797	3851665	163345	4105	546658
辽宁	5658934	14888	1939755	4461320	949528	248086	2035288
吉林	2106403	57	379356	1620612	416011	69780	348502
黑龙江	2607400	4782	552635	1805005	787974	14421	687140
上海	34157332	1529845	25406595	30132817	3772723	251793	13955830
江苏	22992452	285423	10122147	21521020	1132880	338551	12639643
浙江	3904752	29467	728246	3501439	290188	113125	1736131
安徽	18250048	180651	7883893	16757807	1339197	153044	5256113
福建	10701971	420493	2663796	9471099	992948	237924	4341536
江西	8908082	237788	3087594	7824610	447521	635951	2440690
山东	27875800	367170	9075016	23488404	3766489	620907	7380115
河南	13269673	487789	4162546	10080784	2373595	815294	3589100
湖北	53948446	1213899	32734806	49855087	3215828	877531	20252062
湖南	19852497	418002	7791092	16175971	2677279	999247	6832755
广东	55745822	1769463	14449870	51555329	3511861	678631	14504692
广西	8136764	37490	2182783	7027336	632891	476538	1306148
海南	623515	2413		617422	328	5765	270064
重庆	10985786	99778	6141823	10072327	578511	334948	5029501
四川	37495345	414896	10138768	34040449	2652074	802822	10012748
贵州	11711403	55089	2990915	9696135	1521894	493374	1352839
云南	10210277	30952	1100638	9093081	733191	384006	1169960
西藏	719124			666658	27513	24953	77987
陕西	14969555	214661	6704082	12383639	1662612	923305	6144403
甘肃	6551546	28575	1272101	5508202	823133	220211	1304802
青海	2809137	300	2132138	2730554	78285	297	1239272
宁夏	1978630	4067	453780	1770885	178088	29657	997279
新疆	5619074	30498	279684	5311923	242939	64212	2774112

3-23　各地区国有建筑业企业资产构成

单位：万元

地　区	资产总计	流动资产合计	#存货
全国总计	**652835739**	**491624113**	**41175014**
北　京	32953380	22992794	581176
天　津	16557769	11408621	684144
河　北	13239905	10675899	1341987
山　西	15627682	9216760	1274283
内蒙古	3542888	2809342	772851
辽　宁	10682824	8270678	1292322
吉　林	4262745	2854542	281408
黑龙江	5132077	4631789	622688
上　海	48582849	36457650	1091966
江　苏	32599833	26901016	3075173
浙　江	10020127	6983410	936144
安　徽	17176033	13516393	932791
福　建	13397307	9497006	1587400
江　西	13074231	10753718	1403933
山　东	48347568	39167754	3634525
河　南	16614614	13138199	1229496
湖　北	92832435	63557666	7010967
湖　南	16183738	11995388	783031
广　东	52008472	42887129	1952022
广　西	9663706	6616497	407878
海　南	1145192	1005332	58736
重　庆	13925009	10360958	953942
四　川	60238980	44482426	3145343
贵　州	36435929	28227332	2515838
云　南	13322111	10021986	525889
西　藏	1893671	1700368	130374
陕　西	18051460	15531353	1005300
甘　肃	18640743	12935268	618376
青　海	4477941	2912270	213492
宁　夏	1908730	1686560	149748
新　疆	10295790	8428011	961791

3-24 各地区国有建筑业企业负债及所有者权益

单位：万元

地 区	负债合计	#流动负债	#应付账款	所有者权益	#实收资本
全国总计	**516747425**	**448814794**	**181368091**	**136088323**	**60190365**
北 京	24407652	21577826	8075186	8545728	3900277
天 津	12342803	11359977	4763540	4214965	1955008
河 北	10984928	9710075	4083561	2254977	1642951
山 西	11463909	9138202	3245132	4163773	1376541
内蒙古	3028369	2827879	1219969	514519	529511
辽 宁	8200331	7255053	2905083	2482502	1213677
吉 林	2313497	2013256	805358	1949248	1070854
黑龙江	5160586	4942267	1998491	-28509	602507
上 海	38737084	38089998	18797876	9845765	4057441
江 苏	26353214	24183908	7608349	6246619	3061514
浙 江	8176907	6548809	1782515	1843221	673238
安 徽	14526908	13489140	4819246	2649125	1382399
福 建	10203122	8389810	2373757	3194185	964262
江 西	11314621	9771558	2408277	1759610	1379611
山 东	39885562	36369310	13612975	8462006	4662897
河 南	13235006	11317670	4142126	3379609	2002072
湖 北	72299976	55329354	27808324	20532459	5368127
湖 南	11621000	8960255	3122100	4562738	2653477
广 东	44245586	41362712	20141175	7762886	4139052
广 西	7296121	6211016	2075898	2367585	1369677
海 南	667100	645890	339337	478092	402071
重 庆	10784522	9264928	2481191	3140487	1551021
四 川	47123754	38735991	15437452	13115226	4686294
贵 州	29269977	23722027	6647075	7165952	2393147
云 南	10219704	9432878	4815017	3102407	1543920
西 藏	1569300	1482910	565484	324371	126192
陕 西	14397049	13645749	6550773	3654410	2262671
甘 肃	13899695	11362439	3995219	4741048	1875876
青 海	3346444	2744126	1389364	1131496	410955
宁 夏	1551825	1482974	771014	356906	219705
新 疆	8120872	7446808	2587227	2174917	713424

3-25　各地区国有建筑业企业收入情况

单位：万元

地　区	主营业务收　入	主营业务成　本	主营业务税金及附加	其他业务收　入	其他业务利　润
全国总计	**403455413**	**371766974**	**1239046**	**5430648**	**419174**
北　京	15686949	14521753	4780	96519	8819
天　津	9443989	8601150	14471	108674	12968
河　北	10065213	9333733	31043	183264	13130
山　西	6407700	5707404	22894	43452	6176
内 蒙 古	3690315	3457527	8788	26177	5521
辽　宁	5871340	5343655	18210	144571	5434
吉　林	1773106	1665560	5449	60932	1770
黑 龙 江	2891842	2945597	11136	64280	5339
上　海	48815063	45768088	86310	150186	21243
江　苏	19995404	18402628	91017	303319	18915
浙　江	3826349	3507364	12667	114516	20854
安　徽	14912991	13845334	38306	286438	37807
福　建	6862236	6412398	20840	64791	10370
江　西	5407403	5048222	28531	67645	12562
山　东	28190467	25895536	72070	350700	12479
河　南	10031364	9281933	32428	211675	13660
湖　北	54864613	49505761	192988	615394	74839
湖　南	15302975	13966303	93980	399248	9821
广　东	51148369	48325312	127026	263690	28151
广　西	5826103	5177081	27323	120953	2523
海　南	690679	653260	1631	8753	276
重　庆	6953250	6364177	23102	111024	2949
四　川	29549023	26731203	94380	583829	49100
贵　州	8219485	7274515	42831	417739	13027
云　南	6320611	5679457	22444	136260	4841
西　藏	802075	748276	1284	3858	-1662
陕　西	12646181	11648425	49027	155890	13901
甘　肃	5997506	5620295	18594	272360	6894
青　海	3639023	3263353	11483	24656	83
宁　夏	1907956	1803750	7331	7375	488
新　疆	5715836	5267925	26684	32482	6898

3-26 各地区国有建筑业企业利润及税金情况

单位：万元

地 区	利润总额	#所得税费用	税金总额	主营业务税金及附加	应交增值税
全国总计	**11618850**	**2097467**	**8155693**	**1239046**	**6916647**
北 京	28620	41791	171544	4780	166764
天 津	302954	30301	126082	14471	111612
河 北	130986	23792	222381	31043	191338
山 西	229307	21281	194336	22894	171442
内 蒙 古	65623	17272	40218	8788	31430
辽 宁	-15113	13556	133433	18210	115224
吉 林	29020	4993	43180	5449	37732
黑 龙 江	-253117	14082	85658	11136	74522
上 海	1233628	163223	768371	86310	682062
江 苏	739132	139167	394555	91017	303537
浙 江	184289	38354	89143	12667	76475
安 徽	450550	78467	293380	38306	255074
福 建	231684	40872	149457	20840	128617
江 西	124217	34506	147842	28531	119311
山 东	697322	134604	555591	72070	483521
河 南	261373	39773	208284	32428	175856
湖 北	2250280	433984	1141718	192988	948729
湖 南	424784	68495	441656	93980	347676
广 东	836442	132185	727447	127026	600421
广 西	362517	53225	134549	27323	107226
海 南	23926	5661	11114	1631	9483
重 庆	204015	24923	215177	23102	192075
四 川	1424962	244531	554919	94380	460540
贵 州	350503	87291	331278	42831	288448
云 南	326060	57416	171937	22444	149493
西 藏	27752	1710	14873	1284	13589
陕 西	390091	52710	298153	49027	249126
甘 肃	209756	32832	203044	18594	184450
青 海	120899	13382	41596	11483	30113
宁 夏	31063	8454	53156	7331	45825
新 疆	195325	44635	191622	26684	164938

3-27　各地区集体建筑业企业签订合同情况

单位：万元

地　区	签订合同额	上年结转合同额	本年新签合同额
全国总计	**49043988**	**20465623**	**28578366**
北　京	1670437	1265283	405154
天　津	125036	58927	66108
河　北	891565	396914	494651
山　西	434458	235763	198694
内蒙古	60955	29749	31206
辽　宁	702529	165352	537177
吉　林	36047	12415	23632
黑龙江	309882	80947	228936
上　海	275579	157881	117698
江　苏	1720970	892754	828216
浙　江	2393930	1423411	970519
安　徽	967257	172058	795199
福　建	2477907	445856	2032050
江　西	4112147	964584	3147563
山　东	4966341	3066801	1899540
河　南	2488359	453453	2034906
湖　北	665444	90983	574461
湖　南	3062327	775532	2286795
广　东	8516314	5265944	3250370
广　西	2607200	935118	1672082
海　南	134544	38743	95801
重　庆	1041195	161449	879747
四　川	4032250	1696127	2336123
贵　州	660315	401900	258415
云　南	1464954	317053	1147902
西　藏	18138	5889	12248
陕　西	1858318	349630	1508688
甘　肃	1043183	531424	511759
青　海	206086	27779	178308
宁　夏	21728	13297	8432
新　疆	78596	32608	45988

3-28 各地区集体建筑业企业承包工程完成情况

单位：万元

地区	直接从建设单位承揽工程完成的产值	自行完成施工产值	分包出去工程的产值	从建设单位以外承揽工程完成的产值
全国总计	**29933540**	**29670324**	**263216**	**466251**
北　京	741430	665542	75889	23297
天　津	59409	58625	784	2440
河　北	660077	659608	470	2060
山　西	224215	224215		
内蒙古	40868	40868		
辽　宁	514834	503993	10841	7509
吉　林	27968	27968		
黑龙江	221802	221678	124	395
上　海	131697	127949	3748	5968
江　苏	1338608	1338608		22811
浙　江	1065001	1054740	10261	102218
安　徽	705483	703525	1958	47467
福　建	1877077	1877077		9063
江　西	3220052	3194164	25888	29741
山　东	2334429	2333379	1049	26160
河　南	1932114	1920622	11492	22035
湖　北	502250	502210	40	4889
湖　南	2553301	2547332	5969	20351
广　东	3746649	3652024	94624	51340
广　西	1667170	1665811	1359	476
海　南	101615	99965	1650	1650
重　庆	866115	860685	5430	13971
四　川	2044662	2034846	9816	21345
贵　州	209213	209213		18310
云　南	1046942	1046942		23496
西　藏	16254	16254		
陕　西	1390451	1389909	542	5159
甘　肃	504971	503689	1283	4099
青　海	127068	127068		
宁　夏	13453	13453		
新　疆	48366	48366		

3-29 各地区集体企业建筑业总产值和竣工产值

单位：万元

地区	建筑业总产值	#装饰装修产值	#在外省完成的产值	按构成分组			竣工产值
				建筑工程产值	安装工程产值	其他产值	
全国总计	**30136575**	**689911**	**4256811**	**26606267**	**2559143**	**971164**	**17954372**
北京	688839	37397	141557	678232	7711	2896	298474
天津	61065	2816	3860	42037	18376	652	10069
河北	661668	34241	59584	586252	28360	47055	194626
山西	224215	12036		215657	6055	2503	105420
内蒙古	40868			40333	535		11022
辽宁	511502	2082	22632	405377	63845	42279	224603
吉林	27968	1062		26843		1125	25425
黑龙江	222073	213	2569	201928	3466	16679	116057
上海	133917	22931	39364	127774	6053	91	68797
江苏	1361419	51062	408540	1342525	18056	838	1151021
浙江	1156958	20690	122386	954916	197462	4581	628831
安徽	750992	2549	448069	296199	373641	81152	432697
福建	1886140	6026	1561639	1881405	4735		1479049
江西	3223905	60208	317743	2953692	142600	127613	2010603
山东	2359540	46509	30495	2211849	120627	27064	1470741
河南	1942658	11404	14756	1850123	54953	37582	973995
湖北	507099	2471	3151	410661	84299	12139	304489
湖南	2567682	91710	145742	2155548	277991	134144	1712055
广东	3703365	139145	151088	3354948	249181	99236	2230733
广西	1666287	84646		1504954	69330	92004	1191896
海南	101615			86257	10533	4825	53791
重庆	874656	1857	116023	852287	9624	12745	465716
四川	2056191	5676	656970	1488992	452913	114286	1044210
贵州	227523	1431		206464	15262	5797	129044
云南	1070438	19534		886057	115842	68539	473611
西藏	16254			16164		89	
陕西	1395068	29530	7425	1278631	91744	24693	670392
甘肃	507787	2679	3218	457829	42316	7643	393466
青海	127068	7		73036	53891	141	40530
宁夏	13453			13443	10		2763
新疆	48366			5858	39734	2775	40243

3-30 各地区集体建筑业企业资产构成

单位：万元

地 区	资产总计	流动资产合计	#存货
全国总计	**21366075**	**17749750**	**3809352**
北 京	1200185	1086164	321155
天 津	332752	308436	18374
河 北	348212	295297	29375
山 西	618345	581253	331444
内蒙古	57369	53363	29582
辽 宁	1030780	867530	104163
吉 林	75987	73509	9686
黑龙江	163017	111182	21809
上 海	143807	135161	31160
江 苏	875646	714355	121636
浙 江	898713	759992	254477
安 徽	304368	240111	70755
福 建	617021	516007	134079
江 西	1623357	1209416	292673
山 东	3055956	2723236	623739
河 南	533264	383166	56746
湖 北	212007	169156	28911
湖 南	905476	627679	126632
广 东	2458688	2169035	434187
广 西	1082972	929598	132092
海 南	120263	106134	6608
重 庆	420473	359857	116815
四 川	1022237	869510	217759
贵 州	498652	444990	89651
云 南	751932	618306	24226
西 藏	21865	19417	6960
陕 西	1242867	737504	112989
甘 肃	460006	389802	54795
青 海	139659	119645	3175
宁 夏	68761	65816	1201
新 疆	81439	65126	2500

3-31 各地区集体建筑业企业负债及所有者权益

单位：万元

地区	负债合计	#流动负债	#应付账款	所有者权益	#实收资本
全国总计	**14413912**	**13385273**	**4063074**	**6952163**	**3391223**
北京	903939	900212	266328	296246	148234
天津	213781	211792	44617	118971	123503
河北	235077	229216	72079	113136	59861
山西	556673	547916	115207	61672	53658
内蒙古	48494	45495	10614	8875	13871
辽宁	831852	755330	225291	198928	124154
吉林	66154	66111	46011	9833	8332
黑龙江	115064	53376	24190	47952	29898
上海	98787	98758	50685	45020	27358
江苏	560152	486807	220071	315494	113356
浙江	592655	583395	162047	306058	163173
安徽	170001	162368	26583	134367	37872
福建	389226	344228	31882	227795	98332
江西	1070820	901073	277413	552537	252799
山东	2467128	2358175	747653	588828	364898
河南	269132	193929	70429	264132	136184
湖北	83831	78093	50844	128176	63335
湖南	519323	448902	108996	386153	253035
广东	1681677	1624682	460679	777011	316735
广西	682971	628671	174262	400001	233528
海南	60602	60237	42144	59661	7753
重庆	289557	281625	23212	130916	53642
四川	722245	682489	194973	299992	156152
贵州	354531	342053	44777	144121	64979
云南	328719	309775	90445	423212	101821
西藏	10361	9837	4827	11505	6878
陕西	558218	456418	178286	684649	258972
甘肃	323211	315405	165365	136796	75265
青海	102841	102435	71282	36818	16454
宁夏	46379	46379	19493	22382	16731
新疆	60512	60094	42390	20927	10458

3-32 各地区集体建筑业企业收入情况

单位：万元

地　区	主营业务收　入	主营业务成　本	主营业务税金及附加	其他业务收　入	其他业务利　润
全国总计	**23910719**	**21902537**	**347572**	**764887**	**16198**
北　京	939654	887534	2632	8751	4710
天　津	80480	71267	250	105	2
河　北	565429	538995	2999	2541	7
山　西	245201	233428	1224	2160	166
内蒙古	42384	38762	187	40	34
辽　宁	461016	417796	2275	69290	329
吉　林	43487	41205	251		
黑龙江	148817	138360	2094	20981	
上　海	140945	132217	415	379	378
江　苏	1226802	1119669	6449	2406	-25
浙　江	1026138	964535	5049	19081	3436
安　徽	776156	677599	26502	4260	120
福　建	974159	921481	5558	4434	243
江　西	2154051	1956327	40875	52315	1364
山　东	1850887	1725085	23840	94534	792
河　南	571452	516821	8480	4730	3
湖　北	406441	353666	6880	4847	-3
湖　南	2061564	1756143	59180	26393	445
广　东	3693063	3463062	49183	25537	1122
广　西	1041794	973837	10645	11515	359
海　南	85530	81777	381	34	34
重　庆	744748	682019	12823	2034	218
四　川	2008098	1820252	27261	261077	977
贵　州	196568	180222	3072	27987	285
云　南	591437	529551	14318	30625	81
西　藏	6182	5470	44	877	
陕　西	1100485	1010686	27202	50227	105
甘　肃	517171	477083	6384	36851	234
青　海	120621	107375	654	22	
宁　夏	13914	13239	95		
新　疆	76050	67075	373	855	784

3-33　各地区集体建筑业企业利润及税金情况

单位：万元

地　区	利润总额	#所得税费用	税金总额	主营业务税金及附加	应交增值税
全国总计	**775530**	**179371**	**1103103**	**347572**	**755530**
北　京	4356	1849	15851	2632	13219
天　津	-2385	380	3970	250	3721
河　北	12751	3707	14502	2999	11504
山　西	515	590	8169	1224	6945
内蒙古	1516	506	1706	187	1519
辽　宁	12920	2121	22027	2275	19752
吉　林	745	192	2880	251	2629
黑龙江	3058	653	6412	2094	4319
上　海	896	126	5199	415	4784
江　苏	47335	15645	27800	6449	21352
浙　江	22767	6426	28334	5049	23285
安　徽	11029	2735	72746	26502	46244
福　建	22006	3645	15141	5558	9583
江　西	79575	17205	110362	40875	69486
山　东	53123	10123	88468	23840	64628
河　南	33491	3596	27916	8480	19436
湖　北	24191	5058	26400	6880	19520
湖　南	98421	13676	126263	59180	67083
广　东	112726	39062	184623	49183	135440
广　西	16518	4505	46925	10645	36281
海　南	589	814	4266	381	3885
重　庆	40029	6092	23647	12823	10825
四　川	73215	22196	91105	27261	63844
贵　州	7477	2462	12166	3072	9094
云　南	26393	7274	36711	14318	22394
西　藏	929	83	61	44	17
陕　西	53853	5592	68324	27202	41122
甘　肃	10155	3309	23786	6384	17402
青　海	4238	-482	4564	654	3910
宁　夏	-347	3	688	95	593
新　疆	3445	232	2091	373	1717

3-34 各地区私营建筑业企业签订合同情况

单位：万元

地区	签订合同额	上年结转合同额	本年新签合同额
全国总计	**2236839183**	**946313516**	**1290525667**
北京	17236541	7419711	9816830
天津	11991836	5321751	6670085
河北	50418502	21738567	28679936
山西	33505917	14264769	19241149
内蒙古	14680436	6872704	7807732
辽宁	23226842	8141252	15085590
吉林	27185202	12837973	14347229
黑龙江	7548828	3343570	4205258
上海	33757513	17084369	16673144
江苏	361515746	140531127	220984619
浙江	303345732	155329281	148016451
安徽	83746559	29778831	53967728
福建	208804907	84956019	123848888
江西	79697848	23130154	56567694
山东	117833608	48746223	69087385
河南	93441754	33055652	60386103
湖北	93818587	34362615	59455972
湖南	86229932	35043056	51186877
广东	160973928	85702425	75271504
广西	52886423	24869986	28016437
海南	2517358	1482834	1034525
重庆	77147213	27254979	49892234
四川	148350284	63420796	84929488
贵州	27919197	16713177	11206020
云南	40383555	11666864	28716691
西藏	1345325	640460	704866
陕西	33210875	13820878	19389998
甘肃	16235721	7432339	8803381
青海	4014687	2139569	1875119
宁夏	6689637	2753021	3936616
新疆	17178690	6458568	10720122

3-35　各地区私营建筑业企业承包工程完成情况

单位：万元

地　区	直接从建设单位承揽工程完成的产值	自行完成施工产值	分包出去工程的产值	从建设单位以外承揽工程完成的产值
全国总计	**1298293714**	**1281729813**	**16563901**	**93407460**
北　京	8159742	7467765	691977	3082577
天　津	6480232	5985221	495011	1931339
河　北	26988890	26688624	300266	1167195
山　西	19424763	19267323	157440	1255536
内蒙古	6473691	6413874	59818	124125
辽　宁	15667457	15398824	268633	606499
吉　林	13033780	13001051	32728	247904
黑龙江	4253953	4222271	31682	134669
上　海	15299650	14236327	1063323	3717020
江　苏	240340992	239713244	627748	26382813
浙　江	154511771	152693692	1818079	7435824
安　徽	50901639	50573892	327747	6870550
福　建	121677264	121437124	240140	5194964
江　西	54669765	53951396	718370	3521732
山　东	64766713	62744688	2022025	3530560
河　南	58762514	58004474	758040	2204367
湖　北	64869364	64248382	620982	2768184
湖　南	58746970	58054244	692726	2156525
广　东	70341586	67516127	2825459	6275238
广　西	28637988	28438186	199802	835597
海　南	807442	795561	11881	55273
重　庆	56551078	55678687	872391	3966222
四　川	77888985	76918376	970609	5120712
贵　州	8843392	8747829	95564	442644
云　南	26558071	26408462	149609	2046952
西　藏	707776	701534	6242	10304
陕　西	19858859	19498316	360543	1684815
甘　肃	7554477	7519554	34923	179937
青　海	1901576	1881051	20526	16147
宁　夏	3794902	3782927	11975	53322
新　疆	9818434	9740792	77642	387914

3-36 各地区私营企业建筑业总产值和竣工产值

单位：万元

地　区	建筑业总产值	#装饰装修产　值	#在外省完成的产值	按构成分组			竣工产值
				建筑工程产值	安装工程产值	其他产值	
全国总计	**1375137273**	**75179394**	**332830903**	**1207148361**	**117489109**	**50499804**	**686081227**
北　京	10550341	3113123	4231892	9105769	1128172	316400	5981933
天　津	7916560	386610	1810585	6145443	1373255	397862	2362147
河　北	27855819	1044878	4331666	23564275	2871571	1419973	11406246
山　西	20522859	1051344	3750452	17622352	2118787	781720	7757649
内蒙古	6537999	81897	889622	5696540	379319	462140	2573696
辽　宁	16005323	930472	2868506	12837383	2358718	809222	7287704
吉　林	13248956	439782	1959015	11313769	1325599	609588	6930935
黑龙江	4356939	120274	352567	3766650	329156	261134	1816842
上　海	17953346	2910828	6574718	13934557	3452280	566509	10343189
江　苏	266096057	15807677	103422716	247903777	16047602	2144678	182503209
浙　江	160129516	11217194	36183663	143813274	11799615	4516627	85580497
安　徽	57444442	2219544	8374883	47811360	4237298	5395784	23221553
福　建	126632088	3578449	65339462	117690023	6573366	2368699	51854724
江　西	57473127	3188012	16811674	49451290	3598840	4422997	25725710
山　东	66275248	4000922	10006733	52709568	11106496	2459184	31197781
河　南	60208841	2317098	6761704	51461587	6086934	2660320	28371816
湖　北	67016566	3450504	12083546	58278746	6532723	2205098	34274462
湖　南	60210769	2141266	9427269	49307806	7093791	3809172	29883371
广　东	73791365	8979689	9901249	61442449	9326781	3022135	25659079
广　西	29273783	1073898	2422161	24767158	2123582	2383044	12706632
海　南	850834	122895	94613	767378	52618	30839	213390
重　庆	59644909	2548276	9422165	53448410	4150913	2045586	26409400
四　川	82039088	2359417	10413047	71411377	6778458	3849253	39697291
贵　州	9190473	295623	736210	7774803	1000034	415637	3236807
云　南	28455414	710501	840508	24921293	2058318	1475802	13046809
西　藏	711838	8636	5318	656605	32726	22508	383540
陕　西	21183131	761942	2682805	18071797	2149075	962259	6373884
甘　肃	7699491	129865	725868	6899930	501537	298025	3137028
青　海	1897198	14363	81045	1727470	148205	21523	626676
宁　夏	3836249	27572	269473	3589240	168582	78426	1397685
新　疆	10128706	146845	55770	9256285	584761	287660	4119544

3-37　各地区私营建筑业企业资产构成

单位：万元

地　区	资产总计	流动资产合计	#存货
全国总计	**1087392123**	**929661634**	**164209857**
北　京	19833192	17577726	1655039
天　津	12104092	10865049	891431
河　北	35016096	29982474	6162740
山　西	21733649	18715882	3358505
内蒙古	16209514	13477163	1678870
辽　宁	28647742	24239794	3239462
吉　林	21600920	18378298	2746964
黑龙江	6860332	5873797	1129571
上　海	31254129	27908751	3057969
江　苏	155976671	133548077	31953113
浙　江	113865816	98058398	17096107
安　徽	39662100	33736517	4960265
福　建	56971740	48502692	7436279
江　西	32374623	26455614	5778478
山　东	76787097	65486544	13910262
河　南	55404812	46886833	8206707
湖　北	40998346	34325263	7351165
湖　南	29518924	23946881	3985759
广　东	87303198	79368761	10413585
广　西	17290691	15267329	1905026
海　南	1390930	1240534	90308
重　庆	34044063	28770964	5301179
四　川	54723612	44461156	8599255
贵　州	17724240	14102386	2224092
云　南	20312932	17203523	2569427
西　藏	2468352	2087772	224467
陕　西	23783176	20760787	3859073
甘　肃	12119019	9939521	1613539
青　海	2769405	2261438	483073
宁　夏	4706320	4072025	773445
新　疆	13936392	12159686	1554705

3-38 各地区私营建筑业企业负债及所有者权益

单位：万元

地　区	负债合计	#流动负债	#应付账款	所有者权益	#实收资本
全国总计	**693763229**	**641213157**	**247005825**	**393626374**	**220179509**
北　京	14474687	13903077	6309614	5358527	3960607
天　津	8582592	8127763	3484186	3521500	2355273
河　北	24282609	22411876	9588038	10734294	6705442
山　西	14263210	13612640	6347222	7470439	5309617
内蒙古	11277048	9861878	3620587	4932467	3473907
辽　宁	19608455	16705361	5607502	9042113	5010460
吉　林	14908604	13914655	4340464	6692316	3756594
黑龙江	3858852	3701628	1564295	3001479	2254159
上　海	22350473	21414921	8328967	8903656	4646541
江　苏	80343687	76926925	32179675	75633902	33189741
浙　江	78256425	75910193	31916017	35609390	22208274
安　徽	25860751	23029805	8155152	13801421	6896372
福　建	30865135	27506271	8106554	26106605	14993037
江　西	17473016	15360584	5090983	14901607	8320218
山　东	55739152	52794979	22897023	21047945	12565771
河　南	32720999	29554061	9042994	22683813	14147280
湖　北	21199150	19260563	8004330	19799417	8992532
湖　南	16974182	14482636	5129945	12544742	6464755
广　东	62757455	58071201	19342297	24546141	12865495
广　西	11888375	10901313	3424172	5402251	3480107
海　南	862791	818357	248953	528139	283891
重　庆	22536633	20269059	8462813	11507431	5740937
四　川	35669021	31787210	12194355	19055183	11889046
贵　州	13855864	11175377	3631131	3859533	2544671
云　南	12463906	11616639	4399394	7849027	4728547
西　藏	1404099	1309288	276627	1064254	358940
陕　西	15387130	14450622	6270662	8396046	6248509
甘　肃	8073115	7521449	2611479	4045905	2501424
青　海	1893053	1720486	682212	876880	771928
宁　夏	3196947	3047967	1388863	1509373	1114847
新　疆	10735814	10044373	4359318	3200578	2400590

3-39 各地区私营建筑业企业收入情况

单位：万元

地 区	主营业务收入	主营业务成本	主营业务税金及附加	其他业务收入	其他业务利润
全国总计	**1103911371**	**1009748333**	**7732122**	**26507002**	**489189**
北 京	14823653	13276556	45661	212435	18501
天 津	8449323	7624579	38942	662422	8962
河 北	22630589	20962965	119219	1040875	7714
山 西	18122935	16754458	76990	581213	11561
内蒙古	7210149	6613186	33632	316610	5026
辽 宁	14859492	13488044	69090	1261865	6649
吉 林	11913719	10809727	74389	392304	-14578
黑龙江	4847135	4437770	30115	130106	1422
上 海	22252424	20375668	72217	166771	23065
江 苏	221141187	201888730	1492066	1123608	111461
浙 江	132123027	124362423	508151	1194756	119677
安 徽	43369024	39772343	270365	1202861	11784
福 建	94356007	85809747	892961	2005520	8083
江 西	34956738	31703122	310500	2553107	34689
山 东	62805546	57370163	290925	2183793	30904
河 南	41259682	37180505	339825	329828	8617
湖 北	52499892	47690904	526266	1098681	9598
湖 南	46112509	41654809	755544	1695313	3590
广 东	70406524	64040768	280079	1155130	29525
广 西	14332843	13223996	73267	744360	4216
海 南	963906	872881	3720	6594	152
重 庆	48281625	43363654	548950	1012081	12840
四 川	51791785	47243873	396849	2922949	17684
贵 州	6625758	6165185	48202	827159	1771
云 南	15666584	14288932	142963	521004	256
西 藏	838396	743680	5984	22564	847
陕 西	17573059	16013743	137240	570737	3984
甘 肃	7701166	7093124	54949	264228	602
青 海	1915335	1799618	6295	42172	92
宁 夏	3750936	3523647	17509	170894	3912
新 疆	10330427	9599536	69257	95061	6582

3-40 各地区私营建筑业企业利润及税金情况

单位：万元

地区	利润总额	#所得税费用	税金总额	主营业务税金及附加	应交增值税
全国总计	**33328381**	**6704909**	**37521656**	**7732122**	**29789534**
北京	61551	24346	383013	45661	337351
天津	93665	23061	302570	38942	263628
河北	162242	127560	675525	119219	556306
山西	306515	60666	644449	76990	567459
内蒙古	264784	36952	242020	33632	208388
辽宁	289329	64557	485546	69090	416455
吉林	318522	73192	443563	74389	369174
黑龙江	79474	15228	192392	30115	162277
上海	306616	76227	644689	72217	572473
江苏	9208961	1830082	6956486	1492066	5464420
浙江	2106200	474313	3711252	508151	3203101
安徽	1124403	184690	1540771	270365	1270405
福建	3764048	776442	3230057	892961	2337095
江西	1595651	289450	1159735	310500	849236
山东	1393692	257563	1986786	290925	1695861
河南	1764540	329609	1661238	339825	1321412
湖北	2153282	430753	2108403	526266	1582137
湖南	1528632	265632	1868291	755544	1112746
广东	1574929	321526	2183235	280079	1903156
广西	261580	72445	433526	73267	360260
海南	26034	9226	38071	3720	34350
重庆	2164366	371225	1983496	548950	1434547
四川	1532461	305134	1990403	396849	1593554
贵州	115459	37125	282264	48202	234062
云南	341727	73720	679533	142963	536570
西藏	26950	3714	32943	5984	26959
陕西	468658	94544	683785	137240	546545
甘肃	175528	31784	390396	54949	335446
青海	17645	4181	68725	6295	62430
宁夏	26475	8974	128257	17509	110748
新疆	74461	30987	390241	69257	320984

3-41　各地区联营建筑业企业签订合同情况

单位：万元

地　区	签订合同额	上年结转合同额	本年新签合同额
全国总计	**412727**	**240510**	**172217**
北　京			
天　津	2021	107	1914
河　北			
山　西			
内蒙古			
辽　宁	7300		7300
吉　林			
黑龙江			
上　海	13368	4853	8515
江　苏	50438		50438
浙　江	1087		1087
安　徽			
福　建			
江　西			
山　东			
河　南			
湖　北	1587	425	1162
湖　南	28350	851	27499
广　东	147769	77793	69976
广　西	154114	154114	
海　南			
重　庆			
四　川			
贵　州			
云　南	709	32	677
西　藏			
陕　西	5837	2188	3648
甘　肃			
青　海			
宁　夏			
新　疆	147	147	

3-42 各地区联营建筑业企业承包工程完成情况

单位：万元

地 区	直接从建设单位承揽工程完成的产值	自行完成施工产值	分包出去工程的产值	从建设单位以外承揽工程完成的产值
全国总计	**182208**	**180443**	**1765**	**1313**
北 京				
天 津	2256	2256		121
河 北				
山 西				
内蒙古				
辽 宁	13800	13800		
吉 林				
黑龙江				
上 海	7635	6100	1535	
江 苏	15749	15749		
浙 江	811	811		
安 徽				
福 建				
江 西				
山 东				
河 南				
湖 北	727	727		
湖 南	27300	27300		
广 东	78024	77974	50	
广 西	30143	30143		870
海 南				
重 庆				
四 川				
贵 州				
云 南	567	387	180	322
西 藏				
陕 西	5050	5050		
甘 肃				
青 海				
宁 夏				
新 疆	147	147		

3-43　各地区联营企业建筑业总产值和竣工产值

单位：万元

地　区	建筑业总产值	#装饰装修产值	#在外省完成的产值	按构成分组			竣工产值
				建筑工程产值	安装工程产值	其他产值	
全国总计	**181756**	**55375**	**2906**	**155915**	**23927**	**1914**	**39682**
北　京							
天　津	2377	258		2377			
河　北							
山　西							
内蒙古							
辽　宁	13800				13800		
吉　林							
黑龙江							
上　海	6100	3954		6100			6100
江　苏	15749			10784	4965		7991
浙　江	811			811			705
安　徽							
福　建							
江　西							
山　东							
河　南							
湖　北	727				727		
湖　南	27300			27300			9430
广　东	77974	51163	2906	71993	4248	1732	14948
广　西	31013			31013			253
海　南							
重　庆							
四　川							
贵　州							
云　南	709			340	187	182	108
西　藏							
陕　西	5050			5050			
甘　肃							
青　海							
宁　夏							
新　疆	147			147			147

3-44 各地区联营建筑业企业资产构成

单位：万元

地　区	资产总计	#流动资产合计	#存货
全国总计	**197200**	**173167**	**25053**
北　京			
天　津	20822	20335	8210
河　北			
山　西			
内蒙古			
辽　宁	8072	8072	
吉　林			
黑龙江			
上　海	16299	15295	3344
江　苏	14659	9948	1627
浙　江	1325	1321	643
安　徽			
福　建			
江　西			
山　东			
河　南			
湖　北	2085	2067	89
湖　南	3508	2695	
广　东	59126	47230	7768
广　西	58322	57771	
海　南			
重　庆			
四　川			
贵　州			
云　南	1775	987	322
西　藏			
陕　西	10260	6500	3050
甘　肃			
青　海			
宁　夏			
新　疆	947	947	

3-45　各地区联营建筑业企业负债及所有者权益

单位：万元

地　区	负债合计	#流动负债	#应付账款	所有者权益	#实收资本
全国总计	**151729**	**140317**	**43779**	**45471**	**30180**
北　京					
天　津	18202	18202	11251	2620	6648
河　北					
山　西					
内蒙古					
辽　宁	8543	8542	7927	-471	915
吉　林					
黑龙江					
上　海	7399	7399	4109	8901	4000
江　苏	8790	6470	4786	5870	2430
浙　江	550	550	211	775	611
安　徽					
福　建					
江　西					
山　东					
河　南					
湖　北	1323	1323	132	762	20
湖　南	540	240	126	2968	813
广　东	43525	42954	11040	15601	7073
广　西	58216	50216		107	110
海　南					
重　庆					
四　川					
贵　州					
云　南	444	224	199	1331	560
西　藏					
陕　西	4060	4060	4000	6200	6200
甘　肃					
青　海					
宁　夏					
新　疆	139	139		808	800

3-46 各地区联营建筑业企业收入情况

单位：万元

地区	主营业务收入	主营业务成本	主营业务税金及附加	其他业务收入	其他业务利润
全国总计	**180556**	**171858**	**779**	**286**	**4**
北京					
天津	2429	2296	13	76	5
河北					
山西					
内蒙古					
辽宁	13886	13696	71		
吉林					
黑龙江					
上海	14522	14008	42		
江苏	13913	13490	33		
浙江	548	490	2		
安徽					
福建					
江西					
山东					
河南					
湖北	1174	735	3	2	-1
湖南	4678	4520	157		
广东	79304	75047	314		
广西	42013	41225	21		
海南					
重庆					
四川					
贵州					
云南	2891	2235	110	208	
西藏					
陕西	5052	4000	13		
甘肃					
青海					
宁夏					
新疆	146	118			

3-47　各地区联营建筑业企业利润及税金情况

单位：万元

地　区	利润总额	#所得税费用	税金总额	主营业务税金及附加	应交增值税
全国总计	**943**	**687**	**4022**	**779**	**3243**
北　京					
天　津	-507		33	13	19
河　北					
山　西					
内蒙古					
辽　宁	140	35	124	71	53
吉　林					
黑龙江					
上　海	128	32	520	42	478
江　苏	163	4	708	33	675
浙　江	-11		36	2	34
安　徽					
福　建					
江　西					
山　东					
河　南					
湖　北	180	56	166	3	164
湖　南	83	2	199	157	42
广　东	657	519	1984	314	1670
广　西	-71		47	21	26
海　南					
重　庆					
四　川					
贵　州					
云　南	32	8	194	110	84
西　藏					
陕　西	132	30	13	13	
甘　肃					
青　海					
宁　夏					
新　疆	17				

3-48 各地区股份制建筑业企业签订合同情况

单位：万元

地　区	签订合同额	上年结转合同额	本年新签合同额
全国总计	**3399568714**	**1770472734**	**1629095980**
北　京	414332379	244224737	170107642
天　津	129392876	64842468	64550408
河　北	73677088	37935391	35741697
山　西	92414329	40137055	52277274
内蒙古	5549726	3107516	2442210
辽　宁	40474198	18321680	22152518
吉　林	14012213	6624382	7387831
黑龙江	17593020	9500730	8092290
上　海	162129573	97000332	65129241
江　苏	195750785	106763662	88987123
浙　江	156993989	87558947	69435042
安　徽	119660718	53311085	66349634
福　建	61968297	34116066	27852230
江　西	68059102	29562444	38496658
山　东	188784636	87242328	101542308
河　南	161947870	84565340	77382530
湖　北	248260285	115956592	132303693
湖　南	183979399	106697340	77282060
广　东	314702102	169297804	145404299
广　西	67109910	34096542	33013368
海　南	9142406	5857792	3284614
重　庆	63492163	34724803	28767360
四　川	192829077	97352000	95477077
贵　州	71633239	39969091	31664148
云　南	92640004	48406388	44233617
西　藏	1469149	974598	494551
陕　西	175025493	73651429	101374064
甘　肃	26422418	12340429	14081989
青　海	3389128	2108810	1280318
宁　夏	3325658	1661472	1664186
新　疆	43407486	22563483	20844003

3-49　各地区股份制建筑业企业承包工程完成情况

单位：万元

地　区	直接从建设单位承揽工程完成的产值	自行完成施工产值	分包出去工程的产值	从建设单位以外承揽工程完成的产值
全国总计	**1187255710**	**1107859518**	**79396192**	**101661706**
北　京	118731343	90724461	28006882	18856009
天　津	34558235	27839652	6718583	2287454
河　北	22909348	22386341	523007	1851438
山　西	32851122	32313831	537291	1884457
内蒙古	2703715	2699319	4396	31106
辽　宁	14866584	14762656	103928	2024986
吉　林	4546380	4488596	57784	1077401
黑龙江	6921921	6900861	21060	43280
上　海	41722195	30790821	10931374	7601920
江　苏	108005877	107114530	891347	5999292
浙　江	67534452	63595574	3938879	6476857
安　徽	37823179	37117777	705402	3341685
福　建	23399499	23284428	115070	3869618
江　西	35472017	34770058	701959	1537256
山　东	82661130	74508081	8153049	4042513
河　南	57397645	57027857	369788	1543295
湖　北	83987889	83365906	621984	6229402
湖　南	59508397	59244432	263964	2524951
广　东	96594404	83826200	12768205	8611940
广　西	31075103	30869805	205298	1965806
海　南	3067106	3056629	10477	39539
重　庆	23370178	22703269	666909	3039535
四　川	52653694	51744486	909208	5067380
贵　州	21316815	21295716	21099	169676
云　南	39140108	39002843	137265	2946818
西　藏	591024	587785	3239	2928
陕　西	55276193	54851800	424394	8110877
甘　肃	10987317	9842844	1144473	175060
青　海	923663	822090	101573	7365
宁　夏	1416766	1397901	18865	9372
新　疆	15242414	14922972	319442	292493

3-50 各地区股份制企业建筑业总产值和竣工产值

单位：万元

地区	建筑业总产值	#装饰装修产值	#在外省完成的产值	按构成分组			竣工产值
				建筑工程产值	安装工程产值	其他产值	
全国总计	**1209521225**	**39376000**	**522202628**	**1080143401**	**96416884**	**32960939**	**491553707**
北京	109580470	7405821	86153174	103094647	5571802	914021	54067784
天津	30127106	282626	21403159	26632391	2038597	1456118	12090434
河北	24237779	516797	11870363	17984189	4463948	1789642	8069461
山西	34198288	655390	17080198	30433917	3274391	489980	8534510
内蒙古	2730425	70273	677596	2304239	320829	105357	1112864
辽宁	16787641	204759	8574855	13984200	2125750	677691	4520583
吉林	5565997	61163	1573278	4604988	550995	410014	1620531
黑龙江	6944141	48966	1227369	5794623	621256	528262	2471957
上海	38392741	3022526	24234767	33492588	3614381	1285771	18349703
江苏	113113822	3667340	63253800	104564466	8131657	417700	68853071
浙江	70072431	5127309	23141606	59615998	9420036	1036397	40609648
安徽	40459462	541011	13688713	35624285	2420915	2414262	14679344
福建	27154046	353418	9152960	24741732	1827277	585038	9133568
江西	36307314	574370	12403139	31321638	3071833	1913843	13481095
山东	78550594	3971058	20097440	67310091	8320555	2919949	31223226
河南	58571151	473491	22488928	53022796	4421726	1126630	20286052
湖北	89595307	1517738	43121838	79945177	7848185	1801946	27493851
湖南	61769384	1270687	31572811	55686184	3495942	2587258	28712471
广东	92438139	4312943	25772948	84156770	6223643	2057727	27790541
广西	32835610	208334	7949668	30048304	1618176	1169131	17784300
海南	3096168	50035	178465	2509787	299341	287039	1514294
重庆	25742804	501969	10134576	23244958	1687856	809990	10529055
四川	56811866	1147118	17065805	50298956	4420813	2092097	24856404
贵州	21465393	610482	10412562	18682196	2037513	745684	6095476
云南	41949661	334978	4705208	39165591	1929132	854939	10984671
西藏	590713	2949	49062	509198	71440	10074	265997
陕西	62962677	2234852	28373877	56759582	4561512	1641583	17558685
甘肃	10017905	123537	1341909	8807226	743079	467600	3577872
青海	829455	25964	143637	629751	113539	86165	140885
宁夏	1407273	727	406033	1055426	314267	37579	661206
新疆	15215465	57369	3952886	14117509	856501	241455	4484172

3-51　各地区股份制建筑业企业资产构成

单位：万元

地　区	资产总计	#流动资产合计	#存货
全国总计	**1669699894**	**1247793407**	**113010590**
北　京	318254436	173380123	5653849
天　津	59844911	47476116	3248810
河　北	32648616	28064876	4907148
山　西	60581665	45172776	3295437
内蒙古	7775619	6104997	649804
辽　宁	26465818	22769087	1795199
吉　林	9407600	7995787	484323
黑龙江	12989838	11231683	975764
上　海	62865752	51600780	3797726
江　苏	83366737	71330952	10854936
浙　江	73098954	61194987	11970226
安　徽	52418679	39538940	2343149
福　建	22413126	17849969	3119457
江　西	34804414	29573940	3261338
山　东	101968856	85562274	11437815
河　南	59116957	47205045	5508354
湖　北	79192438	62741955	5349479
湖　南	51899810	37616326	2861006
广　东	118004113	88202485	5206467
广　西	29967106	24502693	2222945
海　南	5337780	4625059	830923
重　庆	31378197	23877101	3484813
四　川	87819419	68118303	5639298
贵　州	44053306	39273921	4126848
云　南	61614875	37538172	1633553
西　藏	2472457	1765085	108338
陕　西	86841010	71745075	3861043
甘　肃	20168468	15988221	1563773
青　海	2378811	1997120	107882
宁　夏	2501209	2198407	231428
新　疆	28048916	21551151	2479460

3-52 各地区股份制建筑业企业负债及所有者权益

单位：万元

地 区	负债合计	#流动负债	#应付账款	所有者权益	#实收资本
全国总计	**1250260273**	**1143706183**	**494028213**	**419459255**	**179987082**
北 京	207356453	185174950	67103882	110897984	31896126
天 津	48140213	45394667	17754259	11704698	6115235
河 北	25912918	24191624	10565187	6735698	3757207
山 西	47394384	43470276	17689639	13187281	5894943
内 蒙 古	5552978	5311154	1741642	2222641	1354105
辽 宁	21538925	19930985	7202341	4933492	3204864
吉 林	7262667	6524408	2348052	2144933	1372272
黑 龙 江	10282409	9713952	3511823	2707429	1946220
上 海	51956904	50129029	25463873	10908848	5868609
江 苏	56829596	52853062	19834797	26537140	8668956
浙 江	54500073	52356519	23701327	18598881	7125176
安 徽	40980830	35315243	14447138	11438353	4795313
福 建	16163167	14312999	6648598	6249959	2824575
江 西	27177160	24373647	9171554	7627254	4191679
山 东	79895560	75255768	34188485	22073295	10121448
河 南	45024861	41586512	15261146	14092097	7552712
湖 北	60204498	53247511	29721149	18987941	8444924
湖 南	38626759	34205480	15796596	13273051	6272250
广 东	90565893	81725385	35278567	27439920	11507141
广 西	24370776	22137641	12088804	5596330	2531884
海 南	4260972	3736584	1574342	1076808	646900
重 庆	23723448	21202529	9249933	7665463	3156779
四 川	70944947	62712958	28353399	16874521	9362736
贵 州	35930857	34063282	15730001	8122450	2772363
云 南	41701651	38476630	16048125	19913292	15165832
西 藏	1607077	1239812	356179	865380	530265
陕 西	71248322	67561251	37887331	15592688	7449316
甘 肃	15677444	14558910	6302569	4491024	2003740
青 海	1614349	1570340	598926	764463	521797
宁 夏	2007201	1968967	769474	494007	315533
新 疆	21806981	19404111	7639079	6241934	2616184

3-53　各地区股份制建筑业企业收入情况

单位：万元

地　区	主营业务收　入	主营业务成　本	主营业务税金及附加	其他业务收　入	其他业务利　润
全国总计	**1124922626**	**1038333053**	**3713490**	**17923717**	**1185531**
北　京	145251139	133991967	333678	1971605	194069
天　津	32679430	30017698	69656	513885	59614
河　北	22414738	20662126	76185	482399	23577
山　西	39674251	36841923	81045	359851	63810
内蒙古	2885065	2572673	15061	133644	18343
辽　宁	13543011	12559236	35142	471844	18381
吉　林	4991800	4556211	15768	155826	3141
黑龙江	7171173	6624176	31738	220881	11735
上　海	47649159	44334048	94783	144988	49370
江　苏	96987629	90476637	327701	852578	110947
浙　江	64448689	59621278	199411	744132	73582
安　徽	35632561	32694157	97952	828957	37670
福　建	20208668	18561388	95019	438348	26794
江　西	25701929	23797548	145128	952871	15088
山　东	73683528	67513393	317126	1393367	115994
河　南	43155614	39910017	165926	529918	75723
湖　北	77047397	71220859	285572	1530999	12776
湖　南	52239774	47687687	328569	571664	15896
广　东	87466311	80995468	229564	1603946	95319
广　西	23114072	20736696	65582	972306	19117
海　南	3062005	2848353	9149	157606	4535
重　庆	20681495	19044336	89555	191529	17968
四　川	55509925	51273293	178953	827185	44039
贵　州	17642456	16743855	37606	426355	5914
云　南	24565503	22211053	112051	586800	23705
西　藏	662114	590098	2216	26318	108
陕　西	57510085	53131730	164452	402032	32652
甘　肃	11607252	10812634	47538	215124	8149
青　海	906732	814705	3873	71497	168
宁　夏	1451800	1304795	5524	18834	-1382
新　疆	15377323	14183016	51970	126428	8732

3-54 各地区股份制建筑业企业利润及税金情况

单位：万元

地　区	利润总额	#所得税费用	税金总额	主营业务税金及附加	应交增值税
全国总计	**36992417**	**5457081**	**22773921**	**3713490**	**19060432**
北　京	9372399	596159	2051777	333678	1718099
天　津	662357	92027	450753	69656	381098
河　北	535879	109610	466658	76185	390473
山　西	910324	74455	697650	81045	616605
内蒙古	107645	27816	107471	15061	92410
辽　宁	29605	22937	315932	35142	280790
吉　林	110939	23629	162254	15768	146486
黑龙江	155197	33359	264310	31738	232572
上　海	783228	90029	649732	94783	554949
江　苏	3318361	790173	2319205	327701	1991504
浙　江	1736813	387351	1285208	199411	1085798
安　徽	1182594	177659	647306	97952	549354
福　建	593504	116466	418248	95019	323229
江　西	803871	176097	793751	145128	648623
山　东	2680201	416575	1713983	317126	1396857
河　南	961825	163501	912626	165926	746701
湖　北	2532559	378983	1866616	285572	1581044
湖　南	1402194	225736	1263660	328569	935091
广　东	2244921	396638	1643082	229564	1413519
广　西	810531	107300	503773	65582	438191
海　南	100531	22903	116735	9149	107586
重　庆	602236	89095	545449	89555	455894
四　川	1320473	252831	1024797	178953	845844
贵　州	197382	27514	301903	37606	264296
云　南	1227665	255741	584384	112051	472333
西　藏	31812	3367	26325	2216	24110
陕　西	1811391	240956	913251	164452	748800
甘　肃	292925	62027	340428	47538	292889
青　海	30375	8271	30253	3873	26380
宁　夏	46944	7926	40512	5524	34988
新　疆	395739	79952	315891	51970	263922

3-55 各地区外商投资建筑业企业签订合同情况

单位：万元

地 区	签订合同额	上年结转合同额	本年新签合同额
全国总计	**20006143**	**10468026**	**9538117**
北 京	2091176	1091144	1000032
天 津	104699	47549	57150
河 北	236252	226984	9269
山 西	4772	533	4238
内蒙古			
辽 宁	36677	17682	18995
吉 林			
黑龙江	17749	9324	8426
上 海	3365595	1289594	2076001
江 苏	4257123	2121131	2135993
浙 江	895953	594787	301166
安 徽	329090	266285	62805
福 建	1255056	582625	672430
江 西			
山 东	338965	132172	206793
河 南	141526	40117	101408
湖 北	662208	278770	383437
湖 南	204458	28037	176421
广 东	5527651	3597342	1930309
广 西			
海 南			
重 庆	223514	65966	157547
四 川	31766	15629	16137
贵 州	4176		4176
云 南			
西 藏			
陕 西	163289	62355	100935
甘 肃	96		96
青 海			
宁 夏	114354		114354
新 疆			

3-56 各地区外商投资建筑业企业承包工程完成情况

单位：万元

地区	直接从建设单位承揽工程完成的产值	自行完成施工产值	分包出去工程的产值	从建设单位以外承揽工程完成的产值
全国总计	**9683107**	**8272690**	**1410417**	**581906**
北京	677099	343815	333283	81279
天津	73588	72814	774	1906
河北	63864	63864		
山西	1680	1680		
内蒙古				
辽宁	25914	20096	5817	8515
吉林				
黑龙江	9065	9065		246
上海	1702851	805623	897227	135590
江苏	2584926	2538185	46741	148932
浙江	576730	576730		7742
安徽	22743	22743		61155
福建	703216	702321	895	
江西				
山东	251989	251989		
河南	112417	112417		31331
湖北	474866	474866		530
湖南	204458	204458		
广东	1844665	1820831	23834	25459
广西				
海南				
重庆	129415	129415		79183
四川	18056	17054	1002	
贵州	4176	4176		
云南				
西藏				
陕西	86943	77583	9360	41
甘肃	96	96		
青海				
宁夏	114354	22871	91484	
新疆				

3-57　各地区外商投资企业建筑业总产值和竣工产值

单位：万元

地　区	建筑业总产值	#装饰装修产　值	#在外省完成的产值	按构成分组 建筑工程产值	安装工程产值	其他产值	竣工产值
全国总计	**8854596**	**2486759**	**4492291**	**7271908**	**1438839**	**143849**	**6330054**
北　京	425094	28511	203537	375602	45752	3740	222131
天　津	74720		35146	1876	72844		5720
河　北	63864		32010	63680	183		232890
山　西	1680				1669	10	1680
内蒙古							
辽　宁	28611	1769	9025	6549	21888	175	21343
吉　林							
黑龙江	9311		1000	6857	2454		
上　海	941213	97147	685152	518674	322127	100412	731235
江　苏	2687117	1821861	1695420	2052637	634328	151	2381065
浙　江	584472	93179	84074	580242	4230		149159
安　徽	83898	732		69892	3827	10179	12565
福　建	702321	78300	233499	699158	2574	589	301223
江　西							
山　东	251989	196658	21232	224073	27897	19	78063
河　南	143747	1077	46493	58119	81897	3731	103015
湖　北	475396	7513	92837	475396			140157
湖　南	204458		156406	189364		15094	204458
广　东	1846289	156210	1139885	1770505	73534	2250	1696579
广　西							
海　南							
重　庆	208598		20229	95989	112609		
四　川	17054	270	5778	270	16784		7859
贵　州	4176			3132	1044		
云　南							
西　藏							
陕　西	77624	3436	7700	56928	13196	7500	40817
甘　肃	96	96		96			96
青　海							
宁　夏	22871		22871	22871			
新　疆							

3-58 各地区外商投资建筑业企业资产构成

单位：万元

地区	资产总计	#流动资产合计	#存货
全国总计	**22116981**	**19918960**	**2707389**
北京	1312871	1179629	222899
天津	118377	102447	19607
河北	48657	45901	
山西	4588	4554	1037
内蒙古			
辽宁	98157	49112	2771
吉林			
黑龙江	25783	23220	6217
上海	1592537	1488887	72146
江苏	4134974	3190054	153007
浙江	503395	493875	55757
安徽	183092	121824	792
福建	522278	505968	33928
江西			
山东	1024926	838136	20592
河南	429807	370962	40961
湖北	250198	232149	60506
湖南	342929	32537	3669
广东	10890675	10672770	1965531
广西			
海南			
重庆	194001	145758	40946
四川	53692	46145	2343
贵州	9460	9393	1244
云南			
西藏			
陕西	186371	185649	1400
甘肃	2657	1349	21
青海			
宁夏	187556	178642	2017
新疆			

3-59 各地区外商投资建筑业企业负债及所有者权益

单位：万元

地区	负债合计	#流动负债	#应付账款	所有者权益	#实收资本
全国总计	**16208212**	**15155008**	**4710982**	**5908770**	**1728569**
北京	1103652	1079944	592851	209219	167206
天津	63013	62241	38754	55364	24544
河北	41912	41912	10470	6745	5000
山西	2283	2281	2175	2305	1000
内蒙古					
辽宁	74027	70324	13682	24130	31373
吉林					
黑龙江	21677	21677	7129	4106	4245
上海	1159663	1047534	259224	432873	176372
江苏	2336629	2225571	1297919	1798345	428809
浙江	457462	457462	161632	45933	21811
安徽	128164	46722	28185	54928	35123
福建	272757	271989	94852	249521	59673
江西					
山东	665987	636691	385384	358939	22847
河南	313187	251121	122401	116620	48237
湖北	129329	126588	65068	120870	60820
湖南	147665	147665	58051	195264	5691
广东	8925862	8304131	1422291	1964813	581700
广西					
海南					
重庆	165784	163500	78651	28217	10500
四川	26268	26070	7599	27424	7150
贵州	6037	6037	4419	3423	500
云南					
西藏					
陕西	60796	59493	19861	125576	5466
甘肃	35	35	34	2622	500
青海					
宁夏	106021	106021	40352	81535	30000
新疆					

3-60 各地区外商投资建筑业企业收入情况

单位：万元

地区	主营业务收入	主营业务成本	主营业务税金及附加	其他业务收入	其他业务利润
全国总计	**10149352**	**9002182**	**35506**	**393730**	**11553**
北京	945211	855749	2243	29805	5724
天津	87778	66454	454	734	232
河北	68063	64290	56		
山西	1661	1055	1	18	
内蒙古					
辽宁	30200	24289	177	3497	
吉林					
黑龙江	8905	8724	47	17427	
上海	1989782	1773328	6389	6159	-782
江苏	2599601	2224531	6663	21653	5463
浙江	539765	507270	703	722	621
安徽	57824	49768	100	12	
福建	458950	415459	1140	365	-3
江西					
山东	281423	238473	8926	346	30
河南	107938	96188	665	13686	63
湖北	380275	339733	1125		
湖南				204191	
广东	2229187	2053049	5614	3063	-34
广西					
海南					
重庆	160110	149206	243	468	383
四川	20368	12385	59	950	17
贵州	4174	2825	36		
云南					
西藏					
陕西	63695	56901	111	89934	
甘肃	88	80			
青海					
宁夏	114354	62426	756	701	-163
新疆					

3-61 各地区外商投资建筑业企业利润及税金情况

单位：万元

地区	利润总额	#所得税费用	税金总额	主营业务税金及附加	应交增值税
全国总计	**577291**	**115020**	**230818**	**35506**	**195312**
北京	17685	4735	17854	2243	15611
天津	7723	1037	3110	454	2656
河北	2156	1609	185	56	130
山西	293	18	11	1	10
内蒙古					
辽宁	-4638	375	1233	177	1055
吉林					
黑龙江	-191	21	1403	47	1356
上海	128053	29620	39761	6389	33372
江苏	184290	26987	50224	6663	43561
浙江	17846	4403	11250	703	10547
安徽	4415	1053	189	100	89
福建	29966	7476	17173	1140	16033
江西					
山东	19150	5016	14877	8926	5951
河南	-810	-420	5479	665	4815
湖北	14267	3535	5556	1125	4431
湖南	42800	6118	9852		9852
广东	40947	9172	43580	5614	37966
广西					
海南					
重庆	4464	256	1591	243	1348
四川	3617	467	494	59	435
贵州	1120	168	335	36	299
云南					
西藏					
陕西	38558	10007	705	111	595
甘肃	-14		8		8
青海					
宁夏	25594	3368	5951	756	5194
新疆					

3-62　各地区港澳台商投资建筑业企业签订合同情况

单位：万元

地　区	签订合同额	上年结转合同额	本年新签合同额
全国总计	**33166996**	**19353751**	**13813245**
北　京	1763287	1222457	540829
天　津	23262	19057	4205
河　北	9257198	6105266	3151932
山　西			
内蒙古			
辽　宁	384584	294967	89617
吉　林	95767	66992	28775
黑龙江	731		731
上　海	3370842	2446353	924489
江　苏	545144	270385	274759
浙　江	4172352	1201911	2970441
安　徽	73068	54405	18663
福　建	1995372	961803	1033569
江　西	1916356	972610	943746
山　东	368274	243739	124535
河　南	49066	38300	10766
湖　北	9346	1544	7802
湖　南	180052	26176	153876
广　东	8352623	4916849	3435774
广　西			
海　南			
重　庆	311066	292468	18597
四　川	166897	117454	49444
贵　州	6787	6787	
云　南			
西　藏			
陕　西	124923	94228	30695
甘　肃			
青　海			
宁　夏			
新　疆			

3-63　各地区港澳台商投资建筑业企业承包工程完成情况

单位：万元

地　区	直接从建设单位承揽工程完成的产值	自行完成施工产值	分包出去工程的产值	从建设单位以外承揽工程完成的产值
全国总计	**15293000**	**13610007**	**1682993**	**945894**
北　京	629885	535488	94397	197043
天　津	9762	9762		11817
河　北	4109988	4099760	10228	1390
山　西				
内蒙古				
辽　宁	353632	353332	300	8513
吉　林	58128	58128		
黑龙江	432	432		
上　海	1038749	955065	83683	199328
江　苏	285053	281908	3144	19907
浙　江	2626651	2617757	8895	144042
安　徽	36739	36739		
福　建	1438799	1423799	15000	9298
江　西	1035946	1035946		
山　东	283170	283170		
河　南	8159	8159		
湖　北	6096	6096		
湖　南	173182	172851	330	100
广　东	3073420	1606403	1467017	354457
广　西				
海　南				
重　庆	12822	12822		
四　川	23423	23423		
贵　州	3390	3390		
云　南				
西　藏				
陕　西	85578	85578		
甘　肃				
青　海				
宁　夏				
新　疆				

3-64 各地区港澳台商投资企业建筑业总产值和竣工产值

单位：万元

地　区	建筑业总产值	#装饰装修产　值	#在外省完成的产值	按构成分组			竣工产值
				建筑工程产值	安装工程产值	其他产值	
全国总计	**14555901**	**917199**	**7149290**	**12753644**	**1669640**	**132617**	**6856194**
北　京	732531	353805	600146	698249	32931	1351	348105
天　津	21579	6461	5590	20494	720	364	559
河　北	4101150	92374	1856025	4060437	4533	36180	2231316
山　西							
内蒙古							
辽　宁	361845	1822	283535	346622	15223		80171
吉　林	58128	309	45410	46487	11321	319	11641
黑龙江	432	432		432			61
上　海	1154393	175338	840111	434305	710600	9488	270153
江　苏	301815	18280	116441	206372	93978	1465	175124
浙　江	2761799	13361	1046019	2542867	217209	1723	1612852
安　徽	36739	13933	14629	7812	25931	2996	8800
福　建	1433097	139103	868039	1263411	167645	2041	740643
江　西	1035946	4977	190877	1030025	944	4977	536588
山　东	283170	1095		183037	96230	3903	73085
河　南	8159			899		7260	
湖　北	6096	1294		5406	691		1544
湖　南	172951	1717	7230	168858	3014	1079	81607
广　东	1960860	88995	1203442	1635455	266142	59263	677663
广　西							
海　南							
重　庆	12822	209	12613	12613		209	209
四　川	23423	3694	11528	8395	15028		194
贵　州	3390			3390			5880
云　南							
西　藏							
陕　西	85578		47656	78078	7500		
甘　肃							
青　海							
宁　夏							
新　疆							

3-65　各地区港澳台商投资建筑业企业资产构成

单位：万元

地　区	资产总计	#流动资产合计	#存货
全国总计	**27870543**	**23470702**	**1178096**
北　京	969859	933156	103638
天　津	119705	117720	6457
河　北	5340619	4800439	17269
山　西			
内蒙古			
辽　宁	901619	821905	93529
吉　林	120317	108477	35766
黑龙江	9128	7839	
上　海	2209192	1653581	163203
江　苏	657713	599778	72643
浙　江	1107725	991594	85907
安　徽	102516	75961	18444
福　建	582667	533139	127993
江　西	2959796	2314744	19996
山　东	578373	405316	43277
河　南	93576	91814	57537
湖　北	15406	13694	539
湖　南	113142	106828	53930
广　东	10963890	9324137	223064
广　西			
海　南			
重　庆	869415	421169	17753
四　川	81938	75517	31122
贵　州	2212	2212	1193
云　南			
西　藏			
陕　西	71736	71683	4836
甘　肃			
青　海			
宁　夏			
新　疆			

3-66 各地区港澳台商投资建筑业企业负债及所有者权益

单位：万元

地区	负债合计	#流动负债	#应付账款	所有者权益	#实收资本
全国总计	**20915757**	**19281796**	**8534776**	**6954786**	**2228281**
北京	675354	622726	361029	294505	118523
天津	81844	81844	19578	37861	9735
河北	4746962	4715361	2972217	593657	193838
山西					
内蒙古					
辽宁	399782	396379	156198	501837	242510
吉林	86527	86523	30832	33789	12505
黑龙江	6946	6946	5152	2182	1660
上海	1505431	1386283	567636	703761	254347
江苏	465631	392948	111086	192081	88463
浙江	725889	725183	315442	381836	222159
安徽	69992	67519	14962	32524	10814
福建	433895	430893	207018	148771	80938
江西	2502279	2441121	1064742	457516	129546
山东	407044	387918	165328	171328	99899
河南	83483	83362	62033	10093	4598
湖北	2250	2250	1757	13157	5480
湖南	96167	96167	80480	16976	11866
广东	7899587	6765474	2249528	3064302	535897
广西					
海南					
重庆	597060	463929	83236	272355	188907
四川	69458	68793	24233	12480	11097
贵州	1736	1739	276	476	
云南					
西藏					
陕西	58437	58437	42016	13300	5500
甘肃					
青海					
宁夏					
新疆					

3-67　各地区港澳台商投资建筑业企业收入情况

单位：万元

地　区	主营业务收　入	主营业务成　本	主营业务税金及附加	其他业务收　入	其他业务利　润
全国总计	**13494458**	**12266704**	**35259**	**207280**	**31579**
北　京	852453	775007	1842	5094	59
天　津	24839	21718	86	635	-62
河　北	3133120	3032525	7875	49480	8875
山　西					
内蒙古					
辽　宁	242976	190564	2245	218	
吉　林	62100	59288	374	1604	
黑龙江	400	388			
上　海	1251372	1123398	3412	20682	13909
江　苏	341605	300300	1003	3604	256
浙　江	1788707	1639713	4711	17104	2030
安　徽	37196	29904	110		
福　建	1228542	1187829	4424	64298	24
江　西	562215	527295	1652		
山　东	261444	227242	980	62	3
河　南	7805	6926	105		
湖　北	5985	5350	38	68	
湖　南	134652	130959	496		
广　东	3375666	2854242	5222	28466	6089
广　西					
海　南					
重　庆	29322	26166	154	15458	
四　川	71286	52713	180	509	396
贵　州	2366	1761	2		
云　南					
西　藏					
陕　西	80408	73416	349		
甘　肃					
青　海					
宁　夏					
新　疆					

3-68 各地区港澳台商投资建筑业企业利润及税金情况

单位：万元

地区	利润总额	#所得税费用	税金总额	主营业务税金及附加	应交增值税
全国总计	**520296**	**81477**	**265400**	**35259**	**230141**
北京	22710	5083	16305	1842	14462
天津	-784	26	605	86	520
河北	38111	8302	57362	7875	49487
山西					
内蒙古					
辽宁	25681	221	3902	2245	1657
吉林	1546	10	7057	374	6683
黑龙江	2				
上海	38104	7316	21461	3412	18049
江苏	15098	2735	7498	1003	6496
浙江	43533	3856	26894	4711	22182
安徽	3936	927	927	110	817
福建	25106	6668	25986	4424	21562
江西	5700	-2544	9850	1652	8199
山东	12547	2286	7007	980	6027
河南	-52	51	938	105	833
湖北	-3	1	329	38	292
湖南	1302	278	2800	496	2304
广东	282185	44318	72560	5222	67338
广西					
海南					
重庆	-4796		238	154	85
四川	5308	663	1315	180	1135
贵州	-2	15	40	2	38
云南					
西藏					
陕西	5065	1266	2325	349	1976
甘肃					
青海					
宁夏					
新疆					

3-69 各地区中央建筑业企业签订合同情况

单位：万元

地区	签订合同额	上年结转合同额	本年新签合同额
全国总计	**2608372030**	**1404101835**	**1204270195**
北京	364467588	216081411	148386177
天津	136002439	67264701	68737738
河北	72040939	35410647	36630292
山西	57366521	30181556	27184965
内蒙古	19620468	12786566	6833902
辽宁	40217978	18318452	21899526
吉林	7212762	4129848	3082914
黑龙江	4308320	2479276	1829044
上海	213437948	115646323	97791625
江苏	76031735	46780266	29251469
浙江	12402128	6901747	5500381
安徽	83486203	37670198	45816005
福建	46745213	30131765	16613448
江西	23945845	12123786	11822059
山东	128228176	63271282	64956893
河南	119679693	63520770	56158924
湖北	370627694	198613395	172014299
湖南	139533129	85158651	54374479
广东	304245541	150981538	153264004
广西	25763903	12777942	12985961
海南	1113939	443772	670168
重庆	48068606	26929390	21139216
四川	83697479	45613487	38083992
贵州	45886016	25818300	20067716
云南	29492806	19025903	10466903
西藏	454180	333154	121026
陕西	112708160	54264812	58443348
甘肃	11488191	5919846	5568345
青海	9966311	5599930	4366380
宁夏	2092115	492429	1599686
新疆	18040006	9430696	8609311

3-70 各地区中央建筑业企业承包工程完成情况

单位：万元

地区	直接从建设单位承揽工程完成的产值	自行完成施工产值	分包出去工程的产值	从建设单位以外承揽工程完成的产值
全国总计	**661881065**	**594830645**	**67050420**	**83347581**
北京	96960122	70808444	26151677	15904242
天津	36536007	30157534	6378473	1740985
河北	16481013	15895159	585854	1625850
山西	18064667	17731925	332743	954386
内蒙古	3582241	3582241		40238
辽宁	13007290	12487285	520005	1990505
吉林	2031131	2002675	28457	1362692
黑龙江	1569914	1423382	146532	13831
上海	45293691	37848640	7445051	4853630
江苏	22863512	22318048	545463	2049740
浙江	3543552	2323231	1220321	1062254
安徽	21757479	20841568	915910	4539494
福建	14659405	14632247	27158	3385921
江西	7134278	7134278		358130
山东	37389992	30295640	7094353	5501395
河南	34301212	34189776	111436	1336710
湖北	83554587	82579430	975157	5386991
湖南	31729942	31729942		2034059
广东	72937894	62694290	10243604	13626178
广西	8433634	6736229	1697405	1893970
海南	277458	277458		9697
重庆	12564207	12278724	285483	2654996
四川	18551513	17978266	573248	1000225
贵州	11724434	11724434		336254
云南	5424424	5411972	12452	1186509
西藏	156308	143788	12520	46829
陕西	28961770	28437677	524093	8219034
甘肃	3385962	2414601	971360	
青海	2657666	2556011	101655	53180
宁夏	997591	993837	3754	5027
新疆	5348170	5201912	146258	174633

3-71 各地区中央企业建筑业总产值和竣工产值

单位：万元

地 区	建筑业总产值	#装饰装修产值	#在外省完成的产值	按构成分组			竣工产值
				建筑工程产值	安装工程产值	其他产值	
全国总计	**678178225**	**10873434**	**459512579**	**613579216**	**53882572**	**10716437**	**198222403**
北 京	86712686	3140547	77950282	81539306	4494488	678892	38005200
天 津	31898519	104961	26513539	29230461	1746821	921237	10156364
河 北	17521009	175363	13192157	12703240	3563599	1254171	5340338
山 西	18686311	449869	15175837	17293810	1180216	212285	1970728
内蒙古	3622480	99313	3105795	3530962	91518		434362
辽 宁	14477790	80572	9415588	12285356	1770618	421817	3471466
吉 林	3365366		1576830	2658310	436834	270222	349128
黑龙江	1437213		525446	655666	774294	7252	467158
上 海	42702270	1378907	36908125	38586366	3419432	696473	13938673
江 苏	24367788	2056	14754031	21060907	2963085	343796	6744213
浙 江	3385485		1726164	2928514	431105	25866	852717
安 徽	25381063	142231	16467472	23517580	1605535	257947	7593297
福 建	18018168	101921	6384345	16826493	1062911	128765	4882287
江 西	7492408	64744	5131824	5646893	1343498	502017	616686
山 东	35797034	465000	19562224	31262706	3998439	535890	7765925
河 南	35526486	614929	20631231	31544504	3228538	753444	9209941
湖 北	87966421	825705	66463613	81056534	6146044	763843	29348565
湖 南	33764001	714970	26799727	31319823	2060871	383308	15670583
广 东	76320468	1631175	27591468	71100480	4423269	796719	12526144
广 西	8630199	27466	3874950	7828942	476661	324596	1257655
海 南	287155		88218	249554	34001	3600	168459
重 庆	14933720	164803	9514139	14151279	701752	80689	6256806
四 川	18978490	193158	9813120	16889695	1503901	584895	6298421
贵 州	12060687	209306	8924012	9507861	2542024	10802	2178895
云 南	6598481	107393	3637131	6312773	242496	43212	210850
西 藏	190617			139215	51402		66864
陕 西	36656711	121329	28029757	33901100	2187633	567978	8991730
甘 肃	2414601	53578	1297362	2034862	350679	29061	319481
青 海	2609191	300	2097149	2389096	156890	63205	1157275
宁 夏	998863		561843	604368	368515	25980	389278
新 疆	5376545	3840	1799202	4822561	525505	28479	1582917

3-72 各地区中央建筑业企业资产构成

单位：万元

地 区	资产总计	#流动资产合计	#存货
全国总计	**977214319**	**662407866**	**28657267**
北 京	275281711	137109839	2360828
天 津	53759595	38710581	1101951
河 北	20747881	17746380	1744831
山 西	32546682	25346807	972476
内蒙古	2544261	2062403	649445
辽 宁	18624509	15927197	656224
吉 林	3302571	2688322	253854
黑龙江	3851405	3534550	596109
上 海	60574973	43453244	952529
江 苏	22282276	18794050	1444749
浙 江	5459362	4134182	450092
安 徽	25259010	18700857	432266
福 建	10314946	7862466	316054
江 西	7490965	6813744	307428
山 东	39761316	31400329	1243522
河 南	31167193	25756839	858674
湖 北	109881390	75480813	7964574
湖 南	33351267	23441626	719284
广 东	87195540	61233902	1348197
广 西	9841603	6876498	253017
海 南	672320	565900	8725
重 庆	13963246	10087680	368466
四 川	24935949	19211689	846241
贵 州	18349194	15982534	576303
云 南	7120075	5138485	134519
西 藏	724292	581265	2545
陕 西	39592303	29373184	1330131
甘 肃	5665948	4525166	94238
青 海	4135790	2691083	203765
宁 夏	980394	860650	43023
新 疆	7836355	6315600	423206

3-73 各地区中央建筑业企业负债及所有者权益

单位：万元

地区	负债合计	#流动负债	#应付账款	所有者权益	#实收资本
全国总计	**738946140**	**671932116**	**285896693**	**238278893**	**93983459**
北京	172957972	153862172	53369727	102323740	27991779
天津	42048926	39596485	15088512	11710669	5570541
河北	17017145	15992390	6857162	3730737	2368350
山西	27802947	26096488	10384820	4743734	2647987
内蒙古	2254144	2129160	948934	290116	181453
辽宁	16100232	14905597	5793133	2524277	2188303
吉林	2746369	2568758	1459172	556201	495517
黑龙江	4175139	4087789	1552441	-323735	420198
上海	46962345	45837678	21600002	13612627	6076008
江苏	17964006	17121777	7661776	4318269	1973010
浙江	4248187	4059014	1989953	1211176	683605
安徽	20814666	20113618	7683751	4444344	1986667
福建	8126761	7404147	4273293	2188185	1091243
江西	6920851	6579045	2672861	570114	636755
山东	32787080	31389944	15151216	6974236	3773280
河南	25594922	24333529	9115296	5572271	2929562
湖北	85233640	67910374	34996889	24647749	7638188
湖南	26529819	24230209	12700680	6821448	3163121
广东	69723841	62040145	27726982	17471699	7845887
广西	7750957	6984262	2656135	2090646	1322249
海南	312264	303876	176924	360056	346826
重庆	11390852	10657573	4006831	2583108	1482888
四川	20706772	19245889	9428753	4229177	2592061
贵州	16002237	15293129	6201597	2346957	1662652
云南	5603709	4999441	2043374	1516366	598926
西藏	482843	429200	106817	241449	134821
陕西	31598338	29700170	13914929	7993966	4321668
甘肃	4703010	4467889	1810672	962938	572754
青海	3106113	2577612	1356728	1029677	311652
宁夏	818800	814621	442856	161594	111753
新疆	6461252	6200133	2724477	1375102	863755

3-74 各地区中央建筑业企业收入情况

单位：万元

地区	主营业务收入	主营业务成本	主营业务税金及附加	其他业务收入	其他业务利润
全国总计	**694746427**	**645604739**	**1402708**	**6704969**	**626865**
北京	118563288	109647570	238733	1448018	127549
天津	33612406	30880322	56693	309017	55533
河北	16466571	15172056	39112	299771	16948
山西	23688027	22487016	32243	126389	35539
内蒙古	3105415	2945921	5308	4410	476
辽宁	12160301	11397612	27175	106850	6213
吉林	3301647	3117909	6360	9373	3351
黑龙江	1785470	1932693	6394	20555	6462
上海	58789568	55097606	96889	131938	28925
江苏	22913621	21513199	39547	344543	32281
浙江	4864194	4569317	7508	36056	8138
安徽	23812898	22214399	45240	192644	28943
福建	11762327	10670684	26115	73460	15938
江西	5562975	5173129	6859	23339	5597
山东	36583043	34221785	67607	227430	18884
河南	29054167	27184361	50940	205300	23883
湖北	87170170	79989421	221630	1172034	78540
湖南	30824862	28479883	82738	47336	6247
广东	67982847	63170391	132073	1227420	55392
广西	6513223	5879263	19083	79940	5133
海南	327165	294390	579	3266	276
重庆	11364898	10495087	24920	45029	3714
四川	21121423	19660938	43338	192640	28836
贵州	11412016	10854653	12259	23157	2323
云南	4310265	3902676	10403	20820	4296
西藏	191883	177708	406	805	
陕西	33438242	31401997	62044	196421	22194
甘肃	3545947	3402838	7210	68079	444
青海	3561731	3221753	10799	24996	196
宁夏	1002331	944793	3083	2852	519
新疆	5953510	5503369	19423	41083	4097

3-75 各地区中央建筑业企业利润及税金情况

单位：万元

地区	利润总额	#所得税费用	税金总额	主营业务税金及附加	应交增值税
全国总计	**23017551**	**2471205**	**9193441**	**1402708**	**7790733**
北京	8424110	518880	1335528	238733	1096795
天津	839936	83319	355111	56693	298419
河北	367865	74625	258447	39112	219335
山西	410794	21999	209804	32243	177562
内蒙古	46812	13322	22801	5308	17493
辽宁	-19766	-69	225290	27175	198116
吉林	44575	4099	107200	6360	100840
黑龙江	-305085	3863	48756	6394	42363
上海	1425888	173456	783224	96889	686335
江苏	740516	118791	447135	39547	407588
浙江	114904	19879	57593	7508	50085
安徽	786957	109498	343109	45240	297868
福建	285404	48122	169070	26115	142955
江西	73325	17271	78297	6859	71438
山东	1113257	105076	479970	67607	412362
河南	606643	58730	283600	50940	232660
湖北	2953584	435375	1382030	221630	1160400
湖南	712874	102761	462712	82738	379973
广东	1792902	229052	775628	132073	643555
广西	380245	52892	113381	19083	94299
海南	15722	2702	7129	579	6550
重庆	262895	45967	179897	24920	154978
四川	492885	79024	282780	43338	239442
贵州	180524	7089	75756	12259	63497
云南	104822	19877	97183	10403	86780
西藏	10002	960	11427	406	11021
陕西	831758	79585	413685	62044	351641
甘肃	58042	3819	56586	7210	49376
青海	93802	11296	36080	10799	25281
宁夏	5244	1767	20158	3083	17075
新疆	166116	28179	74076	19423	54653

3-76 各地区地方建筑业企业签订合同情况

单位：万元

地区	签订合同额	上年结转合同额	本年新签合同额
全国总计	**4510857659**	**2073287095**	**2437570564**
北京	126052907	71903748	54149159
天津	29343620	14556435	14787185
河北	102497551	47834483	54663069
山西	84069838	31780123	52289714
内蒙古	21231646	10059688	11171958
辽宁	39580575	14897929	24682646
吉林	37431596	17217639	20213957
黑龙江	27705002	13695049	14009953
上海	149358409	87481541	61876867
江苏	542550197	231474391	311075806
浙江	467043024	244748457	222294567
安徽	157565914	62616502	94949412
福建	260738905	111796867	148942038
江西	148885949	50613861	98272088
山东	251601490	102889992	148711498
河南	171488417	70829215	100659202
湖北	208020696	84249032	123771664
湖南	173529838	72021290	101508548
广东	376669905	205950373	170719532
广西	123052123	57188947	65863176
海南	13079096	8391469	4687627
重庆	123598495	51635836	71962659
四川	398299124	198177258	200121866
贵州	91532456	52857534	38674922
云南	126015814	50785861	75229953
西藏	3868751	2455908	1412842
陕西	132494455	48982547	83511907
甘肃	47701548	20531988	27169560
青海	8070755	4848087	3222668
宁夏	11466981	5153372	6313609
新疆	56312586	25661675	30650912

3-77　各地区地方建筑业企业承包工程完成情况

单位：万元

地　区	直接从建设单位承揽工程完成的产值	自行完成施工产值	分包出去工程的产值	从建设单位以外承揽工程完成的产值
全国总计	**2302719931**	**2241116488**	**61603443**	**156381254**
北　京	45859800	42579573	3280227	8278431
天　津	13977387	12413431	1563957	3181073
河　北	50942400	50498892	443508	1484231
山　西	40787962	40363249	424714	2405246
内蒙古	9614765	9548302	66463	157625
辽　宁	24293325	23916807	376518	973723
吉　林	16830640	16768696	61944	871897
黑龙江	12579542	12510123	69419	195242
上　海	54880046	39234906	15645140	10712023
江　苏	351322800	349953391	1369409	32272750
浙　江	226625355	221956463	4668892	13267482
安　徽	81928002	81363756	564246	10232641
福　建	144329169	143942267	386902	6507832
江　西	95805566	94338198	1467368	5113414
山　东	136957663	132463192	4494471	5612540
河　南	96429787	95395298	1034489	3222542
湖　北	119966147	118574770	1391377	5001765
湖　南	108605289	107558649	1046640	3486884
广　东	151654893	139670304	11984589	13402286
广　西	60943523	60554897	388626	2688250
海　南	4312523	4288515	24008	96462
重　庆	78943867	77560072	1383796	4975783
四　川	156897254	149165355	7731898	10275746
贵　州	30032993	29841856	191138	699814
云　南	69409461	69121621	287841	5724070
西　藏	1825448	1804371	21077	42941
陕　西	60107120	59576026	531094	4443845
甘　肃	22150106	21921491	228615	428233
青　海	3063876	3031916	31960	23512
宁　夏	6307277	6184953	122324	62694
新　疆	25335946	25015152	320794	540280

3-78 各地区地方企业建筑业总产值和竣工产值

单位：万元

地区	建筑业总产值	#装饰装修产值	#在外省完成的产值	按构成分组			竣工产值
				建筑工程产值	安装工程产值	其他产值	
全国总计	**2397497742**	**116975439**	**592518553**	**2109655315**	**202494839**	**85347588**	**1152505032**
北京	50858004	8859837	22314176	47842168	2431577	584259	29984573
天津	15594504	610688	4696882	12134396	2475650	984458	5950776
河北	51983123	1613344	10826076	43641459	4916247	3425417	21422145
山西	42768494	1396283	6861790	37209049	4370099	1189347	16297597
内蒙古	9705927	152170	1443220	8361814	772510	571602	3809879
辽宁	24890530	1075220	4282721	19755759	3778134	1356637	10697890
吉林	17640592	502372	2380229	14952897	1867093	820603	8586979
黑龙江	12705365	174667	1610694	10922490	970012	812863	4623090
上海	49946929	6375411	20847760	40018063	8413909	1514958	29761919
江苏	382226141	21645148	164285105	356571866	23100919	2553356	260992672
浙江	235223945	16500081	59579828	208080841	21496518	5646587	129465108
安徽	91596397	2815467	13927007	77023030	6785422	7787945	36004727
福建	150450099	4473867	73420510	138878940	8505633	3065526	62928154
江西	99451612	4000610	27679204	86931350	5918240	6602022	43578001
山东	138075731	8006645	19520193	113329523	19257729	5488479	62523627
河南	98617840	2675930	12843196	84929900	9790567	3897373	44114134
湖北	123576535	5367714	21570099	107907257	11536408	4132871	53113373
湖南	111045533	3208411	22305769	92390713	11492134	7162686	51770552
广东	153072590	13857739	24997697	132758234	15198539	5115817	59849475
广西	63243147	1376902	8679664	55479711	3967317	3796120	31718770
海南	4384977	175343	184860	3731291	328819	324868	1883081
重庆	82535854	2987287	16333289	73575304	5837762	3122788	36177075
四川	159441101	3737958	28476705	140334615	12832883	6273603	69326795
贵州	30541670	753320	5215676	26858258	2033722	1649690	8641151
云南	74845691	963600	3003181	67566787	4553452	2725452	25351871
西藏	1847311	11585	54380	1709410	80277	57624	660659
陕西	64019871	3123092	9793787	54731503	6298006	2990362	21796451
甘肃	22349724	231174	2045734	19625921	1759385	964418	8091783
青海	3055428	40334	259671	2773074	237433	44921	891850
宁夏	6247647	32366	590314	5835532	292432	119683	2669655
新疆	25555431	230873	2489138	23794163	1196014	565255	9821226

3-79 各地区地方建筑业企业资产构成

单位：万元

地 区	资产总计	#流动资产合计	#存货
全国总计	**2498075561**	**2062867057**	**296745181**
北 京	96885778	78209758	5931468
天 津	35310384	31560674	3766146
河 北	65878234	56102663	10713674
山 西	66019247	48344417	7288231
内蒙古	25041130	20382462	2481663
辽 宁	49209724	41098199	5871073
吉 林	32162314	26719695	3303871
黑龙江	21330349	18346429	2159833
上 海	85804591	75562956	7232426
江 苏	255368550	217521351	44787682
浙 江	194036098	164348800	29949170
安 徽	84556889	68499380	7893794
福 建	84152086	69519747	12122806
江 西	77340522	63488754	10447865
山 东	189111833	160305929	28066783
河 南	101026713	82319695	14241126
湖 北	103617698	85557459	11836660
湖 南	65618513	50888698	7094935
广 东	194478855	171425959	18854426
广 西	48171497	40455221	4407129
海 南	7321846	6411159	977850
重 庆	66867912	53848127	9546981
四 川	179000066	138838595	16788873
贵 州	80374605	66077699	8382563
云 南	88587851	60004969	4584666
西 藏	6132054	4991378	467595
陕 西	90590864	79662493	7516412
甘 肃	45709932	34719120	3754459
青 海	5631564	4600909	604431
宁 夏	8386255	7335374	1113781
新 疆	44351610	35718989	4556812

3-80 各地区地方建筑业企业负债及所有者权益

单位：万元

地 区	负债合计	#流动负债	#应付账款	所有者权益	#实收资本
全国总计	**1768857821**	**1605596117**	**651797523**	**729224148**	**373055089**
北 京	74323125	67949810	28607947	22562674	11937766
天 津	27370930	25637751	11017702	7939454	5014519
河 北	49178527	45298941	20426108	16700514	9992749
山 西	45877512	40674825	17014556	20141736	9987771
内蒙古	17652745	15917247	5643878	7388385	5189940
辽 宁	34560913	30215606	10323841	14658246	7639526
吉 林	21889413	20034528	6111101	10272901	5724540
黑龙江	15271576	14351936	5558538	6058773	4418891
上 海	68725436	66209704	31779281	17079155	8913349
江 苏	148940988	139958809	53596729	106428479	43584938
浙 江	138461199	132522522	56049151	55574899	29730837
安 徽	60896476	51971637	19791390	23660989	11165822
福 建	50182345	43834810	13176616	33969740	17911194
江 西	52614788	46266680	15340109	24725734	13634797
山 东	143848233	134261209	55806058	45263599	23845172
河 南	66052263	58653126	19585832	34974450	20961621
湖 北	68683772	60132364	30653857	34934147	15296165
湖 南	41457665	34111685	11596169	24160847	12498667
广 东	146372395	135833044	51176517	48108558	22104400
广 西	36501299	32907392	15099856	11670133	6288057
海 南	5539201	4957192	2027853	1782645	993790
重 庆	46706151	40987997	16372204	20161761	9218897
四 川	133848819	114768715	46783188	45151889	23517455
贵 州	63416765	54017387	19856082	16948997	6113009
云 南	58933251	54672620	23243741	29654668	20851895
西 藏	4107993	3612646	1096301	2024061	887454
陕 西	70115224	66535409	37037807	20475640	11914925
甘 肃	33262389	29283866	11262050	12447543	5877698
青 海	3852108	3561309	1385611	1779985	1409487
宁 夏	6087845	5835958	2544732	2298410	1580865
新 疆	34126472	30619394	11832720	10225137	4848896

3-81　各地区地方建筑业企业收入情况

单位：万元

地　区	主营业务收　入	主营业务成　本	主营业务税金及附加	其他业务收　入	其他业务利　润
全国总计	**1981190407**	**1813945228**	**11678684**	**44429119**	**1520755**
北　京	58504437	53418517	147206	805771	106919
天　津	17127623	15500239	67024	977506	26189
河　北	42394035	39407372	198206	1458788	36356
山　西	40763721	37051252	149911	860306	46175
内蒙古	10722498	9736227	52359	472061	28447
辽　宁	22862156	20640050	100037	1844434	24580
吉　林	15481638	14013404	89870	599063	-13018
黑龙江	13284670	12224365	68813	433120	12033
上　海	63189176	58317842	166337	355665	77484
江　苏	319420130	292937423	1885486	1962625	214737
浙　江	198887843	186032944	723186	2054256	212063
安　徽	70935612	64820248	387997	2129883	58437
福　建	112293368	102608347	993715	2504295	29572
江　西	63214898	57855318	519821	3602599	58104
山　东	128710269	117140567	632120	3782811	133918
河　南	66079960	59808250	496489	884536	74184
湖　北	98029810	89122490	791224	2077957	18669
湖　南	85033708	76722398	1155197	2849474	23504
广　东	150152322	138378993	564715	1852411	104781
广　西	37830097	34262603	157621	1769195	21082
海　南	4474954	4161881	14301	169721	4721
重　庆	65485652	59134472	649906	1287564	30643
四　川	117815073	107460492	654269	4406445	83377
贵　州	21278791	19513711	119491	1676082	18674
云　南	42620999	38620133	280007	1248687	24576
西　藏	2116884	1909816	9121	52812	-707
陕　西	55539103	50535918	316291	1072400	28449
甘　肃	22269848	20593149	120226	716982	15435
青　海	3021596	2764845	11523	113352	147
宁　夏	6225653	5752438	28073	194952	2336
新　疆	25423886	23499526	128144	213367	18889

3-82 各地区地方建筑业企业利润及税金情况

单位：万元

地 区	利润总额	所得税费用	税金总额	主营业务税金及附加	应交增值税
全国总计	**60659740**	**12135378**	**60720885**	**11678684**	**49042201**
北 京	1038506	148662	1281695	147206	1134489
天 津	222062	63323	527161	67024	460137
河 北	514680	199940	1177810	198206	979604
山 西	1036160	135011	1334810	149911	1184899
内蒙古	392756	69224	368613	52359	316254
辽 宁	357764	103871	736887	100037	636850
吉 林	415920	97913	551725	89870	461855
黑龙江	289456	59481	501907	68813	433094
上 海	1056975	191888	1342740	166337	1176403
江 苏	12774055	2686142	9310239	1885486	7424752
浙 江	3996441	894823	5094519	723186	4371334
安 徽	1989283	335927	2211062	387997	1823065
福 建	4380524	903368	3686295	993715	2692580
江 西	2535428	497417	2143179	519821	1623358
山 东	3661409	704903	3826197	632120	3194077
河 南	2413745	477384	2532888	496489	2036399
湖 北	4021079	816994	3766849	791224	2975625
湖 南	2785357	477177	3250018	1155197	2094821
广 东	3309799	710915	4071390	564715	3506675
广 西	1070723	184557	1005006	157621	847385
海 南	135358	35900	163057	14301	148755
重 庆	2747419	445623	2589702	649906	1939796
四 川	3865739	746404	3379531	654269	2725262
贵 州	491414	147486	852230	119491	732739
云 南	1811929	373682	1365049	280007	1085042
西 藏	77442	7914	62776	9121	53654
陕 西	1935599	325500	1552811	316291	1236521
甘 肃	629643	126107	900557	120226	780331
青 海	79350	14056	109221	11523	97697
宁 夏	124536	26957	207923	28073	179850
新 疆	499190	126828	817043	128144	688899

3-83　各地区总承包建筑业企业签订合同情况

单位：万元

地　区	签订合同额	上年结转合同额	本年新签合同额
全国总计	**6666387241**	**3307771419**	**3358615822**
北　京	468931290	278530561	190400729
天　津	152896130	77181354	75714776
河　北	168293384	81515366	86778018
山　西	135815566	59711467	76104099
内蒙古	39946996	22530935	17416061
辽　宁	70273130	30195639	40077491
吉　林	39568203	19276445	20291758
黑龙江	29853155	15210773	14642382
上　海	346840463	195516333	151324130
江　苏	565945232	259133248	306811984
浙　江	438431948	236350731	202081217
安　徽	221752553	94576144	127176409
福　建	285796520	133101417	152695103
江　西	162966202	60148301	102817901
山　东	356805722	160165900	196639822
河　南	269501074	129170183	140330891
湖　北	550282680	270918071	279364608
湖　南	298597093	152977397	145619696
广　东	607157820	324070850	283086970
广　西	144514697	68226732	76287964
海　南	13270342	8376183	4894159
重　庆	160771901	74819893	85952009
四　川	458051429	233799528	224251901
贵　州	132864155	76806094	56058060
云　南	148319460	67503651	80815809
西　藏	4240738	2763653	1477086
陕　西	234189055	99032477	135156578
甘　肃	56901237	25635345	31265893
青　海	17554478	10342322	7212156
宁　夏	13139990	5520418	7619572
新　疆	72914599	34664010	38250589

3-84 各地区总承包建筑业企业承包工程完成情况

单位：万元

地　区	直接从建设单位承揽工程完成的产值	自行完成施工产值	分包出去工程的产值	从建设单位以外承揽工程完成的产值
全国总计	**2716290003**	**2595208139**	**121081864**	**193628674**
北　京	133261138	104555532	28705605	19084657
天　津	42945299	36486386	6458913	2799657
河　北	63627993	62631637	996356	2787971
山　西	55870325	55144974	725351	2755149
内蒙古	12767583	12706623	60960	182707
辽　宁	31015705	30203439	812266	2628581
吉　林	16425973	16368172	57801	1815437
黑龙江	13148264	12952097	196167	158040
上　海	92741677	70121845	22619832	12914687
江　苏	341290179	339652396	1637783	25098939
浙　江	206033641	200616561	5417080	9851143
安　徽	92826953	91508513	1318440	12058560
福　建	146412709	146084794	327915	8808025
江　西	96562889	95376527	1186362	4912228
山　东	159527880	148332404	11195476	9198714
河　南	116396378	115506521	889857	3003962
湖　北	189488569	187263001	2225568	8757448
湖　南	130653780	129754336	899444	4746143
广　东	191200855	170659590	20541265	21523333
广　西	67073355	65039903	2033452	4211347
海　南	4166847	4153173	13674	51268
重　庆	84513463	83007182	1506281	6696499
四　川	164418412	156392259	8026153	9908513
贵　州	40055677	39889090	166587	954788
云　南	70812080	70612737	199343	6070514
西　藏	1931261	1897664	33597	89508
陕　西	84399897	83451165	948731	11450132
甘　肃	24396589	23211039	1185550	391860
青　海	5378560	5248852	129708	70916
宁　夏	7023108	6898425	124683	61016
新　疆	29922965	29481300	441665	586935

3-85 各地区总承包企业建筑业总产值和竣工产值

单位：万元

地区	建筑业总产值	#装饰装修产值	#在外省完成的产值	按构成分组			竣工产值
				建筑工程产值	安装工程产值	其他产值	
全国总计	**2788836813**	**60253358**	**974441147**	**2513611973**	**193921989**	**81302851**	**1238131552**
北京	123640189	6173717	92672208	117175901	5355944	1108344	62128920
天津	39286043	143109	29467503	35970119	2502211	813712	14165719
河北	65419608	1057722	23109479	53396640	7515728	4507240	25246831
山西	57900123	1480064	21280393	52149995	4723834	1026293	16984983
内蒙古	12889330	215885	4535166	11687236	657055	545039	4056283
辽宁	32832019	349628	12512120	27951400	3491117	1389503	11848215
吉林	18183609	213237	3615790	15840709	1408249	934652	7443186
黑龙江	13110137	57627	2030063	10818883	1539817	751437	4762190
上海	83036532	3880477	53376760	71503616	9447250	2085666	38837182
江苏	364751335	6606011	163567799	344432971	18048107	2270258	239309638
浙江	210467703	7476023	55783585	190770855	15064113	4632736	119297577
安徽	103567073	1513251	27538917	91792343	5624960	6149770	39381776
福建	154892819	2454563	75007008	145135519	7169519	2587781	63786973
江西	100288755	1805126	30352041	87434307	6065415	6789033	41895482
山东	157531118	4223518	36283348	133321240	19319467	4890411	64033813
河南	118510483	1534556	31509222	105462146	9429839	3618498	47166574
湖北	196020449	4153786	84386501	177451426	14438003	4131020	77734791
湖南	134500479	2409128	45293359	117150594	10482329	6867557	62279950
广东	192182923	4533765	43084680	176293694	11796641	4092588	63693430
广西	69251251	1188202	12426491	61352461	3866492	4032298	32466110
海南	4204441	97525	247020	3722133	157525	324783	1943991
重庆	89703681	1684269	23592006	82405136	4725218	2573327	39812244
四川	166300772	2636318	35351634	148733281	11295890	6271601	72111816
贵州	40843878	811255	13914694	35110242	4160153	1573484	10236708
云南	76683251	666694	6341813	70652571	3658401	2372279	23941477
西藏	1987172	8266	54380	1802599	127945	56628	699095
陕西	94901298	2491805	36153151	84041736	7596924	3262637	29176879
甘肃	23602899	183036	3278490	20809371	1856465	937063	7833957
青海	5319768	37208	2277576	4881816	333009	104942	1894355
宁夏	6959441	26511	1131372	6203570	619448	136424	2956917
新疆	30068235	141076	4266579	28157465	1444918	465852	11004491

3-86 各地区总承包建筑业企业利润及税金情况

单位：万元

地区	利润总额	#所得税费用	税金总额	主营业务税金及附加	应交增值税
全国总计	**76204280**	**13300330**	**61797629**	**11775245**	**50022384**
北京	9456078	633603	2159657	334140	1825517
天津	802647	108883	582149	80563	501585
河北	828211	259017	1299062	219628	1079434
山西	1330460	141224	1409703	163529	1246174
内蒙古	436035	78927	368898	53868	315030
辽宁	173994	81519	757758	101086	656672
吉林	397829	93237	528561	83084	445477
黑龙江	-43788	58871	503532	70694	432838
上海	2348831	329261	1842989	230370	1612619
江苏	11879305	2512216	8642790	1698541	6944249
浙江	3520813	817473	4537846	648946	3888900
安徽	2437170	397982	2179063	363155	1815908
福建	4268295	888528	3483143	927620	2555523
江西	2407140	477626	2065602	487434	1578168
山东	4348947	748953	3831301	629370	3201932
河南	2511784	450275	2369503	469993	1899510
湖北	6507849	1183275	4638187	948357	3689831
湖南	3228739	538470	3359811	1145521	2214290
广东	4261343	784349	3941507	593721	3347786
广西	1411062	229056	1059079	169206	889873
海南	132147	34170	151238	12267	138971
重庆	2837438	451161	2527836	620975	1906862
四川	4064001	776409	3355238	650291	2704947
贵州	636282	147028	880862	124192	756670
云南	1740259	362850	1319071	265090	1053981
西藏	86031	8574	72331	9296	63035
陕西	2613786	385118	1809069	356535	1452534
甘肃	636920	118988	901572	122455	779117
青海	162538	24014	128758	21094	107664
宁夏	124743	27309	216301	29262	187039
新疆	657394	151965	875212	144962	730250

3-87 各地区按资质等级划分的总承包建筑业企业单位数

单位：个

地区	合计	特级	一级	二级	三级及以下
全国总计	**102923**	**731**	**8907**	**25773**	**67512**
北京	920	62	253	206	399
天津	883	17	124	178	564
河北	2824	11	233	911	1669
山西	2449	22	134	450	1843
内蒙古	919	4	95	302	518
辽宁	3322	14	205	686	2417
吉林	2034	6	84	335	1609
黑龙江	1769	5	101	550	1113
上海	1303	22	199	445	637
江苏	8572	86	810	2267	5409
浙江	7344	84	869	1630	4761
安徽	6560	36	457	1238	4829
福建	6480	24	577	856	5023
江西	5022	26	383	889	3724
山东	7273	55	653	2187	4378
河南	6161	35	454	1514	4158
湖北	4408	35	549	1250	2574
湖南	3104	22	322	788	1972
广东	5490	30	571	1159	3730
广西	2367	16	150	506	1695
海南	243	1	30	49	163
重庆	2664	8	271	573	1812
四川	7260	34	665	2185	4376
贵州	1780	11	90	755	924
云南	3411	12	110	728	2561
西藏	389	1	3	115	270
陕西	3248	35	298	1564	1351
甘肃	2161	7	75	533	1546
青海	340	1	24	123	192
宁夏	614	2	21	249	342
新疆	1609	7	97	552	953

3-88 各地区按资质等级划分的总承包建筑业企业从业人员

单位：人

地区	合计	特级	一级	二级	三级及以下
全国总计	**45978046**	**10588202**	**16978042**	**10044620**	**8367182**
北京	434027	203560	181928	20189	28350
天津	273302	124208	94994	21449	32651
河北	758539	84388	268328	279917	125906
山西	778264	230132	257320	147472	143340
内蒙古	129267	14519	50423	34160	30165
辽宁	377107	31387	108348	113774	123598
吉林	274304	6775	54474	94167	118888
黑龙江	170359	20173	42332	51033	56821
上海	610125	270741	191087	84311	63986
江苏	8029925	2898327	2710442	1476288	944868
浙江	4468053	1331461	1862235	705953	568404
安徽	1817302	369519	568179	367988	511616
福建	4324816	708712	2341436	691627	583041
江西	1642082	180756	679702	352154	429470
山东	2395142	748316	889226	477123	280477
河南	2338085	452319	710435	618070	557261
湖北	2142575	712369	759124	360999	310083
湖南	2382321	491007	791160	581199	518955
广东	2831664	446277	1307254	618196	459937
广西	1042728	304760	331538	241682	164748
海南	61039	4187	25659	11657	19536
重庆	1677108	61032	582001	479958	554117
四川	3118680	213202	1105720	995780	803978
贵州	619148	185061	199276	132003	102808
云南	1064802	122784	201163	297512	443343
西藏	31572	19	523	22090	8940
陕西	1121765	286676	370121	359568	105400
甘肃	432974	38723	154290	112989	126972
青海	51123	9780	11278	16938	13127
宁夏	241389	3464	20356	189990	27579
新疆	338459	33568	107690	88384	108817

3-89 各地区按资质等级划分的总承包企业建筑业总产值

单位：万元

地区	合计	特级	一级	二级	三级及以下
全国总计	**2788836813**	**933990239**	**1033375028**	**449283691**	**372187855**
北京	123640189	83777977	34654047	1979847	3228318
天津	39286043	23714344	11078493	1811404	2681803
河北	65419608	12502538	32849644	13286317	6781109
山西	57900123	24292748	18948824	7529892	7128659
内蒙古	12889330	4242494	4089358	2246874	2310605
辽宁	32832019	5493124	12348234	5839712	9150950
吉林	18183609	1064718	6241277	4059019	6818595
黑龙江	13110137	2400972	5501615	2730789	2476762
上海	83036532	47563094	25689130	6042704	3741605
江苏	364751335	157658810	113645980	58616755	34829790
浙江	210467703	73168898	83123609	29587926	24587270
安徽	103567073	37586409	30026033	15843615	20111016
福建	154892819	27295094	83600584	24949046	19048095
江西	100288755	17677726	50068849	14056682	18485498
山东	157531118	58331315	61999587	23743992	13456224
河南	118510483	33914139	37048287	24814140	22733917
湖北	196020449	95069929	63945481	21836562	15168477
湖南	134500479	40227773	50412153	24173766	19686788
广东	192182923	40548159	98281620	30553633	22799511
广西	69251251	23845157	22460278	13820178	9125638
海南	4204441	141296	2085579	921877	1055689
重庆	89703681	8252191	38322095	19312466	23816930
四川	166300772	36333244	58601472	39012272	32353784
贵州	40843878	13131865	15031693	7523960	5156361
云南	76683251	22278624	14109670	16095936	24199021
西藏	1987172	450	96336	1353062	537324
陕西	94901298	33767098	34384116	21947680	4802404
甘肃	23602899	3117360	9951593	4822628	5711318
青海	5319768	2198956	1202623	1040717	877472
宁夏	6959441	797530	2032914	2474022	1654975
新疆	30068235	3596208	11543859	7256219	7671949

3-90 各地区按资质等级划分的总承包建筑业企业签订合同额

单位：万元

地区	合计	特级	一级	二级	三级及以下
全国总计	**6666387241**	**2922986873**	**2376505560**	**790589535**	**576305274**
北京	468931290	348883794	112032197	4062826	3952473
天津	152896130	104606143	39033435	3739168	5517384
河北	168293384	31899848	99772599	24083292	12537646
山西	135815566	68510862	40297859	14088510	12918336
内蒙古	39946996	20929061	10169456	4780663	4067817
辽宁	70273130	15792920	33052266	8562130	12865815
吉林	39568203	2438169	15475622	9030292	12624120
黑龙江	29853155	7375469	13179604	5539813	3758269
上海	346840463	268674194	60199315	11734150	6232803
江苏	565945232	254853994	185042594	82720431	43328214
浙江	438431948	168233975	169666728	59632300	40898945
安徽	221752553	113798793	51072501	24616348	32264911
福建	285796520	72630273	142391927	40016752	30757567
江西	162966202	26313294	89628230	21682638	25342040
山东	356805722	158435604	132933031	43338504	22098583
河南	269501074	101672203	93474535	41944849	32409486
湖北	550282680	367852111	126143243	35380159	20907167
湖南	298597093	147556441	93186247	32829898	25024507
广东	607157820	173799069	319825843	70820022	42712887
广西	144514697	45308095	53353932	29959447	15893222
海南	13270342	441805	6941917	2744037	3142582
重庆	160771901	24345382	82071221	25543102	28812197
四川	458051429	152333501	172270276	77853258	55594394
贵州	132864155	43002276	52850576	22858486	14152817
云南	148319460	57204295	31493065	25638329	33983771
西藏	4240738	450	483823	3027129	729336
陕西	234189055	109919489	85226986	33080793	5961788
甘肃	56901237	10574924	25276059	10472794	10577461
青海	17554478	8458754	4930422	2643768	1521534
宁夏	13139990	1470889	4347109	4146058	3175934
新疆	72914599	15670796	30682944	14019590	12541270

3-91　各地区按资质等级划分的总承包建筑业企业营业收入

单位：万元

地　　区	合计	特级	一级	二级	三级及以下
全国总计	**2440038861**	**924177898**	**836176880**	**368774348**	**310909736**
北　　京	161292087	116398659	38343325	2617915	3932188
天　　津	41427093	22547374	13628202	2233030	3018488
河　　北	56337929	10089344	28349877	11456003	6442705
山　　西	61238356	31361195	15388972	7306756	7181434
内 蒙 古	13682956	3890480	4095793	2818887	2877796
辽　　宁	30028087	5703626	10126342	5786969	8411150
吉　　林	16292840	1039422	5513710	3598127	6141581
黑 龙 江	14072135	2764399	5694368	2912824	2700545
上　　海	110888899	69358591	28296859	8044657	5188793
江　　苏	305566746	133124231	91735630	49024280	31682605
浙　　江	178030302	59129288	68218601	26448698	24233715
安　　徽	84629226	34378972	21842838	12231035	16176382
福　　建	114625116	20026294	60153414	19378639	15066770
江　　西	66827716	11568407	30874271	10357243	14027795
山　　东	151422594	55870162	56903239	24101807	14547386
河　　南	83265210	28307935	26538528	14826865	13591883
湖　　北	173697146	94562270	49882163	17038553	12214160
湖　　南	109192621	35611841	38099326	19526992	15954462
广　　东	183018935	45972948	89005956	26481860	21558171
广　　西	43946455	16019419	12211534	8767538	6947965
海　　南	4438085	153438	2157027	1006620	1121001
重　　庆	70741596	6377568	27246064	16309115	20808849
四　　川	132823020	42154241	43324281	27342686	20001812
贵　　州	32717803	11217997	10608195	6183653	4707958
云　　南	43743995	15251135	9215025	7668656	11609179
西　　藏	2303604	123	115428	1654832	533221
陕　　西	84485035	38957350	24305812	17143988	4077886
甘　　肃	25183285	4505863	9580404	5095485	6001533
青　　海	6370951	2902898	1378306	1114905	974842
宁　　夏	7087254	766871	1949719	2703384	1667280
新　　疆	30661783	4165559	11393674	7592348	7510203

3-92 各地区专业承包建筑业企业签订合同情况

单位：万元

地区	签订合同额	上年结转合同额	本年新签合同额
全国总计	**460130430**	**173051980**	**287078450**
北京	23982912	10642397	13340515
天津	12472182	4640062	7832120
河北	6300145	1784614	4515531
山西	5620793	2250213	3370580
内蒙古	905117	315319	589799
辽宁	9526064	3021113	6504951
吉林	5077275	2071183	3006093
黑龙江	2162884	963779	1199105
上海	16061256	7650469	8410787
江苏	52643266	19121744	33521522
浙江	41014511	15299878	25714633
安徽	19438343	5753015	13685328
福建	21743116	8866181	12876935
江西	9881127	2603318	7277809
山东	26003841	7240378	18763463
河南	21667037	5179802	16487235
湖北	28379557	11948862	16430695
湖南	14466673	4202544	10264130
广东	74180121	33140177	41039944
广西	4609860	1986739	2623121
海南	922693	459057	463636
重庆	10895199	3745333	7149867
四川	23982763	9991458	13991305
贵州	4554317	1869739	2684578
云南	7690497	2546197	5144299
西藏	82192	25410	56782
陕西	11016559	4215782	6800777
甘肃	2310648	820524	1490124
青海	482588	105695	376893
宁夏	433871	127303	306568
新疆	1623022	463697	1159325

3-93 各地区专业承包建筑业企业承包工程完成情况

单位：万元

地区	直接从建设单位承揽工程完成的产值	自行完成施工产值	分包出去工程的产值	从建设单位以外承揽工程完成的产值
全国总计	**251709004**	**244094273**	**7614731**	**46422706**
北京	10498950	9740886	758064	5280002
天津	7587972	6104455	1483517	2122529
河北	3811966	3771721	40244	322110
山西	2982304	2950199	32105	604483
内蒙古	429423	423920	5503	15156
辽宁	6285217	6200960	84257	335678
吉林	2437201	2404490	32711	419352
黑龙江	1003909	984126	19783	51033
上海	7505557	7035197	470360	2667313
江苏	32902699	32625609	277089	9223551
浙江	24136573	23664441	472132	4478593
安徽	10905164	10743447	161717	2715816
福建	12609160	12523015	86145	1093829
江西	6380338	6099331	281006	560288
山东	16541814	16147197	394618	1918025
河南	14334621	14078553	256068	1555289
湖北	14038846	13897880	140966	1631308
湖南	9681946	9534750	147196	774800
广东	33563898	31876971	1686927	5505131
广西	2330090	2277511	52579	414697
海南	423134	412800	10335	54891
重庆	6994611	6831613	162998	934280
四川	11057815	10776626	281189	1378724
贵州	1701751	1677199	24551	81280
云南	4209624	4108535	101090	894714
西藏	50495	50495		262
陕西	4671093	4564638	106455	1212746
甘肃	1151978	1137553	14425	36373
青海	342983	339075	3907	5775
宁夏	293725	292329	1396	6704
新疆	844149	818753	25397	127978

3-94 各地区专业承包企业建筑业总产值和竣工产值

单位：万元

地 区	建筑业总产值	#装饰装修产 值	#在外省完成的产值	按构成分组			竣工产值
				建筑工程产值	安装工程产值	其他产值	
全国总计	**290516980**	**67955458**	**78342348**	**212799091**	**62884260**	**14833629**	**115281987**
北 京	15020887	6024854	8081393	13195158	1653846	171884	6980859
天 津	8226983	572541	1758850	5394865	1740136	1091982	1942140
河 北	4093831	730985	908755	2948059	973424	172349	1515824
山 西	3554682	366088	757234	2352863	826481	375338	1283342
内蒙古	439076	35598	13849	205540	206973	26563	187957
辽 宁	6536637	806164	1186189	4090051	2057635	388951	2321478
吉 林	2823842	289135	341269	1771990	895678	156174	1493848
黑龙江	1035159	117040	106076	761611	204489	69059	330776
上 海	9702510	3882092	4403947	7143199	2430914	128398	4887825
江 苏	41849160	15047424	15472216	33200139	8015897	633125	28427582
浙 江	28143034	9025176	5522408	20238690	6864628	1039716	11020248
安 徽	13459263	1445169	2871270	8775011	2776605	1907647	4229295
福 建	13616843	2121226	4812386	10611309	2399025	606510	4063769
江 西	6659619	2260229	2458987	5146947	1196323	316349	2299205
山 东	18065221	4359894	2947568	12805781	4118825	1140615	7389198
河 南	15633842	1756304	1965205	11012258	3589266	1032318	6157501
湖 北	15529188	2039633	3649677	11519046	3244449	765694	4731772
湖 南	10309550	1514253	3812178	6560437	3070675	678437	5161185
广 东	37382102	10963842	9536708	27694966	7858749	1828387	8882016
广 西	2692208	216166	128122	2026304	577486	88418	523120
海 南	467691	77818	26058	258711	205294	3685	107548
重 庆	7765893	1467820	2255422	5321447	1814295	630151	2621637
四 川	12155350	1294799	2940262	8527560	3040894	586897	3516181
贵 州	1758479	151371	224993	1255877	415593	87008	583338
云 南	5003249	429271	304540	3413790	1178269	411189	1733683
西 藏	50757	3319		46027	3734	996	28429
陕 西	5777384	752615	1670394	4591967	888714	296703	1611302
甘 肃	1173926	101716	64606	863911	253599	56416	579307
青 海	344851	3426	79244	280353	61314	3184	154770
宁 夏	299033	5855	20784	248295	41498	9240	102016
新 疆	946730	93636	21761	536929	279552	130249	414839

3-95 各地区专业承包建筑业企业利润及税金情况

单位：万元

地 区	利润总额	#所得税费用	税金总额	主营业务税金及附加	应交增值税
全国总计	**7610298**	**1335844**	**8258609**	**1328762**	**6929847**
北 京	51242	40360	496686	56698	439988
天 津	260376	37948	304975	43307	261668
河 北	53915	15564	137553	17749	119804
山 西	116493	15787	134911	18624	116287
内蒙古	3533	3619	22516	3799	18717
辽 宁	163941	22284	204439	26125	178314
吉 林	62943	8779	130373	13147	117226
黑龙江	28220	4474	47138	4519	42619
上 海	141822	37311	286744	33196	253547
江 苏	1635022	292723	1114589	226507	888082
浙 江	590623	97229	614270	81749	532521
安 徽	339761	47551	376255	70180	306075
福 建	398019	63040	372918	92322	280596
江 西	201873	37087	155938	39252	116687
山 东	507089	77214	535411	84497	450914
河 南	508604	85840	446985	77436	369549
湖 北	466907	69095	511001	64515	446486
湖 南	269497	41468	352918	92414	260504
广 东	831517	159073	915006	103282	811723
广 西	40014	8420	59741	7631	52110
海 南	18933	4433	18948	2614	16334
重 庆	172876	40430	241763	53851	187912
四 川	296193	49417	307818	47392	260426
贵 州	35656	7546	47123	7557	39567
云 南	181619	31309	153687	26795	126893
西 藏	1412	301	1872	231	1641
陕 西	153962	19986	157488	21858	135630
甘 肃	51429	10964	56090	5011	51079
青 海	10615	1338	16542	1228	15314
宁 夏	4987	1415	12262	1954	10308
新 疆	11206	3842	24652	3324	21328

3-96 各地区按资质等级划分的专业承包建筑业企业单位数

单位：个

地 区	合计	一级	二级	三级及以下
全国总计	**40523**	**8307**	**19622**	**12594**
北 京	1677	551	811	315
天 津	1664	225	901	538
河 北	755	149	279	327
山 西	1240	155	542	543
内蒙古	121	20	53	48
辽 宁	2450	323	853	1274
吉 林	902	73	390	439
黑龙江	510	70	317	123
上 海	1048	282	492	274
江 苏	4468	841	2102	1525
浙 江	2606	631	1454	521
安 徽	1802	556	828	418
福 建	2219	568	1308	343
江 西	760	117	440	203
山 东	3370	645	1708	1017
河 南	3085	706	1627	752
湖 北	1519	301	799	419
湖 南	847	268	327	252
广 东	3767	729	1854	1184
广 西	382	56	203	123
海 南	82	25	35	22
重 庆	1093	194	402	497
四 川	1473	250	771	452
贵 州	330	39	183	108
云 南	843	195	303	345
西 藏	21	3	12	6
陕 西	739	228	297	214
甘 肃	305	41	143	121
青 海	77	3	34	40
宁 夏	116	16	64	36
新 疆	252	47	90	115

3-97　各地区按资质等级划分的专业承包建筑业企业从业人员

单位：人

地　区	合计	一级	二级	三级及以下
全国总计	**5437649**	**2318160**	**1769665**	**1349824**
北　京	144255	86807	41908	15540
天　津	248118	25953	79960	142205
河　北	58572	21315	15553	21704
山　西	90607	20844	23430	46333
内蒙古	9895	2600	5100	2195
辽　宁	115029	30468	33958	50603
吉　林	60911	9731	24882	26298
黑龙江	20216	5177	10893	4146
上　海	112413	58414	32497	21502
江　苏	742404	342369	262499	137536
浙　江	474089	282086	140931	51072
安　徽	298719	139901	115018	43800
福　建	382564	176383	151123	55058
江　西	91640	25924	46924	18792
山　东	332275	190532	83175	58568
河　南	341650	156520	136090	49040
湖　北	181427	82130	62919	36378
湖　南	229229	82879	76851	69499
广　东	611969	334147	171759	106063
广　西	43918	16202	17619	10097
海　南	5681	1891	2642	1148
重　庆	278508	39933	44786	193789
四　川	281509	81358	113551	86600
贵　州	26360	5549	10990	9821
云　南	108869	43514	28906	36449
西　藏	1404	56	928	420
陕　西	100522	45526	18898	36098
甘　肃	19326	4055	5405	9866
青　海	4393	818	1644	1931
宁　夏	5117	988	2567	1562
新　疆	16060	4090	6259	5711

3-98 各地区按资质等级划分的专业承包企业建筑业总产值

单位：万元

地区	合计	一级	二级	三级及以下
全国总计	**290516980**	**158026259**	**82467047**	**50023674**
北京	15020887	10676168	3381106	963614
天津	8226983	2966005	2821719	2439260
河北	4093831	1574219	1416336	1103277
山西	3554682	1296262	1163856	1094564
内蒙古	439076	86586	228646	123844
辽宁	6536637	2691834	1740243	2104560
吉林	2823842	674449	1204613	944780
黑龙江	1035159	248414	588427	198317
上海	9702510	6516090	1921432	1264989
江苏	41849160	25165999	11084419	5598743
浙江	28143034	17379128	7531670	3232236
安徽	13459263	6924241	4537511	1997511
福建	13616843	6793706	4793798	2029339
江西	6659619	3450120	2239327	970172
山东	18065221	10517785	4940376	2607060
河南	15633842	7975584	4978350	2679908
湖北	15529188	9141534	4765596	1622058
湖南	10309550	5704625	2414399	2190525
广东	37382102	22408955	9121307	5851839
广西	2692208	1311206	938842	442160
海南	467691	176211	192536	98944
重庆	7765893	2661982	1721511	3382401
四川	12155350	4885033	4608118	2662199
贵州	1758479	510008	836106	412365
云南	5003249	2204737	1276462	1522049
西藏	50757	5390	38266	7100
陕西	5777384	3204630	1128480	1444274
甘肃	1173926	427989	258335	487602
青海	344851	102673	88526	153652
宁夏	299033	82929	144580	71525
新疆	946730	261768	362155	322807

3-99　各地区按资质等级划分的专业承包建筑业企业签订合同额

单位：万元

地　区	合计	一级	二级	三级及以下
全国总计	**460130430**	**253925553**	**131659316**	**74545561**
北　京	23982912	17832952	4782869	1367090
天　津	12472182	5665418	3994239	2812526
河　北	6300145	2434062	2202642	1663442
山　西	5620793	2134095	2127103	1359595
内蒙古	905117	153270	557519	194329
辽　宁	9526064	4198439	2422161	2905465
吉　林	5077275	1677443	1904898	1494934
黑龙江	2162884	609852	1235091	317941
上　海	16061256	11239490	2914778	1906989
江　苏	52643266	34225859	11849979	6567428
浙　江	41014511	23808879	12882984	4322648
安　徽	19438343	9469735	6715371	3253237
福　建	21743116	10649683	8289103	2804330
江　西	9881127	5378526	3040430	1462170
山　东	26003841	15687873	6770178	3545790
河　南	21667037	11634106	6539015	3493916
湖　北	28379557	14430423	11664293	2284842
湖　南	14466673	8949845	3060865	2455963
广　东	74180121	42595241	18656819	12928060
广　西	4609860	2196508	1693481	719870
海　南	922693	358318	377929	186447
重　庆	10895199	4197033	2448116	4250051
四　川	23982763	12004343	7559470	4418950
贵　州	4554317	1366274	2366703	821340
云　南	7690497	3763560	2200444	1726493
西　藏	82192	9608	53160	19424
陕　西	11016559	5467005	1833360	3716194
甘　肃	2310648	979707	513628	817313
青　海	482588	134411	144599	203578
宁　夏	433871	113256	223209	97406
新　疆	1623022	560340	634882	427801

3-100 各地区按资质等级划分的专业承包建筑业企业营业收入

单位：万元

地 区	合计	一级	二级	三级及以下
全国总计	**291265167**	**156739322**	**83405697**	**51120148**
北 京	19531179	13034437	5090305	1406437
天 津	10627706	4457242	3355918	2814546
河 北	4297781	1666992	1398904	1231885
山 西	4200087	1525438	1408156	1266493
内蒙古	621428	153119	323328	144981
辽 宁	6946052	2477784	1981955	2486313
吉 林	3102036	798390	1296966	1006680
黑龙江	1454397	356120	821029	277248
上 海	11713533	7631505	2449326	1632703
江 苏	39081531	22200179	10886040	5995311
浙 江	27813231	16521202	7688853	3603176
安 徽	12479052	6505502	4021799	1951751
福 建	12041202	5925522	4295965	1819715
江 西	5580558	2958489	1783777	838292
山 东	19673501	10821059	5664331	3188111
河 南	12958753	7107909	4054496	1796348
湖 北	14758621	8412639	4634001	1711981
湖 南	9563250	5322968	2248252	1992030
广 东	38460531	22985207	9507020	5968304
广 西	2259505	1114496	697506	447503
海 南	537021	195496	224397	117128
重 庆	7441546	2606700	1775584	3059262
四 川	10727765	5085307	3593739	2048719
贵 州	1672243	413984	794229	464030
云 南	4677927	2228405	1197176	1252346
西 藏	58780	7063	41311	10406
陕 西	5762750	3217396	1168398	1376957
甘 肃	1428460	555745	316886	555829
青 海	350724	105420	102685	142619
宁 夏	349510	81248	190001	78261
新 疆	1094506	266361	393363	434782

3-101　各行业建筑业企业签订合同情况

单位：万元

行　　业	签订合同额		
		上年结转合同额	本年新签合同额
总　　计	**7126517670**	**3480823398**	**3645694272**
房屋建筑业	4060972464	2008261419	2052711045
土木工程建筑业	2560410814	1289581571	1270829243
铁路、道路、隧道和桥梁工程建筑	1805526267	941069505	864456762
水利和水运工程建筑	342091173	168489279	173601894
海洋工程建筑	4330507	1390099	2940409
工矿工程建筑	85399068	36587813	48811256
架线和管道工程建筑	114540527	42678508	71862019
建筑安装业	276127006	99817057	176309949
建筑装饰、装修和其他建筑业	229007386	83163351	145844035

3-102　各行业建筑业企业承包工程完成情况

单位：万元

行　　业	直接从建设单位承揽工程完成的产值			从建设单位以外承揽工程完成的产值
		自行完成施工产值	分包出去工程的产值	
总　　计	**2967999007**	**2839302412**	**128696595**	**240051381**
房屋建筑业	1817018037	1763974124	53043913	100853883
土木工程建筑业	876857918	811981358	64876561	98183768
铁路、道路、隧道和桥梁工程建筑	594800112	550183058	44617054	73322629
水利和内河港口工程建筑	101365883	94161598	7204286	9586736
海洋工程建	3124486	1860236	1264250	292844
工矿工程建筑	35985987	33596869	2389118	2527216
架线和管道工程建筑	59594061	53874810	5719251	4315552
建筑安装业	144359473	137067980	7291493	20993174
建筑装饰、装修和其他建筑业	129763579	126278951	3484629	20020556

3-103 各行业建筑业总产值和竣工产值

单位：万元

行　　业	建筑业总产值	#装饰装修产　　值	#在外省完成的产值
总　　计	**3079353793**	**128208816**	**1052783495**
房屋建筑业	1864828007	53646135	580017312
土木工程建筑业	910165125	4730141	374720906
铁路、道路、隧道和桥梁工程建筑	623505687	3357550	258146017
水利和水运工程建筑	103748333	172930	46211923
海洋工程建筑	2153080	11	512200
工矿工程建筑	36124084	124110	20823409
架线和管道工程建筑	58190363	155032	15175409
建筑安装业	158061154	2401048	56384435
建筑装饰、装修和其他建筑业	146299507	67431492	41660842

3-103 续表

单位：万元

行　　业	按构成分组			竣工产值
	建筑工程产值	安装工程产值	其他产值	
总　　计	**2726411064**	**256806249**	**96136480**	**1353413539**
房屋建筑业	1729892770	87785207	47150030	955556527
土木工程建筑业	806971090	70438067	32755968	265923342
铁路、道路、隧道和桥梁工程建筑	592367011	12222427	18916249	169860605
水利和水运工程建筑	96976207	2612096	4160031	25693640
海洋工程建筑	1057229	327226	768625	745743
工矿工程建筑	24007525	10197449	1919111	13544815
架线和管道工程建筑	28934717	27099908	2155737	26671142
建筑安装业	65783149	84202980	8075026	69376042
建筑装饰、装修和其他建筑业	123764055	14379996	8155456	62557628

3-104　各行业建筑业企业房屋建筑面积

行　　业	房　　屋 施工面积 (万平方米)	#本　年 新开工	房　　屋 竣工面积 (万平方米)	房屋竣工率 (%)
总　　计	**1556364**	**434900**	**403393**	**25.9**
房屋建筑业	1421395	391288	368210	25.9
土木工程建筑业	100630	31300	22078	21.9
铁路、道路、隧道和桥梁工程建筑	66433	21609	15030	22.6
水利和水运工程建筑	9845	3134	1881	19.1
海洋工程建筑	4	2	3	72.9
工矿工程建筑	3648	913	732	20.1
架线和管道工程建筑	978	264	360	36.8
建筑安装业	20853	7165	7404	35.5
建筑装饰、装修和其他建筑业	13486	5147	5701	42.3

3-105　各行业建筑业企业资产构成

单位：万元

行　　业	资产总计	#流动资产 合　　计	#存货
总　　计	**3481527760**	**2730434877**	**326116297**
房屋建筑业	1689731781	1392317914	191160196
土木工程建筑业	1444596986	1037737326	100554862
铁路、道路、隧道和桥梁工程建筑	924231921	681251204	63373360
水利和水运工程建筑	205332232	130904396	11947729
海洋工程建筑	6220985	3790032	176911
工矿工程建筑	53298006	42784739	3168996
架线和管道工程建筑	79694508	67061428	10422324
建筑安装业	178739944	153326066	18414916
建筑装饰、装修和其他建筑业	168459048	147053571	15986324

3-106 各行业建筑业企业负债及所有者权益

单位：万元

行业	负债合计	#流动负债	#应付账款	所有者权益	#实收资本
总计	**2512491072**	**2281719490**	**939762347**	**969053809**	**467743018**
房屋建筑业	1221860843	1119870785	456181367	467869089	233465875
土木工程建筑业	1048068413	931865237	379510971	396540116	178410993
铁路、道路、隧道和桥梁工程建筑	688311302	615030398	245511681	235932162	114328638
水利和水运工程建筑	143633707	119461975	51608463	61698525	23258315
海洋工程建筑	3346601	3101646	1774710	2874384	774236
工矿工程建筑	39284447	37196550	15367806	14013560	8098969
架线和管道工程建筑	56991315	54233080	24001099	22703193	11135261
建筑安装业	124087544	118564732	55121195	54657554	28168629
建筑装饰、装修和其他建筑业	118474272	111418736	48948814	49987050	27697521

3-107 各行业建筑业企业收入情况

单位：万元

行业	主营业务收入	主营业务成本	主营业务税金及附加	其他业务收入	其他业务利润
总计	**2680073892**	**2463236317**	**13104007**	**51230136**	**2153228**
房屋建筑业	1502324714	1392351117	8454435	27747943	817068
土木工程建筑业	876457796	800303752	3383731	14818233	1052979
铁路、道路、隧道和桥梁工程建筑	569240532	523253647	2052930	9092425	587795
水利和水运工程建筑	105446573	94424502	508647	1363521	182756
海洋工程建筑	3343433	3082935	10553	15652	121
工矿工程建筑	40695295	37335060	160700	511512	42078
架线和管道工程建筑	65716322	58959111	245069	1960360	101472
建筑安装业	162031431	145685044	659717	4703042	192051
建筑装饰、装修和其他建筑业	139259951	124896404	606124	3960918	91130

3-108　各行业建筑业企业费用情况

单位：万元

行　　业	管理费用	销售费用	研发费用	财务费用	#利息收入	#利息支出
总　　计	**82563936**	**7649395**	**34004483**	**16143343**	**6021700**	**15755659**
房屋建筑业	37405995	3061633	15384207	9064964	2435276	7658597
土木工程建筑业	29172092	2126657	15007258	5541309	3268872	7010747
铁路、道路、隧道和桥梁工程建筑	15385931	1155774	9551912	3308934	2378022	4232996
水利和水运工程建筑	3622500	221234	2331820	931409	454661	1314691
海洋工程建筑	79925	6454	100951	20185	4400	15880
工矿工程建筑	1624598	75521	704431	182296	89614	237691
架线和管道工程建筑	4105398	301275	728444	113336	130502	172417
建筑安装业	8459499	1114534	2064929	631820	225289	505835
建筑装饰、装修和其他建筑业	7526350	1346572	1548090	905250	92264	580480

3-109　各行业建筑业企业利润及税金情况

单位：万元

行　　业	利润总额	#所得税费用	税金总额	主营业务税金及附加	应交增值税
总　　计	**83814579**	**14636174**	**70056238**	**13104007**	**56952231**
房屋建筑业	43969183	8447218	41531520	8454434	33077085
土木工程建筑业	31669687	4628700	20103192	3383731	16719461
铁路、道路、隧道和桥梁工程建筑	19840431	2892134	12194419	2052930	10141489
水利和水运工程建筑	4050962	637866	2651878	508647	2143231
海洋工程建筑	167588	14145	52724	10553	42170
工矿工程建筑	802724	206336	1210734	160700	1050034
架线和管道工程建筑	2047793	438799	1744765	245069	1499696
建筑安装业	4930895	916034	4542121	659717	3882403
建筑装饰、装修和其他建筑业	3244814	644222	3879406	606124	3273282

3-110 各行业总承包和专业承包企业应收工程款及企业亏损情况

行　业	应收工程款(万元)	企业个数(个)	#亏损企业个数	亏损企业的比重(%)
总　计	**697204552**	**143446**	**32015**	**22.3**
房屋建筑业	370160236	68530	14359	21.0
土木工程建筑业	230678326	40304	8943	22.2
铁路、道路、隧道和桥梁工程建筑	145335028	24874	5451	21.9
水利和水运工程建筑	28177249	3753	807	21.5
海洋工程建筑	1049444	55	14	25.5
工矿工程建筑	11939526	996	200	20.1
架线和管道工程建筑	15111475	3843	870	22.6
建筑安装业	46540514	14435	3361	23.3
建筑装饰、装修和其他建筑业	49825476	20177	5352	26.5